本书为江苏省高等教育教改研究重点项目"大思政格局下高校思政课育人效果提升研究"（2023JSJG129）、扬州大学教学改革重点项目"大思政格局下高校思政课育人效果提升研究"（YZUJX2023—B2）阶段性成果。

高校思想政治教育研究丛书

大学生集体主义价值观培育研究

唐慧玲　王梦梦　汪佳玉　著

中国社会科学出版社

图书在版编目（CIP）数据

大学生集体主义价值观培育研究 / 唐慧玲，王梦梦，汪佳玉著. -- 北京：中国社会科学出版社，2024. 11. （高校思想政治教育研究丛书）. -- ISBN 978-7-5227-3709-6

Ⅰ. G641.4

中国国家版本馆 CIP 数据核字第 2024CS5851 号

出 版 人	赵剑英
责任编辑	刘　洋
责任校对	朱妍洁
责任印制	张雪娇

出　版	中国社会科学出版社
社　址	北京鼓楼西大街甲 158 号
邮　编	100720
网　址	http://www.csspw.cn
发 行 部	010-84083685
门 市 部	010-84029450
经　销	新华书店及其他书店

印　刷	北京明恒达印务有限公司
装　订	廊坊市广阳区广增装订厂
版　次	2024 年 11 月第 1 版
印　次	2024 年 11 月第 1 次印刷

开　本	710×1000　1/16
印　张	17.25
插　页	2
字　数	231 千字
定　价	98.00 元

凡购买中国社会科学出版社图书，如有质量问题请与本社营销中心联系调换
电话：010-84083683
版权所有　侵权必究

目 录
CONTENTS

绪 论 / 1
 第一节 研究背景和研究意义 / 1
 第二节 国内外研究现状分析 / 4
 第三节 研究方法与创新之处 / 24

第一章 集体主义价值观的历史发展和当代价值 / 27
 第一节 集体主义价值观的历史发展 / 27
 第二节 集体主义价值观的价值生成基础和时代意义 / 36

第二章 大学生集体主义价值观培育的理论基础和主要内容 / 46
 第一节 大学生集体主义价值观培育的理论基础 / 46
 第二节 新时代大学生集体主义价值观培育的主要内容 / 64

第三章　大学生集体主义价值观培育的现状分析　/ 74

第一节　当前大学生集体主义价值观培育现状的调查　/ 74

第二节　当前大学生集体主义价值观培育的积极成效　/ 88

第三节　当前大学生集体主义价值观培育中存在的主要问题　/ 97

第四节　当前大学生集体主义价值观培育存在问题的原因分析　/ 111

第四章　改进创新理论教学，深化集体主义认知理解　/ 121

第一节　充分发挥思想政治理论课的主渠道作用　/ 122

第二节　深入发挥课程思政的协同育人作用　/ 133

第五章　创设优化育人环境，增强集体主义情感体验　/ 147

第一节　打造均衡协调的校园环境　/ 147

第二节　形成内外和谐的家庭环境　/ 160

第三节　营造多维一体的社会环境　/ 170

第六章　建立完善育人机制，锤炼集体主义意志品质　/ 182

第一节　创建新时代网络互动教学机制　/ 182

第二节　构建规范化榜样示范激励机制　　／191

　　第三节　建立全方位协作监督约束机制　　／198

　　第四节　搭建系统性教育反馈评价机制　　／208

**第七章　探索推进实践活动，提升集体主义
　　　　　行动能力**　　／213

　　第一节　设计教学实践活动　　／213

　　第二节　开展校园主题活动　　／220

　　第三节　拓展社会实践活动　　／228

　　第四节　组织志愿服务和公益劳动　　／236

参考文献　　／240

附录一　　／259

附录二　　／266

附录三　　／267

后　记　　／268

绪　论

第一节　研究背景和研究意义

一　研究背景

集体主义是社会主义的首要道德原则。一直以来，党和国家高度重视集体主义教育，在党的历届代表大会中反复倡导集体主义，并在党的各项工作中贯彻和落实集体主义原则。习近平总书记在党的二十大报告中强调，要"深化爱国主义、集体主义、社会主义教育"[①]。集体是以一定共同的政治、思想、社会和经济目的为基础建立的一种组织形式团体。"集体主义强调个人利益服从集体利益，强调个人利益和集体利益的辩证统一。"[②] 集体主义价值观作为处理个人与集体关系的价值原则，是我国调节社会关系的重要准则。2021 年，我国脱贫攻坚战取得全面胜利。习近平总书记在表彰大会上指出，脱贫攻坚精神"是爱国主义、集体主义、社会主义思想的集中体现"[③]。改革开放以来，随着社会主义市场经济和全球化的不断发展，社会思想文化的交流日益频繁，各种

[①] 习近平：《高举中国特色社会主义伟大旗帜　为全面建设社会主义现代化国家而团结奋斗——在中国共产党第二十次全国代表大会上的报告》，人民出版社 2022 年版，第 44 页。

[②] 罗国杰：《思想道德建设论稿》，中国人民大学出版社 2018 年版，第 334—335 页。

[③] 习近平：《在全国脱贫攻坚总结表彰大会上的讲话》，《人民日报》2021 年 2 月 26 日。

社会思潮随机涌入，我国意识形态领域面临的风险挑战日益严峻。当前，我国正处于建设现代化强国的关键时期，加强集体主义价值观培育，进一步凝心聚力、增进社会团结，显得尤其重要。

青年大学生是强国建设的"排头兵"，是民族复兴的"主力军"，也是集体主义价值观培育的重要对象。习近平总书记深刻指出："要激励学生自觉把个人的理想追求融入国家和民族的事业中，勇做走在时代前列的奋进者、开拓者，书写无愧于时代的青春之歌和精彩人生。"[①]青年一代的大学生肩负历史重任，他们在很大程度上决定着社会的未来发展，他们的价值取向在一定程度上也是未来社会整体价值取向的重要代表。大学生思维开阔、接受性强，但也容易受错误意识形态观念的影响。少数青年学生受西方错误社会思潮的影响，价值观发生偏离。因此，在新时代培育和巩固大学生的集体主义价值观既是高校开展教育教学工作的重要组成和目标，也是促进大学生思想道德成长与身心全面发展的必然要求。

当前，培育大学生的集体主义价值观在教育理念、教育方法和教育内容等教育内部构成要素方面，以及市场经济、网络文化、西方社会思潮等外部环境影响方面，还面临着诸多问题。分析现存挑战，探索与我国人才强国战略相适应、与社会需求相统一的集体主义培育优化路径，就具有了鲜明的现实价值和时代价值。

二 研究意义

(一) 理论意义

1. 为构建大学生集体主义价值观培育的内容提供新视角

对大学生集体主义价值观的培育是新时代大学生德育工作的重要组

[①] 习近平：《把思想政治工作贯穿教育教学全过程 开创我国高等教育事业发展新局面》，《人民日报》2016年12月9日。

成部分。"知情意行相统一的规律"作为德育过程的基本规律之一，同样适用于大学生集体主义价值观培育工作。从这一教育理论逻辑视角出发，以个体认知的差异性为依据，能够有步骤地建构起知、情、意、行四个方面较为清晰且循序渐进的大学生集体主义价值观培育内容体系，实现集体主义认知的深化、情感的培养、意志的锤炼和行为的落实。在此基础上，有助于推动实现大学生集体主义价值观培育基本内容的时代化、层次化。

2. 为完善大学生集体主义价值观培育的对策提供新观点

树立集体主义价值观是历史所趋、时代所向。在集体主义价值观培育工作中，高校是培育的前沿阵地，大学生是高校开展价值观培育工作的主要对象，而路径的选择又在很大程度上影响着培育实效。因而以"知情意行"相结合的培育内容为基础，通过分析新时代背景下大学生集体主义价值观培育过程中存在的主要问题及其根源，从理论教学、育人环境、育人机制、实践活动方面探索理论上与之相互对应、相互支撑的培育优化路径，是完善大学生集体主义价值观培育对策相关理论观点的重要方式之一。

（二）实践意义

1. 有助于提升集体主义价值观培育效果，帮助大学生牢固树立集体主义价值观

大学生是社会主义的建设者和接班人。坚持正确的价值导向，是大学生实现人生价值的关键之一。培育大学生的集体主义价值观是社会主义社会捍卫集体主义价值观在意识形态领域主导地位的需要，也是大学生成长成才的需要。结合时代特点从认知、情感、意志和行为四个层面研究新时代大学生集体主义价值观培育的主要内容，将挖掘思政课程的显性资源与探索课程思政的隐性资源相结合，能够为大学生排除错误价值观念影响、感悟集体主义价值观的科学性提供现实遵循，继而从深层次助推大学生集体主义价值观培育效果的改善。

2. 有助于改进大学生思想政治教育工作，助力高校落实立德树人根本任务

高校是意识形态斗争的前沿阵地。全球化背景下，我国意识形态领域面临国内国外双重挑战，高校培养堪当民族复兴重任的时代新人的任务比以往任何时候都更为迫切。因此，高校要注意进一步加强和改善思想政治教育工作。做好新时代大学生集体主义价值观培育的优化研究，从知、情、意、行等方面提出对策建议，能够为创新大学生思想政治教育实践环节提供有益借鉴，有利于高校进一步培养具有健全人格、德才兼备的高层次人才。

3. 有助于更好地在全社会弘扬集体主义价值观，凝心聚力强化社会主义道德建设

社会主义现代化国家的建设征程亟须一批有德有志有才的真正优秀人才。以大学生为主体探讨集体主义价值观培育的新方式，契合了新时代高校价值观建设的紧迫需求，也为培育其他社会成员的集体主义价值观提供了可资借鉴的对策，从而有助于提升全社会集体主义价值观水平。大学生集体主义价值观的树立是社会主义社会发展的重要思想前提，关系着社会主义事业的现实追求和未来导向。对大学生集体主义价值观培育优化路径的研究有助于提升高校人才培养成效，加强社会主义道德教育，进而助推社会主义现代化建设。

第二节 国内外研究现状分析

一 国内研究现状

培育集体主义价值观是大学生思想政治教育活动中必不可少的一个部分。长期以来，学者们对集体主义价值观的内涵、特征等做了大量的研究。在学术专著方面，以"集体主义"为题，已有相当一部分研究成果。与此同时，系统论述"集体主义价值观培育"的著作却相对较少。其中，针对大学生集体主义价值观培育的研究，广泛分布在一些期刊论文和博硕士学位论文中，还有一些作为附属的研究存在于大学生思想政治教育或价值观教育相关的论著中。这些理论研究成果从不同角度探讨了大学生集体主义价值观的培育工作，为开展新时代大学生集体主义价值观培育的优化研究提供了可靠的理论前提。

1. 关于集体主义的研究

（1）集体主义的概念界定

对概念的认知是深入理论研究的前提。关于集体主义，在基本认同集体主义是社会主义道德的基本原则的基础上，众多学者又从不同维度对集体主义的概念进行了较为深刻的阐述。

其一，从个人与集体利益的对立统一中界定集体主义。从把个人与集体利益作为矛盾着的双方存在这一共识出发，大多数学者依据辩证统一的方法来理解集体主义。其中罗国杰的观点最具代表性，他认为集体主义作为一种价值观念，"强调个人利益服从集体利益，强调个人利益和集体利益的辩证统一，强调集体要尽最大的努力关心个人利益和个人幸福，并在集体的价值实现的同时，实现个人的价值"[1]。朱芳转则更为直接地点明了集体主义中个人利益与集体利益之间密不可分的相互作用关系，指出两种利益间的互利共赢性，对方利益的实现应是各自利益实现的前提。[2] 洪书源还强调，构建真正的集体精神的必要前提，正是对个体价值的尊重、对个体权利的保障、对个体自由的维护。[3]

其二，从集体主义的本质规定上作出界定。葛缨、周宗智以社会意识的独立性为切入点展开论述，指出集体主义是指导个体利益取舍的行

---

[1] 罗国杰：《思想道德建设论稿》，中国人民大学出版社2018年版，第334—335页。
[2] 朱芳转：《论集体活动中大学生社会能力提升》，《中国成人教育》2017年第15期。
[3] 洪书源：《当代中国集体主义价值观的演绎理路》，《中共福建省委党校学报》2017年第11期。

为心理倾向系统和做出行为选择的重要权衡标准之一。[①] 钟志凌指出，集体主义是旨在利益导向的价值原则和规范，不具有硬性约束。[②] 穆艳杰则认为，集体主义是"社会主义国家的社会底色和价值本色"[③]。

关于集体主义的概念，学者们从不同维度进行了较为全面系统的研究，为深化集体主义价值观研究夯实了深厚的理论基础。然而学界现有的研究大多集中于对集体主义概念的传统认知，对时代动态发展变化过程中集体主义概念所呈现出的丰富内涵的论述还不够丰富。

（2）集体主义与其他社会道德原则

学界对集体主义的研究通常伴随着与其他社会道德原则的比较。按照个人与集体关系的本体论解释，形成了认为个体是本原的与集体主义相对立的个人主义原则和认为集体是本原的爱国主义、社会主义核心价值观等与集体主义相统一的原则。

一是集体主义与个人主义的对立关系。诸多学者从集体主义和个人主义在阶级立场上的不同揭示了两者的对立。梅荣政指出，在价值观上，社会主义的集体主义在本质上与资产阶级的个人主义是对立的。[④] 还有学者指出："个人主义就是资本主义性质的，就是资本主义市场经济的'脑'和'心'。"[⑤] 因而与社会主义的集体主义直接对立。此外，也有学者通过阐明集体主义与个人主义在历史发生次序上的先后揭示了集体主义对个人主义的超越。韦东认为，人类道德的发展必然导致个人主义的道德原则被无产阶级的集体主义道德原则所取代。[⑥] 吴向东认为："新集体主义是对整体主义和个人主义的一种辩证否定，一种超

[①] 葛缨、周宗智：《当代大学生集体主义价值观探究》，《教育探索》2011年第12期。
[②] 钟志凌：《集体主义理论与实践研究》，学习出版社2021年版，第207页。
[③] 穆艳杰：《个人主义思潮的特征、表现与发展趋势》，《人民论坛》2021年第3期。
[④] 梅荣政：《用马克思主义引领社会思潮》，武汉大学出版社2008年版，第365页。
[⑤] 夏伟东、李颖、杨宗元：《论个人主义思潮》，高等教育出版社2006年版，第18页。
[⑥] 韦冬主编，沈永福副主编：《比较与争锋：集体主义与个人主义的理论、问题与实践》，中国人民大学出版社2015年版，第18页。

越，它在历史生成中吸取了整体主义和个人主义中积极合理的因素，又克服了它们内在的缺陷，否定了它们的形式，从而成为一种新的价值观念形态。"①

二是集体主义与爱国主义、社会主义核心价值观的统一关系。后两种价值导向与集体主义在研究目标上相对一致，在内容上有所交叉。就与爱国主义的关系而言，事实上，国家和社会也往往被视为集体的一种特殊存在形式。罗道全认为，集体主义"与社会主义的爱国主义是一脉相承的"②。周远则指出，爱国主义的本质就是集体主义精神，同时他还点明社会主义核心价值观是"发展性地将马克思集体主义思想与中国特色社会主义实践相结合的思想产物"③。就与社会主义核心价值观的关系而言，刘延庆等从社会主义核心价值体系的主要构成来看，将马克思主义集体主义价值观视为社会主义核心价值体系所突出强调的内容。④ 杨麟慧也认为，24 字的社会主义核心价值观就是以集体主义为精神内核展开的。⑤ 高聪等同样指出："社会主义核心价值观是集体主义价值观的具体表达，它既可以引导人，又可以凝聚人，是培育集体主义精神的宝贵财富。"⑥

学者们从比较视域出发，研究与集体主义密切相关的几种社会道德原则，有助于在对立统一中辨明集体主义的思想观点。因此，对于集体主义和其他社会道德原则关系的研判为：在相互对立中把握统一性，在

---

① 吴向东：《重构现代性：当代社会主义价值观研究》，北京师范大学出版社 2009 年版，第 239—240 页。
② 罗道全：《高校集体主义教育的必要性、面临的挑战及对策》，《求实》2013 年第 S1 期。
③ 周远：《集体主义》，西安交通大学出版社 2020 年版，第 4—5 页。
④ 刘延庆、叶柏森：《和谐与统一：大学生思想政治教育社会价值与个体价值同构》，社会科学文献出版社 2016 年版，第 94—95 页。
⑤ 杨麟慧：《集体主义价值观与社会主义核心价值观的逻辑关系》，《学校党建与思想教育》2016 年第 22 期。
⑥ 高聪、王明春：《新时代集体主义价值观的三个认识维度》，《四川民族学院学报》2022 年第 2 期。

统一中发现区别特征,将分析与综合相结合。

2. 关于集体主义价值观的研究

(1) 集体主义价值观的概念界定

学界对于集体主义价值观的概念界定主要呈现出两种不同趋向。一种对集体主义作狭义理解,将其视为共产主义和无产阶级的价值观。许其端将其作为共产主义道德的组成部分和工人阶级的人生观来看待。[①] 朱小娟也认为,它表现为无产阶级的意识形态和我国公民道德建设的基本原则。[②] 持该种观点的学者大多将集体主义等同于集体主义价值观,对于二者不作细微划分。另一种对集体主义作广义理解,超越了价值观的层次,对集体主义的范畴属系进行具体划分。罗国杰既将集体主义看作是一种道德原则,还将其视为哲学思想、有关财产制度的思想和政治学说。[③] 王岩将集体主义划分为伦理道德生活、政治需求和组织两大领域,认为由这两大领域所反映出的集体主义是有区别的。[④] 陈云从历史发生层面认为,"社会主义集体主义属于道德原则,属于伦理道德范畴。传统社会的'集体主义'是一个伦理政治的范畴"[⑤]。钱宁则认为这一概念通常在互助合作的肯定意义或集权的否定意义上使用,且就其应用范围来看,小到社区、小团体,大到国家。[⑥] 可见,持该种观点的学者将集体主义价值观视为集体主义的一种存在形式。

学界从广义或狭义的层面出发,围绕集体主义的概念进行深入探

---

① 许其端:《怎样培养集体主义精神》,辽宁人民出版社1956年版,第5页。
② 朱小娟:《中国共产党建构集体主义价值观的历史进程和基本经验》,《思想理论教育》2022年第4期。
③ 《罗国杰文集》(上),河北大学出版社2000年版,第1021—1023页。
④ 王岩:《整合·超越:市场经济视域中的集体主义》,中国人民大学出版社2004年版,第188页。
⑤ 陈云:《论集体主义的历史谱系:以儒家文化为中心的型构》,社会科学文献出版社2018年版,第8页。
⑥ 钱宁:《社会正义、公民权利和集体主义》,云南大学出版社2011年版,第212、210页。

讨，取得了较为丰硕的研究成果。这些研究成果为本研究的深入开展奠定了基础，也推动了关于集体主义的专门化研究。

（2）集体主义价值观的特征

学者们对集体主义价值观特征的论述主要体现在三对特性的协调统一之中。第一，整体性和层次性相统一。从整体上看，集体主义价值观注重集体利益的优先性，这是学界的共识。此外，有学者对其进行了具体的层次划分。罗国杰按照集体主义价值观的具体道德水准划分了三个层次，即"无私奉献""先公后私""顾全大局"①。其中，无私奉献、一心为公是集体主义价值观的最高层次。处于这个层次的人，主要是指共产党员和先进分子，应该"总是把使别人幸福当作自己的幸福，把维护集体利益当做自己最重要的天职"②。先公后私、先人后己是集体主义价值观的中间层次，处于这个层次的人，主要是指广大工人、农民和知识分子，"要求自觉地考虑集体、社会和国家利益的重要，努力为建设社会主义而尽自己应尽的义务"③。顾全大局、热爱祖国是集体主义价值观的最低层次，全体公民都应当遵守社会公德、职业道德和家庭美德，保护和发展个人利益，不得以侵犯社会整体利益和他人合法权益为代价。第二，历史性和时代性相统一。作为一个历史范畴，集体主义价值观的具体阐述方式是随着时代语境的变化而变化的。陈章龙就根据不同的历史语境，把作为价值观和道德原则的集体主义分为原始、宗法和传统三种基本的集体主义形式，④ 凸显了集体主义价值观的历史性。但同时，集体主义价值观在具体时代又会被赋予新的时代价值，也会体现某一时代的静态特征。孟庆涛结合新时代的具体语境，认为新时代集体主义价值观"顺应了中国特色社会主义初级阶段的发展特点，更加

---

① 《罗国杰文集》（下），河北大学出版社2000年版，第584页。
② 《罗国杰文集》（上），河北大学出版社2000年版，第60页。
③ 《罗国杰文集》（下），河北大学出版社2000年版，第584页。
④ 陈章龙：《论主导价值观》，江苏人民出版社2006年版，第194页。

注重人在社会个体化进程中的共性发展"①。第三，民族性与世界性相统一。任艺从集体主义价值观的千年传统文化基础处着眼，彰显了集体主义价值观的传统民族特性。②陈曙光认为，"'真正的共同体'则超越了原子个体主义，体现了集体主义原则和国际主义立场"③。"真正的共同体"作为集体主义原则反映出集体主义的世界视野。颜晓峰结合新时代中国对世界所作出的巨大贡献指出："创造人类减贫史的奇迹、抗疫斗争取得重大成果、扎实推动共同富裕等都是新时代中国特色社会主义的伟大成就，都是中国特色社会主义的崭新篇章，都是新时代中国对世界社会主义的重大贡献。"④

目前学界对集体主义价值观特征的研究从辩证统一的视角为集体主义价值观的培育做好了理论储备，但结合新时代具体特征的论述还不够丰富，有待进一步拓展。

3. 关于大学生集体主义价值观培育的研究

（1）大学生集体主义价值观培育的相关界定

分析大学生集体主义价值观培育的相关界定是有计划地组织和开展教育实践活动的理论基础。当前学界关于大学生集体主义价值观培育基本界定的论述总体较少，已有的论述主要从以下几个方面展开。

一是从集体主义教育的重要意义出发。一方面，从学校教育的立场揭示集体主义教育的微观道德教育意义。杜坤林将其作为"当代大学生道德价值观重建的核心内容和主旋律"⑤。申勤俭也认为，其"在大

---

① 孟庆涛：《集体主义的时代内涵与特征》，《中国特殊教育》2021年第10期。
② 任艺：《中国集体主义价值观的嬗变》，《求实》2010年第S2期。
③ 陈曙光：《人类命运共同体与"真正的共同体"关系再辨》，《马克思主义与现实》2022年第1期。
④ 颜晓峰：《深刻认识中国特色社会主义新时代的历史新方位》，《思想理论教育导刊》2022年第10期。
⑤ 杜坤林：《冲突与重建：当代大学生道德价值观研究》，上海交通大学出版社2013年版，第133页。

学生德育教育体系中有着十分重要的地位"①。另一方面,从社会道德教育的立场揭示集体主义教育更为宏观的意义。杨向荣等认为,它"是思想道德教育的核心,是社会主义、爱国主义思想教育的基础"②。同时,也有学者指出其是大学生素质教育的重要内容。③

二是从集体主义教育的主要目标出发。魏茂峰等从学生个人成长发展的视角揭示集体主义教育要促进学生个性的全面发展。④ 华宪成从民族的高度加以解释,指出它"是增强民族凝聚力的重要途径"⑤。鲍幸等从社会本位论出发,将"培养适应社会的人"作为集体主义教育的最根本目的,认为开展有针对性的集体主义精神教育应反映大学生价值取向的变化。⑥

三是从集体主义教育的具体内容出发。王易等认为,集体主义价值观教育是"让人们了解集体主义究竟是什么、为什么要在全国范围内坚定不移地宣传和弘扬集体主义价值观"⑦。除确立正确的人生观、价值观外,郑淑萍进一步指出集体主义价值观教育还应引导学生正确处理国家、集体与个人的关系,进行爱母校、爱班级、爱集体的"三爱教育"。⑧

分析学界现有的研究成果可以看出,虽然对大学生集体主义价值观

---

① 申勤俭:《大学生德育要突出集体主义教育》,《南京政治学院学报》1995年第1期。
② 杨向荣、沈文青:《对大学生要大力加强集体主义价值观教育》,《中国高教研究》1999年第1期。
③ 李婷:《民族高校大学生集体主义教育研究》,中南民族大学2015年,第2页。
④ 魏茂峰、陈玙:《学生集体主义的教育》,安徽人民出版社2012年版,第3—4页。
⑤ 华宪成:《谈谈搞好"思想道德修养"课中集体主义教学的一点体会》,《西南民族学院学报》(哲学社会科学版)2002年第S2期。
⑥ 鲍幸、伍自强、刘慧、熊昌芹:《当代社会变迁视域下大学生价值观探析》,《吉首大学学报》(社会科学版)2019年第S1期。
⑦ 王易、朱小娟:《罗国杰集体主义思想研究》,《思想理论教育导刊》2016年第12期。
⑧ 郑淑萍:《加强高校学生集体主义教育的思考》,《山西财经学院学报》1995年第S1期。

培育这一概念的基本界定已涌现出大量成果，但对比内涵的界定还缺乏系统科学的梳理。新时代大学生集体主义价值观的培育在综合分析这些已有成果的基础上仍有进一步可挖掘的空间。

（2）大学生集体主义价值观培育的基础

唯有建立在可靠的基础上，大学生集体主义价值观培育才能扎实推进、行稳致远。对此，学者们的研究大致可以分为理论基础和实践根基两个层面。

在理论层面，集体主义价值观培育的基础横贯中西。一方面，中华优秀传统文化构成了这一培育工作的文化基因。洪书源指出，儒家传统中的德治思想透过对人心秩序的强化，使个体心性指向群体。[①] 陈冬认为，中国古代宗法整体主义体现了中国人长期以来对国家、对民族、对宗族的价值理念；集体主义的丰富思想就内蕴于中国传统文化中的"仁者爱人""修身、齐家、治国、平天下""忠、礼、义""和"等价值理念、伦理道德观之中，成为当下思想道德建设中具有重要影响的组成，为当前研究集体主义提供了重要的参考。[②] 刘水静等也认为，儒家学者国而忘家、公而忘私的集体主义爱国观是教育激励中华儿女忘我牺牲的精神旗帜。[③] 另一方面，国外学者的一些理论观点也构成了集体主义价值观培育的思想来源。白萍在探究针对大学生的集体主义教育的可行路径时，着眼于心理学家安德森和苏联教育家苏霍姆林斯基的观点。[④] 孙霄兵等指出心理学的铁律是由集体发展升华为个体发展，并利用著名心理学家维果茨基的观点说明了学校教育的完成须是个体教育对

[①] 洪书源：《当代中国集体主义价值观的演绎理路》，《中共福建省委党校学报》2017年第11期。

[②] 陈冬：《集体主义的中西方思想渊源》，《哲学论丛》2014年第5期。

[③] 刘水静、魏薇：《中华优秀传统文化中的爱国主义精神：起源、内涵与特征》，《学校党建与思想教育》2020年第17期。

[④] 白萍：《健全人格培养：高校集体主义教育的现实路径选择》，《现代大学教育》2009年第5期。

集体教育的升华。①

在实践层面，集体主义价值观培育的历史根基深厚。辛治洋回顾了新中国成立以来集体主义教育的学科属性、教育内涵、实践效果等的改变。② 洪书源从历史语境角度分析了集体主义价值观的历史演绎脉络和在中国的认识与实践之难。③ 也有学者指出，集体主义价值观的形成要考虑古今中外、理论与实践等综合影响因素，它的时代内涵在中国共产党推进马克思主义中国化"两个结合"的实践中丰富，④ 因而集体主义价值观培育工作也绝非一日之功。

分析大学生集体主义价值观培育的基础，有助于我们理解大学生这一价值观的培育问题"从何处来"，弄明白大学生集体主义价值观的培育"向何处去"。学界已有的探索虽已具备贯通性，但总体来看对理论基础的分析较为丰富，对实践来源的追溯则略显不足。

（3）大学生集体主义价值观培育的基本现状

从学界现有的调查研究结果来看，大学生集体主义价值观的培育工作总体呈现良好态势，但也存在一些问题。

一方面，大学生集体主义价值观的培育总体良好。冯秀军在调查的基础上总结得出："集体主义的道德价值观在当代大学生中仍旧是主流。"⑤ 王蔚虹在关于大学生社会责任感现状的调查中，通过分析大学生对于集体的态度、认可度和责任倾向等数据结果，得出了当代大学生

---

① 孙霄兵、徐玉玲：《论中国教育的个体化发展》，《中国教育学刊》2021年第3期。
② 辛治洋：《回归道德教育的"集体主义"原则》，《西南大学学报》（社会科学版）2016年第3期。
③ 洪书源：《当代中国集体主义价值观的演绎理路》，《中共福建省委党校学报》2017年第11期。
④ 蔡志强、袁美秀：《从马克思主义中国化"两个结合"的维度审视集体主义价值观》，《思想理论教育》2022年第7期。
⑤ 冯秀军：《社会变革时期中国大学生道德价值观调查》，教育科学出版社2013年版，第22页。

从整体上表示认同"集体主义"的结论。① 陈剑则指出,青年对集体利益与个人利益在认识、态度和行为上,正经历着由"权威"到"平等"、"服务"到"主动"、"要求"到"创造"的转型,呈现出个人权利和集体利益的统一。②

另一方面,大学生集体主义价值观培育尚存一些问题。其一,从不同场域的视角分析教育现状。郑华萍等认为现如今大学生集体主义教育存在的问题主要表现在高校教育中存在"目标偏失""内容缺乏针对性和时效性""方法重灌输轻实践"等问题。③ 李红莲指出,集体教育是对家庭和社会给孩子自我健康发展造成影响的补救。④ 其二,从大学生自身的视角进行分析。魏茂峰等就大学生不良思想竞争方面存在的问题作了具体阐释,他认为"集体团结协作精神逐步削弱,随着社会主义市场经济发展,各种竞争也在不断加剧,不少学生的竞争意识也在增强"。⑤ 刘伟等立足个体化变局,指出青年存在疏离集体、追捧个人至上的价值观、消极应对集体事务和集体主义认知模糊等问题。⑥ 此外,刘静、白路从个体主义与集体主义的矛盾对立立场出发,指出"当代中国大学生的价值取向,日益呈现出'个体主义'与'集体主义'双向偏离的现象,表现为日益普遍化的'个体主义'行为和逐步空泛化的'集体主义'口号之间的脱节和断裂"。⑦

---

① 王蔚虹:《当代大学生社会责任感现状及差异性分析》,《教育评论》2015年第12期。
② 陈剑:《从"垂直集体主义"到"水平集体主义":当代青年集体主义价值观的向度转型》,《理论导刊》2022年第8期。
③ 郑华萍、杨晓晨:《高校学生集体主义教育现状调查》,《教育与职业》2014年第10期。
④ 李红莲:《新时代集体教育在学生健康自我成长中的特殊意义》,《人民教育》2022年第Z3期。
⑤ 魏茂峰、陈玛主编:《学生集体主义的教育》,安徽人民出版社2012年版,第57页。
⑥ 刘伟、闫曼卿:《个体化变局下当代青年集体主义教育路径优化探析》,《中国青年社会科学》2023年第1期。
⑦ 刘静、白路:《"个体与集体"价值观念的中西文化对话——从当代中国大学生的价值观谈起》,《教育理论与实践》2012年第27期。

已有研究成果为进一步认识和把握当前大学生的集体主义价值观培育工作指明了线索和方向，但在对问题的分析中，对其背后深层机制的挖掘还不充分。

（4）大学生集体主义价值观培育存在问题的原因分析

一方面，有学者从集体主义价值观培育的内部探讨影响因素。刘允正等指出大学生价值观培育中存在的教育内容陈旧、覆盖面窄、理论说教成分较重、内容关联性不强、事前预测性不够、单向性较重、互动性较差等情况构成了当前问题的主要原因。① 另一方面，有学者从集体主义价值观培育的外部探讨影响因素。雷开春从社会流动的视角出发，指出"社会流动的无序性、不均衡性也导致了群体间价值观的对立和冲突"②。张佳亮从文化、社会和经济的视角出发，指出西方文化、传统文化、社会时尚和市场经济都是影响青年价值取向变化的重要因素。③ 刘伟等从外部竞争环境出发，提出"囿于价值视野的局限、生存压力的束缚和趋利欲望的捆绑，青年群体在遭遇个体化时代的风险性竞争后，要想稳固地建构起对集体主义的真实理解与普遍认同越来越成为一种挑战"④。除此之外，魏丽娜还指出，独生子女的家庭环境，家长在座位、教师、机会等方面的极端个人主义表现，弱化了集体主义意识的强度。⑤

以上有关大学生集体主义价值观培育问题原因的学术研究体现了系统辩证的思维方式，为指导大学生集体主义价值观在我国的培育工作积

---

① 刘允正等：《裂变与整合——大学生价值观的多样化趋势与高校思想政治工作创新体系研究》，光明日报出版社2009年版，第94—95页。
② 雷开春：《青年网络集体行动的社会心理机制研究》，上海社会科学院出版社2018年版，第124页。
③ 张佳亮：《大学生价值观教育》，辽宁大学出版社2010年版，第29—30页。
④ 刘伟、闫曼卿：《个体化变局下当代青年集体主义教育路径优化探析》，《中国青年社会科学》2023年第1期。
⑤ 魏丽娜：《新时代集体意识教育内涵及路径》，《人民教育》2020年第18期。

累了诸多经验教训。但总体论述较为宏观，较少从微观层面进行细化研究。

（5）大学生集体主义价值观培育的对策探究

对大学生集体主义价值观的研究最终要落实到对策上来。目前学者们的对策建议可以归纳如下：一是倡导多元内容相结合。有学者提出要加强集体主义理论本身的理解力。何萌指出，要用理论联系实际，用学生可见、可听、可感的实践来增强理论的现实解释力和说服力。① 也有学者认为要提升集体主义价值观培育事业的推动力。孟庆涛从与集体主义价值观立场相同的社会道德原则出发，提出集体主义教育"应重点结合理想信念教育、爱国主义教育、社会公德教育和生态文明教育进行"②。仓明等从抗击疫情的视角出发，在深刻解读集体主义与全民战"疫"相互推动作用的基础上指出，这一实践是新时代集体主义教育最生动鲜活的教材。③ 二是倡导多方力量相结合。大学生有着多重身份，受此影响，大学生集体主义价值观的培育也应该讲求通力合作，调动多种主体的教育力量。对此大多数学者着眼于家庭、学校与社会的一体化。杨向荣等将"小"的校园结合"大"的社会，指出"加强集体主义价值观教育，在努力建设校园'小环境'的同时，绝不能忽视社会这个'大环境'的作用"④。张迪则指出应从树立个人集体意识这一自我提升方面与家庭树立榜样、学校营造氛围、社会引导舆论等外力培养方面出发，探索培养途径。⑤ 三是倡导多样方法相结合。针对个体化境

---

① 何萌：《新时代大学生价值观培育研究》，吉林人民出版社2017年版，第200页。
② 孟庆涛：《新时代集体主义教育实践路径探析》，《中国特殊教育》2020年第12期。
③ 仓明、徐盼盼、吴锋：《中国战"疫"视域下集体主义教育论析》，《中学政治教学参考》2022年第24期。
④ 杨向荣、沈文青：《对学生要大力加强集体主义价值观教育》，《中国高教研究》1999年第1期。
⑤ 张迪：《新时代大学生德育工作创新实践研究》，汕头大学出版社2021年版，第107—108页。

遇、社会利益格局变化、网络环境等不同背景，学者从理论和实践、国内和国外的不同角度提出了不少具有创新性的对策。刘德军等在理论上倡导"教师应具有一个博大的胸襟，采取教育学生的方法应因人因时，因事而异"[1]。也有学者在实践中提出通过组织兴趣小组、举办艺术节、开展社会实践等活动延伸、深化和升华集体主义教育。[2] 刘小新等学者突破地域限制，提出放眼世界，"积极吸收和借鉴国内外价值观教育的有益做法"[3]。叶定剑等则以疫情背景下大学生的思想行为特点为依据，从积极利用网络载体、做好常态化交流沟通、发挥朋辈教育引导作用和完善教育评价机制四个方面探析了教育策略。[4] 魏丽娜还提出把良性竞争作为促进班级内部团结与合作的方式。[5] 四是倡导多种渠道相结合。学者以教育主体的宣传渠道和受教育者的学习渠道为立足点提出了一些创新观点。王天兵以构建新的集体主义价值观为视角，指出扩展学习的渠道要突破课堂说教和知识灌输的局限，"报纸、传媒、网络等部门作为宣传渠道更应该担负起相应的社会责任"[6]。

总结上述观点可知，学界关于大学生集体主义价值观培育的路径研究已有较为丰富的理论成果，涵盖各个角度、多个方面，为创新新时代大学生集体主义价值观培育工作提供了有益借鉴，但综观此话题的研究，在结合集体主义价值观本身内容进行层次性路径研究方面仍较为薄弱。

---

[1] 刘德军、高敏敏、何殿安主编：《班集体管理与建设的创新》，吉林人民出版社2019年版，第75页。

[2] 学生德育教育指导小组：《学生集体主义的教育》，辽海出版社2011年版，第35—36页。

[3] 刘小新等：《当代大学生主导价值观研究》，首都师范大学出版社2005年版，第295页。

[4] 叶定剑、林立涛、田怡萌：《重大疫情背景下大学生思想行为特点及教育策略》，《学校党建与思想教育》2020年第7期。

[5] 魏丽娜：《新时代集体意识教育内涵及路径》，《人民教育》2020年第18期。

[6] 王天兵：《试析当代大学生集体主义观的缺失与建立》，《中国高等教育》2011年第9期。

二 国外研究现状

国外关于集体主义的研究历史悠久、成果丰富，主要集中在集体主义理论研究和集体主义教育研究两大块。其中，对集体主义的理论研究主要表现为基础研究和比较研究，对集体主义教育的研究则集中在目的和方法上。国外虽尚无明确关于大学生集体主义价值观培育的系统论述，但现有的研究为探索大学生集体主义价值观培育的优化路径提供了新思路。

1. 关于集体主义理论的研究

（1）集体主义的基础研究

在西方的话语体系里，对"集体"这一名词的理解往往隐藏在对"共同体"概念的表述之中。齐格蒙特·鲍曼在《共同体》一书中指出，共同体是道德的共同体，"共同体理想的一个固有的部分是成员之间共享好处的'兄弟般的责任'，而不管他们是多么聪明和重要"[1]。此外，一些学者还依据不同的标准对共同体进行了分类。斐迪南·滕尼斯按照共同体的内容和历史发展对共同体进行了划分。具体包括作为行为统一体的血缘共同体，以共同居住为直接表现的地缘共同体，在相同的方向和意向上相互作用和支配的精神共同体。[2] 马克思按照历史发展逻辑和经济基础把共同体划分为"自然的共同体""虚幻的共同体"和"真实的共同体"三个由低到高的层次。通过明确共同体在个人发展才能和实现自由中的基础作用，马克思进一步揭示了个人与共同体的辩证统一关系。他认为"只有在共同体中，个人才能获得全面发展其才能

---

[1] ［英］齐格蒙特·鲍曼：《共同体》，欧阳景根译，江苏人民出版社2003年版，第69—70页。

[2] ［德］斐迪南·滕尼斯：《共同体与社会：纯粹社会学的基本概念》，林荣远译，商务印书馆1999年版，第65页。

的手段，也就是说，只有在共同体中才可能有个人自由"①。共同体成为个人发展的前提。

关于集体主义一词的起源，学者们各执一词，尚未形成统一意见。对集体主义的理解，也涉及社会性质、利益比较和类型划分等不同角度。从社会性质上看，长期以来，集体主义在理论和实践中都被视为社会主义的价值观。因而在某些西方学者看来，集体主义就是与个人主义相对立而存在的社会主义。拉法格从共产主义的层面理解集体主义，指出"集体主义"在1880年《平等报》以后的法国被视作"共产主义"的同义词。②施什金则将集体主义作为社会主义道德原则进行了论述，他认为："社会主义集体主义表现为同志式的合作，或者说不存在剥削关系的人们之间的一种社会主义互助关系。"③从个人利益与集体利益的比较来看，大多数学者都认同集体主义对集体利益的强调，在阐述集体与个人利益对立的同时指出集体是获得个人自由、完善的前提和基础。黑格尔认为："个人只有成为良好国家的公民，才能获得自己的权利。"④苏霍姆林斯基将公民的良心作为集体主义的根本。⑤斯大林则从集体与个人利益相统一的角度指出："集体主义、社会主义并不否认个人利益，而是把个人利益和集体利益结合起来。"⑥埃蒂纳·温格等也指出，"最好的社群欢迎个性强的人，鼓励不同意见和争论"⑦。从集体主义的类型划分来看，Triandis认为集体主义并不是一个简单的维度结

---

① 《马克思恩格斯选集》第1卷，人民出版社2012年版，第199页。
② 中共中央马克思恩格斯列宁斯大林著作编译局国际共运史研究室编：《拉法格文选》（上卷），人民出版社1985年版，第263页。
③ [英]施什金：《伦理学原理》，蔡志平译，北京大学出版社1981年版，第62页。
④ [德]黑格尔：《法哲学原理》，范扬、张企泰译，商务印书馆1961年版，第172页。
⑤ [苏]瓦·阿·苏霍姆林斯基：《培养集体的方法》，安徽大学苏联问题研究所译，安徽教育出版社1983年版，第13页。
⑥ 《斯大林选集》（下卷），人民出版社1979年版，第354页。
⑦ [美]埃蒂纳·温格、理查德·麦克德马、威廉姆·M.施奈德：《知识社群：将个体知识融汇成集体智慧》，边婧译，机械工业出版社2020年，第9页。

构,而是多方面的合成。他提出应当将之划分为水平集体主义和垂直集体主义。前者认为个人作为集体的一员,为了集体的共同目标一起工作,相互帮助。后者则认为个人可以为了集体的目标和利益牺牲个人的目标和利益,但是个人也同时获得了比集体中其他人更高的地位。① 马尔科姆·卢瑟福则把集体主义划分成三个方面,即"社会整体大于部分之和""社会整体显著地影响和制约其部分的行为或功能""个人的行为应该从自成一体并适用于作为整体的社会系统的宏观或社会的法律、目的或力量演绎而来,从个人在整体当中的地位(或作用)演绎而来"。②

国外学界关于集体和集体主义的基础研究为国内学者的研究提供了新视野。但受意识形态领域斗争的影响,西方学者对集体主义的研究往往带有浓厚的主观色彩,与社会主义的集体主义研究存在一定区别,在研究中也加大了辨别难度。

(2)集体主义的比较研究

在国外的研究中,资产阶级和无产阶级的对立大多被视为集体主义与个人主义对立的表现,而社群主义又是反思个人主义的结果。因而集体主义、社群主义和个人主义三者之间存在密切联系。

其一,集体主义与社群主义的关系。在二者的联系方面,社群主义和集体主义的共性在于都强调共同体。社群主义也称共同体主义,认为人处于共同体之中并依附共同体而存在。丹尼尔·贝尔在《社群主义及其批评者》中指出,"我们首先是一种社会性动物"③。齐格蒙特·鲍曼从全球化背景下个体维持生存需要的角度揭示了共同体主义的

---

① See Jie Zhang, Tingting Han, "Individualism and Collectivism Orientation and the Correlates among Chinese College Students", *Current Psychology*, No. 4, April 2021, pp. 1–11.
② [英]马尔科姆·卢瑟福:《经济学中的制度:老制度主义和新制度主义》,陈建波、郁仲莉译,中国社会科学出版社1999年版,第33—34页。
③ [美]丹尼尔·贝尔:《社群主义及其批评者》,李琨译,生活·读书·新知三联书店2002年版,第9页。

内在本质，"存在着每个个体都要面对但又不能独自对付与解决的任务"①。在社群主义与集体主义的区别方面，社群主义的学术视野和格局相对集体主义而言较为狭窄。以马克思主义者为代表的集体主义论述侧重长远性，而社群主义者则侧重现实性。

其二，集体主义与个人主义的关系。一方面，学者普遍认为个人主义是作为集体主义的对立面而存在的。个人主义作为一种观念可以追溯到古代，但个人主义作为一种思想体系的演进则是同资产阶级的政治、经济等情况相适应的，伴随着资产阶级的产生和发展。西方学界对个人主义的研究主要分为政治表现、经济表现和伦理表现。在个人主义的政治表现上，穆勒阐释了政治个人主义理论框架下的代议制政府形式，诺齐克认为，"国家不可用它的强制手段来迫使一些公民帮助另一些公民；也不能用强制手段来禁止人们从事推进他们自己利益或自我保护的活动"②。在个人主义的经济表现上，罗伯逊指出："经济个人主义隐含着的一种假定是，反对来自教会或国家的经济控制。"③ 亚当·斯密更是在适应资本主义经济制度的基础上提出了关于经济个人主义的系统观点。另一方面，也有学者反对将个人主义和集体主义绝对对立起来。皮埃尔·布迪厄等指出："一种关于社会的总体性科学，既必须摒弃那种将行动者'打发去度假'的机械结构主义，又必须杜绝目的论个人主义。"④ 斯大林也指出："'个人主义'和社会主义之间没有不可调和的对立。"⑤

---

① ［英］齐格蒙特·鲍曼：《共同体》，欧阳景根译，江苏人民出版社2003年版，第185页。

② ［美］罗伯特·诺齐克：《无政府、国家与乌托邦》，何怀宏等译，中国社会科学出版社1991年版，第1页。

③ 参见［英］史蒂文·卢克斯《个人主义》，阎克文译，江苏人民出版社2001年版，第82页。

④ ［法］皮埃尔·布迪厄、［美］华康德：《实践与反思——反思社会学导引》，李猛、李康译，中央编译出版社2004年版，第10页。

⑤ 《斯大林文集》（1934—1952），人民出版社1985年版，第13页。

国外学界针对社群主义、个人主义及其与集体主义之间的关系做了大量研究，丰富了集体主义研究的相关理论，但受到社会政治制度和经济基础的制约，对集体主义的研究不够客观，对个人主义的研究也比较主观。

2. 关于集体主义教育的研究

在集体主义教育方面，国外的研究相对较少，现有的研究成果主要集中在集体主义教育的方法和目的层面。

第一，关于集体主义教育的方法研究。国外的研究主要体现在劳动教育、家长教育和教师教育等方面。一是强调劳动教育在集体主义教育中的重要作用。苏霍姆林斯基不仅强调教育内容决定教学方法，而且认为生产劳动的方法同样能作用于集体主义教育。[①] 二是重视家长在集体主义教育中的影响。马卡连柯的《家庭和儿童教育》一书论述了要让受教育者参与家庭经济预算。"培养集体主义的方法是让儿童接近家长的活动环境，让儿童参加家庭经济预算，在家庭经济富裕的时候要俭朴，在家庭生活困难的时候要保持自尊。"[②] 三是注重学校教育中教师集体的示范作用。教师的努力程度直接关系到集体主义教育目标的达成率。马卡连柯认为，真正的教育工作产生于这样的教师集体，这一集体中按照学校、班级和个人的先后次序对成绩进行排列。[③]

第二，关于集体主义教育的目的研究。国外学者普遍认为集体主义教育是为培养公民服务的，也就是为了维持现有的政治和经济制度服务的。保罗·霍普指出它的基本功能是培养年轻人成为公民，承担相应责

[①] [苏] B. A. 苏霍姆林斯基：《学生集体主义情操的培养》，杨楠译，湖南教育出版社1984年版，第139页。

[②] [苏] A. C. 马卡连柯：《家庭和儿童教育》，丽娃译，上海人民出版社2010年版，第58页。

[③] [苏] A. C. 马卡连柯：《家庭和儿童教育》，丽娃译，上海人民出版社2010年版，第163页。

任并发挥好自身作用。① 叶希波夫认为，"培养集体主义的精神，就是要使儿童和青年男女准备把自己的力量贡献给公共的事业"②。苏霍姆林斯基指出，集体的教育力量在于人们通过进行共同的活动"显示出他们在崇高的道德目标鼓舞下从事劳动的高尚的思想面貌"③，从而实现自身个性的全面发展。也就是说，一个人如果想使自己的德、智、体、美、劳各方面得到充分发展，必须在集体中通过集体接受教育。也有学者认为，"个体社会化的每一步都是在向文明迈进"④。从人类文明的高度阐述集体主义教育的宏观意义。

总之，国外关于集体主义教育已有部分研究成果，但这些成果建立在其自身相对单一的社会语境之中，在中国高校把握和运用的时效性、实用性方面还有待进一步完善。

三　国内外研究现状评论

近年来，随着大学生集体主义价值观培育在学界的受关注度越来越高，学术方面研究的意义已然超越思想领域的争论，与教育和社会问题紧密相连。目前已有的关于大学生集体主义价值观培育的理论研究成果，为优化新时代大学生集体主义价值观培育工作提供了理论基础，我们应当采用辩证批判的态度进行借鉴和吸收。纵观学界这些研究成果，还存在一些值得注意的问题，有待进一步深入探讨。

第一，成果分布不均衡。首先，碎片化的研究较多，但系统性研究

---

① ［英］保罗·霍普：《个人主义时代之共同体重建》，沈毅译，浙江大学出版社 2010 年版，第 149 页。

② 人民教育出版社编译：《为加强集体主义教育而斗争》，人民教育出版社 1955 年版，第 13 页。

③ ［苏］B. A. 苏霍姆林斯基：《公民的诞生》，黄之瑞等译，教育科学出版社 2002 年版，第 251 页。

④ ［德］亚历山大·米切利希、玛格丽特·米切利希：《无力悲伤：集体行为的原理》，杨惠、韩魏译，世界图书出版有限公司 2018 年版，第 83 页。

较少。最直观的表现是现有的关于大学生集体主义价值观培育的研究成果主要集中在学术论文里面，明确的、专题性的关于新时代大学生集体主义价值观培育的学术专著较为缺乏。限于体例与篇幅，研究系统性较为欠缺。其次，从属的研究较多，但独立性研究较少。集体主义的研究附属于价值观研究之下或被置于与个人主义的对比研究之中，对大学生的这一价值观的培育则被置于思想政治教育或其他价值观培育的过程之中，针对集体主义或大学生集体主义价值观培育的专门性论著较少。再次，国内研究较多，但国外研究较少。集体主义在国内外都有广泛的可供参考的理论基础，但在大学生集体主义价值观方面国内研究的论述则显著多于国外。最后，宏观论述较多，但微观分析较少。现有的研究大多将"集体"作为一个宏观的概念，并以此为基础分析培育对策，较少有分层研究，即根据集体的不同层次提出针对性对策。

第二，理论与实践分化。国内外现有研究总体上都偏重理论性，实践性不足。就国内研究成果来看，虽有针对实践的对策研究，但理论与实际结合的可行性还有待进一步提升。就国外研究成果来看，国外对集体主义的研究侧重于从理论的角度进行学术思考，集体主义实践探索方面的研究不多。

第三，历史性阐发不足。学界现有研究成果时代针对性突出，大多数学者以自身所处的时代为背景展开研究，但从历史发展的视角对集体主义价值观在中国和西方的发展历程进行系统性梳理和比较性研究的较少。

第三节　研究方法与创新之处

一　研究方法

（一）文献研究法

本研究建立在搜集、整理、查阅大量文献资料的基础上，利用线下的图书馆、档案馆及线上网络平台等渠道，获取和查阅与本研究相关的纸质及电子版的文献资源。同时，分析相关的文献内容，厘清研究的思想脉络，进而搭建框架、明确观点、展开论述。

（二）系统研究法

本研究不仅涉及高校教育教学实践，而且与家庭教育、社会教育等密切相关。因此，本书在将大学生集体主义价值观培育的内容看作一个整体进行层次性建构的基础上，进一步探讨新时代大学生集体主义价值观的培育路径。

（三）学科交叉研究法

集体主义价值观是一个内涵十分丰富的概念，对大学生的这一价值观培育的研究则不可避免要涉及政治学、哲学、心理学、伦理学、思想政治理论、传播学等多个学科领域，构成了一个统一的整体。本书尝试将"知情意行"的教育心理学逻辑结构理论应用于构建集体主义价值观培育的具体内容、现存问题和对策研究之中，从学科融合的视角探析新时代大学生集体主义价值观培育的路径。

（四）调查研究法

新时代大学生集体主义价值观及其培育情况是处于动态发展过程之中的，需要持续关注。因而本书通过发放问卷和个别访谈等方法调查、获取一手的量化和质性资料，并以此为基础，观察、比较、分析数据和结果，了解新时代我国大学生集体主义价值观培育的真实现状。

二　研究创新之处

（一）研究创新之处

第一，构建逐层递进的新时代大学生集体主义价值观培育内容。目前学界关于大学生集体主义价值观培育内容的研究重点不一，但大多采用分类阐述的方式。由于集体主义价值观本身涵盖了极其广泛的内容和要求，纯粹扁平化的理论表述很难清晰再现大学生集体主义价值观培育的整体图景。本书依据心理学和德育工作中"知情意行"的方法，分析集体主义价值观培育的具体内容。由浅入深、由表及里，将大学生集体主义价值观培育的主要内容划分为认知、情感、意志和行为四个主要层次，并以此为依据探究大学生集体主义价值观培育中存在的问题及原因。

第二，提出环环相扣的新时代大学生集体主义价值观培育路径。本书在分析现今大学生集体主义价值观培育存在问题的原因的基础上，结合新时代大学生集体主义价值观培育的主要内容，通过加强理论教学、创设培育环境、完善教育机制、推进实践活动的方式构建这一"知情意行"逐步深入、层层递进的新时代大学生集体主义价值观培育路径。从而实现集体主义价值观培育由低向高的层次递进、理论与实践的相互统一。以层次性集体主义价值观培育内容指导培育路径，以系统性路径优化集体主义价值观培育。

（二）研究不足之处

本书的不足之处主要为：首先，路径的优化在一定程度上需突破思想政治教育的学科藩篱，在学科交融中寻找创新方式。由于笔者的理论视野有限，在对心理学、传播学等相关学科知识的运用和融合方面有待进一步提升。其次，由于受到自身在理论探究和实际经验方面的限制，笔者在分析、判断和论述观点的过程中，可能还不够详尽深入，还有许多不够周延、合理之处，有待进一步优化改进。最后，由于研究数据在时间、空间层面仍受到一定的限制，本书的研究成果反映的也仅是当下宏观整体中的一个微观缩影，还存在诸多有待进一步完善的空间。

第一章

集体主义价值观的历史
发展和当代价值

第一节 集体主义价值观的历史发展

一 集体主义的历史溯源

维护共同体的集体利益,是人类最古老、最悠久的道德精神之一。原始社会中氏族成员所信奉的原始共同体主义是集体主义的最初历史形态。[①] 原始集体主义的形成与原始氏族社会集体劳动的生产生活方式密切相关,它是人类抗衡自然的最初选择。

(一) 原始集体主义产生的最初动因是个体生存需要

原始社会的自然条件十分恶劣、生产力水平极其落后,个体独立生存非常困难。为了生存和安全,人类不得不借助群体的力量防御外界侵害,不得不联合群体的力量采拾野生植物、猎捕野生动物以及进行其他生产活动而获得基本的物质保障。正如马克思所言,"我们越往前追溯历史,个人,从而也是进行生产的个人,就越表现为不独立,从属于一

[①] 韦冬主编,沈永福副主编:《比较与争锋:集体主义与个人主义的理论、问题与实践》,中国人民大学出版社2015年版,第1页。

个较大的整体"①。"生存和发展在那里表现得极其残酷无情:要么依赖集体而生存,要么背离集体而灭亡,几乎没有中间道路可供抉择。"②于是,基于生存的天然需要,个体对原始共同体产生深深的依赖,借助共同体的力量与恶劣的自然条件作斗争,"以群的联合力量和集体行动来弥补个体自卫能力的不足"③。这样一来,原始社会中个体和共同体的共同利益需求为原始集体主义的产生奠定了坚实基础。简而言之,恶劣的生存环境和低下的生产力水平之下个体的生存需要成为原始集体主义产生的最初动因。④

(二) 原始集体主义形成的社会因素是氏族社会的集体组织建构

人类社会形成初期,原始社会组织的早期雏形是原始群和血缘家庭。原始群主要是旧石器时代初期人类为了简单地生存而组成的松散不固定的群体集团。这种联合并不是幼年人类自觉的有意识行为,而只是一种为生存而斗争的本能联合行为,它有分有合,随时可解散。

随着人类自身繁衍以及思维本身的发展,实践经验逐渐丰富,原始群由初始的不自觉性聚合体逐渐分裂为若干个小集团,而这种小集团都是一个母亲及其子孙后代自觉而有意识的组合,于是作为血统意义上的"血缘家庭"逐渐形成了。氏族正是从血缘家庭的第二发展阶段"普那路亚家庭"中产生的,⑤"它构成地球上即使不是所有的也是大多数野蛮民族的社会制度的基础"⑥。这种共同体是以氏族到胞族再到部落和部落联盟为基本单位的。在这里,"各个个人都不是把自己当作劳动者,而是把自己当作所有者和同时也进行劳动的共同体成员。……他们

---

① 《马克思恩格斯全集》第46卷(上册),人民出版社1979年版,第21页。
② 夏伟东:《道德本质论》,中国人民大学出版社1991年版,第41页。
③ 《马克思恩格斯选集》第4卷,人民出版社2012年版,第42页。
④ 韦冬主编,沈永福副主编:《比较与争锋:集体主义与个人主义的理论、问题与实践》,中国人民大学出版社2015年版,第2—4页。
⑤ 《马克思恩格斯选集》第4卷,人民出版社2012年版,第49页。
⑥ 《马克思恩格斯选集》第4卷,人民出版社2012年版,第46页。

劳动的目的是为了保证各个所有者及其家庭以及整个共同体的生存"①。个人的一切争端和纠纷，都由氏族或部落来解决，或者由各个氏族相互解决。②"部落、氏族及其制度，都是神圣而不可侵犯的，都是自然所赋予的最高权力，个人在感情、思想和行动上始终是无条件服从的。"③因此，氏族社会依靠集体的凝聚力，自觉团结互助，使得共同体组织形式也得到进一步的发展。

（三）原始集体主义产生的文化根源是集体表象的思维方式

思维方式在人类社会发展过程中起着重要作用，不同社会发展阶段，人们的思维方式也不同。正如恩格斯所言："每一时代的理论思维，从而我们时代的理论思维，都是一种历史的产物，在不同的时代具有非常不同的形式，并且而具有非常不同的内容。因此，关于思维的科学，和其他任何科学一样，是一种历史的科学，关于人的思维的历史发展的科学。"④人类学相关研究表明，原始社会人类思维方式的一种重要特点是"集体表象"。在社会学和人类学领域卓有建树的法国人列维-布留尔在其创作的《原始思维》中进行了具体阐述。布留尔认为："这些表象在该集体中是世代相传；它们在集体中的每个成员身上留下深刻的烙印，同时根据不同的情况，引起该集体中每个成员对有关客体产生尊敬、恐惧、崇拜等等感情。"⑤原始社会中的氏族成员往往通过图腾崇拜、社会风俗、宗教仪式等集体行动，以观念或情感为联结纽带，将客体实在性的东西反复感知，从而形成人们可以通感的共同信仰和集体表象，并自觉以此来规范个人思想和行为方式。

（四）原始集体主义形成的伦理基础是共生共长的原始集体主义道德

原始社会在个人与他人、氏族、部落共同体的相互交往关系中产生

---

① 《马克思恩格斯全集》第46卷（上册），人民出版社1979年版，第471页。
② 《马克思恩格斯选集》第4卷，人民出版社2012年版，第108页。
③ 《马克思恩格斯选集》第4卷，人民出版社2012年版，第110页。
④ 恩格斯：《自然辩证法》，人民出版社1971年版，第27页。
⑤ ［法］列维-布留尔：《原始思维》，丁由译，商务印书馆2004年版，第5页。

了维护氏族共同体利益的道德要求，而所有的美德都是为了保证氏族、部落或公社的共同生存与发展，一切威胁到共同体利益的行为都会受到无情的回击，原始人与氏族共同体之间形成了共生共长的关系。这种共生共长的原始集体主义道德作为一种天然的道德意识倾向存在于那个没有属于个人的财产、更没有阶级剥削的原始共产主义生存方式中，在氏族、胞族内部，人与人之间是平等的，氏族、胞族的首领是民主推举出来的，没有任何特权，没有任何私心，与氏族、胞族的一般成员地位平等，而且随时都可以因氏族、胞族成员的不满意而被撤换。"自由、平等、博爱，虽然从来没有明确表达出来，却是氏族的根本原则"①。"他们视氏族和部落的整体利益高于一切，任何将个人从整体中分化出去的企图，任何破坏共同体利益的行为，都被看作最大的恶。对于每个个体来说，无条件地维护和服从整体利益，是天然而神圣的道德义务，也是最大的善。"② 当然，"在原始人那里，个人与集体之间的关系最初只是他们基于生存的残酷所经验到的朦胧的、简单的依附关系，集体主义还只是一种'他律的'道德约束，但随着原始人思维能力的不断进化，原始集体主义逐渐积淀为人们'自律的'道德要求，成为进化的人的不可或缺的精神维度"③。

二 集体主义价值观在中国的嬗变

原始社会末期，在传统的共同始祖的血缘联系下形成的群体和其他一些次生形态的群体依然存在，但是，随着私有制的出现，与氏族社会相应的原始集体主义逐渐瓦解，社会中开始出现了从集体裂变为相互冲

---

① 《马克思恩格斯全集》第45卷，人民出版社1985年版，第416页。
② 韦冬主编，沈永福副主编：《比较与争锋：集体主义与个人主义的理论、问题与实践》，中国人民大学出版社2015年版，第5页。
③ 韦冬主编，沈永福副主编：《比较与争锋：集体主义与个人主义的理论、问题与实践》，中国人民大学出版社2015年版，第5页。

突的利益集团，就是阶级，之前由血缘联系起来的共同体"被那种使人感到从一开始就是一种退化，一种离开古代氏族社会的纯朴道德高峰的堕落的势力所打破"①，这就可以被认为是阶级统治中非常必要的工具的国家力量。人类开始进入奴隶制社会，原始集体主义从此失去了生存的社会基础。

（一）奴隶制和封建制社会中的中国传统集体主义

奴隶制社会的中国依然处于自然经济社会，社会个体只有绝对服从其所属的共同体才能被共同体所接纳和认可，而这些共同体都隶属于统治阶级，并具有至高无上性。奴隶主阶级将"整体主义确立为道德原则，强调整体高于个人要求，个人利益必须无条件的服从整体，甚至为之牺牲"②；强调"天人合一"的文化价值观，以人之外的强制力量和神秘的天意束缚、禁锢个人，人的自我意识完全被扼杀。③ 奴隶社会的整体主义建立在奴隶对奴隶主的人身依附和绝对服从的社会等级秩序上，不仅要求奴隶绝对屈从于奴隶主，而且要求所有人必须忠于奴隶制国家及其法律。在中国奴隶制时期，君主具有至高无上的政治权威，倡导社会成员忠诚和勇敢的个人美德，忠于"公家"和"社稷"的人被看作是道德高尚的人，奴隶毫无独立性和自主性。政治国家——无论是方百里的小邦，还是邦几千里的大国，都是与血缘族群国家同生同构。④ "奴隶主阶级和奴隶阶级这种极不平等的剥削与被剥削、压迫与被压迫、奴役与被奴役的伦理关系，成为奴隶社会整体主义的道德基础。"⑤

---

① 《马克思恩格斯选集》第4卷，人民出版社2012年版，第110页。
② 朱志勇：《论集体主义的历史嬗变》，《马克思主义研究》2006年第12期。
③ 朱小娟：《从历史分析方法的角度把握集体主义》，《思想理论教育》2017年第7期。
④ 李瑞兰、季乃礼：《修身齐家治国平天下新论——中国传统整体主义价值观的历史理性与现代价值》，天津社会科学院出版社2001年版，第49页。
⑤ 韦冬主编，沈永福副主编：《比较与争锋：集体主义与个人主义的理论、问题与实践》，中国人民大学出版社2015年版，第9页。

与奴隶制度相比，中国封建社会中的农民获得了较多的人身自由，但仍然遭受地主阶级的剥削和压迫。这种社会所建立的是以皇权为最高权威的等级制度，在这种制度中，所有社会成员要服从政治权威，"服从和服务于专制统治的集体主义政治"①。在有差别的等级制度中，人们"只是作为具有某种［社会］规定性的个人而互相交往，如封建主和臣仆、地主和农奴等等，或作为种姓成员等等，或属于某个等级等等"②。它通过"三纲五常"等完备的道德规范体系，将君臣、父子、夫妻之间的关系演变成一种单方面的尊卑服从关系，重整体轻个人、重压抑轻自由，个体被固定在确定的伦理关系网络和宗法式的等级共同体中。所有的道德规范，都致力于维护封建的等级关系和伦常秩序，致力于提高个人对封建统治整体的道德认同感和归属感，最终维护封建统治阶级的整体利益。

（二）社会主义的集体主义

社会主义集体主义在最初产生时是作为与个人主义相对应的术语出现的。19世纪的法国马克思主义者保尔·拉法格在其写的文章《集体主义——共产主义》里，第一次对集体主义进行了定性和论述。③ 马克思则深刻地指出，"人是最名副其实的政治动物，不仅是一种合群的动物，而且是只有在社会中才能独立的动物"④。马克思恩格斯曾经说过："只有在集体中，个人才能获得全面发展其才能的手段，也就是说，只

---

① 耿步健：《集体主义的嬗变与重构》，南京大学出版社2012年版，第99页。
② 《马克思恩格斯全集》第46卷（上册），人民出版社1979年版，第110页。
③ 拉法格指出，集体主义一词最先在法国经济学家和空想社会主义学者那里表现出的一种社会制度，这种社会制度的基础是承包由国家垄断的工程的那些彼此独立甚至彼此竞争的生产协作社，拉法格坚决反对这种性质的集体主义，认为这种所谓的集体主义是马克思主义的，其实质是资本主义的个人主义，而非集体主义。拉法格认为，只有用共产主义来定义集体主义，只有在共产主义的意义上理解集体主义，只有把集体主义理解为共产主义的一词，才是真正的集体主义的内涵。参见罗国杰《社会主义道德体系研究》，中国人民大学出版社2018年版，第85页。
④ 《马克思恩格斯全集》第30卷，人民出版社1995年版，第25页。

有在集体中才可能有个人自由。"① 斯大林第一次从社会主义的道德原则意义上界定"集体主义",1934 年 7 月,斯大林与英国作家威尔斯交谈时提道:"个人和集体之间、个人利益和集体利益之间没有而且也不应当有不可调和的对立。"② 他还进一步对资本主义社会与社会主义社会进行比较,指出前者集体利益与个人利益难以调和,而后者集体利益与个人利益并非相互对立,并分别阐述了原因,对个人利益的实现给予了充分尊重。

中国共产党作为无产阶级政党,从建党起,就规定党的政治、组织与行动原则是集体主义,《关于共产党的组织章程决议案》在 1922 年的中共二大上通过,明确规定:"个个党员须牺牲个人的感情意见及利益关系以拥护党的一致。"③ 1927 年,中国共产党通过了《教育宣传问题决议案》,把"集体主义"规定为人生教育的基本原则之一。1929 年,毛泽东就强调在党内要坚持"少数服从多数"的集体主义思想。④ 毛泽东甚至将集体主义提到了党性的高度,尤其强调共产党人和共产党领导的人民军队要优先践行集体主义原则。他在 1945 年的中共七大上对"党性与个性"作阐释时,就直接使用了"集体主义"⑤ 这个词。他说:"马克思讲的独立性和个性,也是有两种,有革命的独立性和个性,有反动的独立性和个性。而一致的行动,一致的意见,集体主义,就是党性"。⑥ 1949 年新中国成立以后,中国共产党在进行社会主义改造和社会主义建设的过程中,就逐渐使集体主义成为中国社会的政治原则和道德原则。⑦ "共产党员无论何时何地都不应以个人利益放在第一

---

① 《马克思恩格斯全集》第 3 卷,人民出版社 1960 年版,第 84 页。
② 《斯大林选集》(下卷),人民出版社 1979 年版第 354—355 页。
③ 参见《中共中央文件选集》(1),中共中央党校出版社 1989 年版,第 91 页。
④ 《毛泽东选集》第 1 卷,人民出版社 1991 年版,第 90 页。
⑤ 《毛泽东文集》第 3 卷,人民出版社 1996 年版,第 417 页。
⑥ 《毛泽东文集》第 3 卷,人民出版社 1996 年版,第 417 页。
⑦ 林尚立:《当代中国政治形态研究》,天津人民出版社 2000 年版,第 240 页。

位，而应以个人利益服从于民族的和人民群众的利益"[①]；"共产党人的一切言论行动，必须以合乎最广大人民群众的最大利益，为最广大人民群众所拥护为最高标准"[②]。1996年党的十四届六中全会以及2001年中共中央颁布的《公民道德建设实施纲要》明确指出社会主义道德建设要以集体主义为要求，并指出坚持这一道德是社会主义政治、经济和文化建设的必然要求。[③]

社会主义集体主义的基本内涵主要包括：第一，集体利益高于个人利益，提倡在集体利益与个人利益发生矛盾时，个人要顾全大局，以集体利益为重，在必要的情况下，个人应当为集体利益而放弃个人利益，甚至为集体利益而献身；第二，社会主义集体主义在强调集体利益高于个人利益的前提下，同时强调集体必须尽力保障个人正当利益得到满足，促进个人价值的实现，并力求使个人的个性和才能得到最好的发展；第三，集体利益和个人利益是辩证统一的，它本身既体现着集体的长远利益，也包含着对个人正当利益的高度重视，二者在根本上是统一的。[④]

社会主义集体主义是对传统整体主义的超越。整体主义强调个人对集体的绝对服从，个人利益被埋没在集体利益之中，带有浓厚的封建宗法色彩，以整体主义为最根本原则的伦理道德教化成为中国封建统治阶级管控社会各领域的主要手段。因而中国传统社会中的整体主义只是片面、局部地耦合了当代集体主义发展的部分特征，二者之间绝不能画等号。[⑤] 社会主义集体主义强调个人对集体的服从，但又指明集体对个

[①] 《毛泽东选集》第2卷，人民出版社1991年版，第522页。
[②] 《毛泽东选集》第3卷，人民出版社1991年版，第1096页。
[③] 陈云：《论集体主义的历史谱系——以儒家文化为中心的型构》，社会科学出版社2018年版，第7页。
[④] 罗国杰：《社会主义道德体系研究》，中国人民大学出版社2018年版，第87—88页。
[⑤] 唐吉意：《论集体主义的内在规定性及其现实意义》，《社会科学动态》2020年第9期。

人成长的重要作用。社会主义集体主义中包含了绝大部分个体的利益，它不会与个人正当利益相冲突它坚持在不侵犯他人利益的基础上满足个人的利益要求。在特定条件下当个体愿意为他人或集体而牺牲自我利益时，这种行为将被视为一种崇高的自我价值的实现。"社会主义的集体主义原则，既是社会主义以公有制为主体的经济关系的反映，又是社会主义政治思想的要求，同时，它又必然是对中华民族传统伦理道德的批判与扬弃，是对中华民族传统伦理道德的整体主义的改造与发展。它既是对传统伦理道德精华的继承，又是对这一传统的改造与重建。"[1]

社会主义集体主义克服了集体的虚幻性，使得集体能够真正代表每个人的利益诉求。因为社会主义所形成的共同体不同于其它社会的共同体，它是建立在充分的物质保障基础上的真正共同体。正如马克思所说："在这个共同体中各个人都是作为个人参加的。它是各个人的这样一种联合（自然是以当时发达的生产力为前提的），这种联合把个人的自由发展和运动的条件置于他们的控制之下。"[2] 只有在社会主义集体主义原则当中，集体利益才能够最大程度地成为尽可能多的个人利益的真实代表，在真实的集体中，个人对集体有一种由衷的归属感。个人对集体的信任和服从，不是对外在必然性的盲从和屈服，而是出于对集体主义道德原则的认同和服从，从人类道德发展史的角度看，社会主义集体主义原则出现是人类道德文化发展的必然。

社会主义集体主义反映了人类社会中人与人，个人与整体之间的关系。它并不是脱离人类文明大道，凭空捏造出来的乌托邦思想体系，而是现代社会主义运动，特别是现代科学社会主义运动的产物，也是人类文明进程的必然产物，是对人类原始集体主义和阶级社会中各种形式的

---

[1] 罗国杰：《社会主义道德体系研究》，中国人民大学出版社 2018 年版，第 69 页。
[2] 《马克思恩格斯选集》第 1 卷，人民出版社 2012 年版，第 202 页。

整体主义的扬弃，反映了人们对制度的道德设计和道德愿景，预示着道德的发展方向。①

第二节 集体主义价值观的价值生成基础和时代意义

一 集体主义在当代中国社会的价值生成基础

长期以来，集体主义一直是我国调节国家利益、整体利益和个人利益的基本原则，也是社会主义道德的首要原则。集体主义在当代中国社会生成发展是多种因素共同作用的结果，家国同构的政治文化传统、集中统一的社会组织体系和中国共产党的思想政治工作都是其重要的价值生成基础。

（一）家国同构的政治文化传统

在中国社会发展过程中，"传统的以出自共同始祖的血缘群体及其各种次生形态的群体，作为从事生产、生活和诸种社会活动基本生存单位的社会结构，始终未被打破。政治国家无论是方百里的小邦，还是邦几千里的大国，都是与血缘族群国家同生同构的"②。在这种以血缘为基础的宗法家族制度下，最基础的生产单位是家族，最基础的政治组织亦是家族，正如李大钊所言："中国的大家族制度，就是中国的农业经济组织，就是中国二千年来社会的基础构造。一切政治、法度、伦理、道德、学术、思想、风俗、习惯，都建筑在大家族制度上作他的表层构造。"③ 家族制度里所包含的共同享有财产的制

---

① 韦冬主编，沈永福副主编：《比较与争锋：集体主义与个人主义的理论、问题与实践》，中国人民大学出版社2015年版，第16页。
② 李瑞兰、季乃礼：《修身齐家治国平天下新论——中国传统整体主义价值观的历史理性与现代价值》，天津社会科学院出版社2001年版，第49页。
③ 《李大钊全集》第3卷，人民出版社2006年版，第144页。

度、以家长为核心权力的制度、以孝为核心的伦理制度推动了"天下为公"的国家观念、以中央为权力中心的权力体制、以忠君为重要原则的君臣伦理关系的形成。孝顺父母、敬爱兄长、仁爱友善、尊卑有序等这些从家族中产生的观念也深刻影响了社会政治生活，尤其体现在君臣关系上。

中国历代王朝都运行着这种家国同构的权力组织系统，并在此基础上形成了整体主义的价值观。整体主义价值观以家、国整体利益为第一位，要求个体克制个人欲求，服从整体利益要求，承担相应责任义务，以实现社会稳定有序。在个人与社会的关系上，推崇尚群原则，在个人与他人关系上，推崇仁爱原则。它用"天"的哲学来论证"三纲"的合理性，"王道之三纲，可求于天"（《春秋繁露·基义》），通过"三纲"尊卑等级的人伦关系教化，要求个体（臣、子、妻）对国家（君）、家庭（父、夫）的单项性无条件服从，通过对群体是最重要的观念的强调，把君和臣、父与子之间的等级、秩序关系加上了一层绝对的保障，以至于个人的价值在社会生活的过程中存在感就比较低。一个人对于自己的价值追求也并不能够随心所欲，而是大部分都是以家国为重，在国家的公共生活中倡导"克己奉公"，最核心的意思就是需要个人把自己的利益收起来，考虑整体的利益，从而实现自我的超越，以光宗耀祖、保家卫国为最高的人生价值。每个人对于家族、民族和国家都要承担相应的义务与责任，这是远远超过个人范围内关于认知、权利和价值方面的要求的。这种整体主义价值观不仅是我国封建统治阶级的主流价值观，也是当时社会成员日常生活的行为准则。正是在这种群体至上、群己和谐、尚群利群的整体主义价值观指引下，无数中华儿女形成了"修身、齐家、治国、平天下"的家国意识，并将对国家的忠诚化为"先天下之忧而忧，后天下之乐而乐""天下兴亡，匹夫有责"的自觉思想和行为，团结互助、无私奉献等集体主义道德风尚也得以在中国社会生根。

总之，家国同构的政治文化传统以及在此基础上形成的整体主义价值观，有利于全社会形成对"公"的价值认同，弱化人们对"私"的价值追求，是集体主义在中国社会生成的重要政治文化基础。当然，整体主义是中国传统社会的价值观，它所建立的是以统治者利益为核心的、单向权利义务关系，"把一切权利赋予一个阶级，另方面却几乎把一切义务推给另一个阶级"①。社会成员成为满足剥削者统治需要的工具，承担着一切道德义务，而统治者则享有一切道德权利。社会主义的集体主义是对整体主义的超越，它是在承认个人合理利益的基础上，坚持集体利益和个人利益的辩证统一。"社会主义的集体主义原则，既是社会主义以公有制为主体的经济关系的反映，又是社会主义政治思想的要求，同时，它又必然是对中华民族传统伦理道德的批判与扬弃，是对中华民族传统伦理道德的整体主义的改造与发展。它既是对传统伦理道德精华的继承，又是对这一传统的改造与重建。"②

（二）集中统一的社会组织体系

社会组织体系是社会价值塑造和传承的重要载体，组织体系的构建原则和特点也制约了主流社会价值的内容指向。中国公共权力的配置中，家庭、村落和国家居于中心位置，这种配置特点与古代中国以家庭为生产单位，以村落为生活共同体和以国家为文化共同体的生产生活样态密切相关，代表家庭和国家行使权力的家长和君王也因此拥有对其成员的崇高权威。秦始皇统一中国后建立了强大的中央集权制度，军政大权独揽于皇帝一人手中，推行郡、县、乡、亭四级行政组织来调整地方政权组织，通过财政、司法监察、军事管理等方面加强对各级官吏和全国百姓的控制。土地归国家、封建地主或家族等不同形式的整体所有，"这使得个人对于家庭、公社和国家来说，始终都无法获得独立地位，

---

① 《马克思恩格斯选集》第 4 卷，人民出版社 2012 年版，第 194 页。
② 罗国杰：《社会主义道德体系研究》，中国人民大学出版社 2018 年版，第 69 页。

更不可能生成个人权利、个人自由和自我主体意识。在此种历史境况中，整个社会无法生成以个人为价值指向的观念体系，反而必然生成以整体为价值本位的意识形态"①。

  新中国成立后我国采取了单一制的国家结构形式，社会各级组织体系遵循着民主集中制的原则。单一制的国家具有统一的宪法，具有统一的立法、行政和司法体系。中央和地方的国家机构职权的划分遵循在中央的统一领导下，地方各级人民政府都要对上一级国家行政机关负责，国务院统一领导全国地方各级国家行政机关的工作，全国地方各级人民政府都服从国务院的领导。国家对城市的管理主要通过单位制实现的。在高度集中的计划经济体制下，单位不仅有着强大的集中资源和分配资源的能力，而且单位成员的一切社会属性都是从单位中获得的，个体意义感、身份感和归属感的寻求也都是在单位中实现的，一切个体的偏好和个性化的价值追求，大多被单位的价值观念所主导。在广大农村，我们党在经过土地改革，实行"耕者有其田"的基础上，逐步组织引导农民通过发展互助组、初级社等形式，把农民组织起来。1950年至1956年的农村互助合作运动，有效帮助农村恢复了战争创伤，形成了安居乐业、人畜兴旺的局面。1956年至1978年，农村开展了人民公社化运动，农民合作社变成了人民公社体制下的生产合作社、供销合作社、信用合作社"三驾马车"。农村合作社的建立使得农民社员之间形成利益共享、风险共担的经济共同体，对巩固政权、集中资金建设基础工业、开展农田基本建设、保证城市供给发挥了极为重要的作用，农民的集体主义意识也获得了增强。相比于旧的社会制度，新中国的广大人民群众能够在单位或合作社中找到归属感，感受到集体生活的温暖和社会主义制度的优越性，因而也能够自觉不自觉地维护国家集体利益，在

---

① 金德楠：《中国传统道德伦理体系的整体主义特质及其时代价值》，《理论探索》2021年第3期。

行动上服从集体和组织的安排。

改革开放以来,中国虽根据社会发展需要进行多次简政放权的政治经济体制改革,但是民主集中制的组织原则和党的集中统一领导始终不变,这也是中国特色社会主义制度的显著优势。邓小平同志曾说:"社会主义同资本主义比较,它的优越性就在于能做到全国一盘棋,集中力量,保证重点。"[①] 习近平总书记强调:"我们最大的优势是我国社会主义制度能够集中力量办大事。"[②] 正是由于我们构建了严密的组织制度体系,坚定维护党中央权威和集中统一领导,党中央从制度层面对社会发展作出整体规划和部署,各级地方组织有力贯彻实施,社会主义制度集中力量办大事的优势才得以最大限度地发挥。[③]

(三) 中国共产党组织开展的思想政治工作

教育是社会价值观培育的关键环节,中国共产党自成立起就高度重视思想政治教育,在集体主义价值观培育方面开展了一系列卓有成效的工作。新中国成立初期,为了让全社会普遍形成集体主义思想,中国共产党一方面通过榜样示范效应强化人们对集体主义的认同;另一方面通过运动式的道德教育,在全国进行强有力的政治宣传,激发起全国人民的集体主义热情。中国共产党通过各种形式帮助社会成员消除私有观念,树立"公"的观念,强调集体高于一切,在社会各层级的集体劳作、集体分配、集体协作中,使得集体主义价值观成为一种凝聚人心、激励人们为集体贡献力量的精神动力。这种集体主义价值观的教育"一方面,政治上筑牢了社会主义社会的思想根基,人们在集体参与中建立了对社会主义的政治认同,更加拥护社会主义制度;另一方面,经

---

① 中共中央文献研究室编:《邓小平思想年谱》(1975—1997),中央文献出版社1998年版,第223页。
② 《习近平谈治国理政》第2卷,外文出版社2017年版,第273页。
③ 吴家庆:《坚持党的集中统一领导 发挥中国特色社会主义制度的显著优势》,《人民日报》2020年1月14日。

济上在较短时间内建成了完整的工业体系，提高了综合国力，使人民看到了集体力量的强大"①。

改革开放新时期，中国共产党围绕党的中心工作，在企业、农村、军队、学校等各条战线上进行积极的改革和探索，坚持物质文明与精神文明"两手抓、两手都要硬"。通过"三讲"教育，推动县级以上党政领导和领导干部在政治上、思想上、行动上与党中央保持一致。2001年9月20日，中共中央印发了《公民道德建设实施纲要》，把公民道德建设放在更加突出的地位，明确了我国公民道德建设的核心、原则、基本要求和着力点。通过学校、社会以及各级组织的系统实施，逐步形成和发展与社会主义市场经济相适应的社会主义道德体系，对极端个人主义和见利忘义、损公肥私的行为进行深入批判，为改革开放和现代化建设提供了精神动力和思想保证。

进入新时代，党的思想政治教育的重要任务和内容是深入开展实现中华民族伟大复兴的中国梦教育。中国梦的最大特点就是把国家、民族和个人作为一个命运的共同体，从而实现国家利益、民族利益和个人利益的高度统一。中国梦"体现了中华民族和中国人民的整体利益"②，为坚持和发展社会主义集体主义注入了新的内涵和时代精神。与此同时，以习近平同志为核心的党中央高度重视公民道德建设，强调"把培育和弘扬社会主义核心价值观作为凝魂聚气、强基固本的基础工程"③。中共中央、国务院印发了《新时代公民道德建设实施纲要》《关于新时代加强和改进思想政治工作的意见》等一系列文件，将学校思想政治理论课作为立德树人的关键课程，强调通过多种方式加强爱国主义、集体主义、社会主义教育。在全社会积极弘扬集体主义精神，大

---

① 崔家新、池忠军：《新中国成立以来集体主义价值观的演进历史与新时代发展》，《思想理论教育》2019年第11期。
② 《习近平谈治国理政》第1卷，外文出版社2018年版，第36页。
③ 《习近平谈治国理政》第1卷，外文出版社2018年版，第163页。

力宣传表彰为集体作出贡献的模范先进人物,通过党内法规制度建设强化集体主义组织纪律,充分调动社会各方积极性,有序组织人民力量,为全面建设社会主义现代化强国提供价值支撑和制度保证。

二 新时代大学生集体主义价值观培育的重要意义

新时代大学生集体主义价值观培育以引导大学生形成科学的集体主义价值观为最终目的,而集体主义价值观培育作为学校和社会思想道德教育的关键组成,不仅关涉大学生文化自信的建立和强化,在维持并增强高校思想政治教育的实效、为民族复兴培育时代新人方面,同样具有重要作用。

(一) 有利于坚定和提升大学生的文化自信

"为学须先立志",加强大学生的价值观教育是大学生成长成才的重要前提。价值观的发展变化带有明显的时代印记,青年阶段的大学生处于价值观形成和确立的关键期,他们的价值取向反映着当下的价值取向,同时也构成社会未来的价值取向。然而新时代大学生在价值取向上依然存在着急功近利、忽视共同利益等问题。高校开展的集体主义价值观培育活动作为社会主义精神文明建设的重要构成,其根本目的就在于帮助大学生形成集体主义价值观为主导的行动原则,使全体学生在价值观上撇清对集体主义的怀疑和否定。"文化自信是更基本、更深沉、更持久的力量。"[①] 集体主义价值观作为最重要的文化软实力之一,建立在几千年中华文化的深厚基础之上,有着深厚的历史文化底蕴。培育和提升大学生的集体主义价值观,有利于揭开网络化背景下遮挡在中华文化身上的迷雾,从而展现中华文化的传统魅力,继而帮助大学生坚定和提升文化自信。

集体主义价值观受到中华优秀传统文化的滋养。中华优秀传统文化

---

① 《习近平谈治国理政》第2卷,外文出版社2017年版,第339页。

在制度和思想层面所体现出的对集体利益与个人利益的理性思辨，为当下集体主义价值观培育提供了富有特色的理论素材。"快餐式"文化迅速发展的时代背景下，部分青年大学生以自利和娱乐为目的，缺少深入挖掘中华优秀文化的耐心。在集体主义价值观培育中挖掘和阐发中华优秀传统文化，向大学生们展现集体主义价值观指导下的辉煌成就，既彰显了文化基因的历史影响力，也能够为学生提供正确的精神指引，在无形中强化对中华优秀传统文化的自信心和自豪感。集体主义价值观在革命文化的影响下确立。社会利益的价值取向只有在社会主义或共产主义条件下才能回归利他本质。集体主义价值观是在中国革命和建设的过程中正式确立并在具体内容上实现历史性变化的。因而革命文化与集体主义价值观相适应、协调，集体主义价值观培育需要革命文化来推动，这正是革命文化生命力和活力的体现，有利于大学生感受革命文化的深刻影响。此外，集体主义价值观本身也是社会主义先进文化的代表，大学生的思想道德修养影响着中国特色社会主义文化事业。培育和提升大学生的集体主义价值观，可以助推文化的蓬勃发展。

总之，中国特色社会主义文化是集体主义价值观的灵魂。在培育中宣传富有集体主义价值观的中华优秀传统文化、革命文化和社会主义先进文化，彰显其对新时代全面建设社会主义现代化强国的重要价值，能够克服利己与利他的两难困境，提升大学生的文化自信，激励大学生传承中华文化、传播中国价值观念。

（二）有利于维持并增强高校思想政治教育的实效

高校是精神文明建设成果的集散地，思想政治教育是高校汇聚精神成果、培育推动社会主义事业发展有用人才的重要渠道。价值观教育在青年大学生的思想政治教育中居于重要地位。集体主义价值观作为社会主义道德的核心，构成了思想政治教育的核心价值理念，集体主义价值观培育则成为高校思想政治教育的重要构成。然而新时代学校教育中的道德教育停留在认知层面，很少能做到多维融合推进，这在很大程度上影响了思想政治教育的实际效果。因此，在集体主义价值观培育中提升认知、涵育情感、锤炼意志、强化行为、蓄力精神价值，能够为思想政治教育准备良好的对象前提，维持并增强教育的客观实效。

高校思想政治教育的实效主要体现在提升学生理论学习主动性和实践能力两方面。集体主义价值观培育能够使大学生在当前较为复杂的社会条件下形成集体主义价值自律和意识自觉，不仅能够在客观上接受集体主义价值观的正面引导和教育，而且能够在主观上自觉探索新的理论知识，提升精神境界。理论知识向实践行为的转化是新时代进行大学生集体主义价值观培育的重要途径和最终目的，学生既能够于理论学习中强化个性发展与集体价值实现相结合的使命感和责任感，也能够在实际行动中继续贯彻下去，这是思想政治教育良好实效的侧面反映。

（三）有利于培养堪当民族复兴重任的时代新人

习近平总书记在党的十九大报告中首次提出的"培养担当民族复兴大任的时代新人"这一命题，是实现中华民族伟大复兴的本质规定。"实现中国梦是一场历史接力赛，当代青年要在实现民族复兴的赛道上奋勇争先。"[1] 集体主义价值观培育是公民道德建设的背景，也是公民道德建设的具体方面，是促进社会整体进步和人的协调发展的必要途径。然而进入新时代，日益复杂化的社会环境动摇着相对稳定的国内意识形态局面，使大学生的价值信仰面临外来思潮的冲击。集体主义价值观培育有助于大学生在实现中华民族伟大复兴的历史征途上继续开拓前进，不断追求共产主义远大理想与中国特色社会主义共同理想，坚定自身责任信念和深厚的家国情怀，强化社会主义核心价值观的践行能力，形成宏大的历史眼光和国际视野，[2] 成为堪当民族复兴重任的时代新人。

---

[1] 《习近平谈治国理政》第4卷，外文出版社2022年版，第273页。

[2] 冯刚、徐先艳：《时代新人的生成逻辑、基本特征和培育路径》，《教学与研究》2022年第4期。

新时代对大学生集体主义价值观的培育是同培养堪当民族复兴重任的时代新人的要求相符合的。首先，共产主义远大理想和中国特色社会主义共同理想本身就是更高水平、更广范围的集体主义价值观。也只有在建立共同理想目标的基础上才能形成紧密团结的集体，这一理想从确立之日起就需要集体主义价值观作为动力和支撑，而集体主义价值观的认识每前进一步，也都是在向着这一目标迈进一步。其次，在社会主义社会中，集体主义价值观培育同责任教育和爱国主义教育是根本一致的。新时代大学生集体主义价值观培育的过程内在要求大学生把个人的自我奋斗融入社会的整体发展之中，把个人的成才置于国家和民族前进的大局之中，将短视行为转变为捍卫与忠诚于更大共同体利益的责任意识和家国情怀。再次，集体主义价值观关于个体与社会的统一是社会主义核心价值观在国家、社会和公民层面的本质内核。培育大学生集体主义价值观的过程，就是为其养成社会主义核心价值观赋能的过程，这为塑造时代新人提供了精神指引。最后，大局意识作为新时代大学生集体主义认知的重要内容将眼前与长远、局部与整体相统一，彰显了大历史观和宏大格局。它站在系统观的视角，旨在立足时空全局对学生进行集体主义价值观培育。培育大局意识和整体观，能够转变大学生较为偏狭的认知视角，帮助其形成长远的历史眼光和宏大的世界视野。总之，新时代大学生集体主义价值观的培育，成就了大学生成为时代新人的必备要素，有利于当代青年坚定"四个自信"，发挥自身力量助力实现民族复兴。

第二章

大学生集体主义价值观培育的理论基础和主要内容

第一节 大学生集体主义价值观培育的理论基础

集体主义价值观培育以集体主义价值观为主要内容，集体主义价值观又是集体主义在道德层面的具体表现。马克思主义经典作家的思想理论、马克思主义中国化时代化的主要成果和中华优秀传统文化中都蕴含着丰富的集体主义思想，为集体主义价值观培育奠定了思想基础；德育心理学中关于培养学生知情意行的论述为新时代大学生集体主义价值观培育工作提供了实践理论指导。

一 马克思主义经典作家的集体主义理论原则

（一）马克思、恩格斯的集体主义思想

马克思、恩格斯虽未就"集体主义"这一概念进行系统、明确的阐述，但其关于人的本质理论、个人利益与集体利益关系的论述以及唯物史观的思想中，处处体现了集体主义的价值诉求，为集体主义价值观的动态发展指明了科学航向，成为当前进行集体主义价值观培育的思想根基。

人的本质理论奠定了集体主义价值观的理论基础。马克思、恩格斯关于人的本质主要有三个论断。一是人的实践本质。现实的从事实践的人是马克思、恩格斯人的本质理论的出发点,"这些个人是从事活动的,进行物质生产的,因而是在一定的物质的、不受他们任意支配的界限、前提和条件下活动着的"①。从这里可以看出劳动实践是满足人类生存的必要手段,没有劳动实践也就无所谓人类的产生。劳动实践是区别人与动物的首个行动,其中没有个体的存在就没有人类历史的发展延续。二是人的社会性本质。任何个人都不是单一的抽象的,"在其现实性上,它是一切社会关系的总和"②。马克思站在新的立场去考察人的本质,他强调作为社会化的生命存在,人无法离开社会去谈论自身的独立性。因为人是处于社会中的人,没有人是一座孤岛,人的社会性本质也要求人要与社会中的人和事产生各种各样的联系,这就需要在生产和交往产生作用的基础上去理解并揭示人的社会性本质。三是人的需要本质。"这种新的需要的产生是第一个历史活动"③,人的生存与发展有赖于人的需要的满足。就个人来说,既有维持生存和发展的个人需要,也有维持社会发展的共同需要。马克思、恩格斯虽并未在人的本质理论中明确提到"集体主义价值观",却从人学基础层面揭示了集体主义的价值起源。就实践来说,个体只有结成劳动群体,在共同的劳动实践中才能有效推动人和社会的进步。就人的社会性而言,个人的利益和需要无法脱离社会而实现,这是由个人的不完整性和有限性决定的。在人的需要上,个人需要就是个人利益,社会共同需要就是集体利益,两种需要辩证统一于人的生存发展之中恰恰揭示了个人与集体利益的辩证统一。三个观点有机统一,构成了完整的人的本质理论,也构成了个人与集体相互关系的人学基础。

---

① 《马克思恩格斯选集》第1卷,人民出版社2012年版,第151页。
② 《马克思恩格斯选集》第1卷,人民出版社2012年版,第135页。
③ 《马克思恩格斯选集》第1卷,人民出版社2012年版,第159页。

关于个人利益与集体利益关系的思想成为集体主义价值观的内容前提。从人的本质理论不难看出，集体是个人开展实践、保证生存并满足需要的重要前提，集体利益对个人利益来说不可或缺，离开它片面地追求个人利益是不符合实际的。马克思恩格斯从人类发展史的角度分析，个人的利益一开始就等同于集体的利益，不过，"随着分工的发展也产生了单个人的利益或单个家庭的利益与所有相互交往的个人的共同利益之间的矛盾"[①]，马克思、恩格斯承认个人利益与集体利益之间的矛盾，但他们认为"必须使个别人的利益合于全人类的利益"[②]，通俗一点说，就是个人利益要服从集体利益，充分强调集体对于个人利益的获得有着至关重要的作用。但是，这一伦理规范并不是无条件的，并不意味着个人在任何情况下都应牺牲自身并服从集体，它只是具体历史时期下的自觉行为。"人们奋斗所争取的一切，都同他们的利益有关。"[③] 马克思集体主义思想是把对现实生活中的个人尤其是对个人利益的认可作为现实基础以及逻辑的起点。马克思、恩格斯不仅承认个人利益的客观存在，而且在肯定集体利益的同时也表明要尊重和维护个人的利益，虽然他们没有对"集体主义价值观"作一个明确的概念界定，但是关于集体利益和个人利益的辩证统一关系，其论述中却处处渗透着集体主义价值观的核心内容，成为学者们建构集体主义价值观的理论源泉。

历史唯物主义思想内含着集体主义价值观的发展意蕴。"共产主义者不向人们提出道德上的要求。"[④] 站在唯物史观的视域下，马克思、恩格斯澄明了道德问题作为意识形态形式的上层建筑离不开一定的经济基础。在不同的生产力和社会制度条件下，集体大致经历了"自然形态""异化形态"和"自由联合形态"三种历史形态。在每一种形态

---

① 《马克思恩格斯文集》第1卷，人民出版社2009年版，第536页。
② 《马克思恩格斯全集》第2卷，人民出版社1957年版，第167页。
③ 《马克思恩格斯全集》第1卷，人民出版社1972年版，第82页。
④ 《马克思恩格斯全集》第3卷，人民出版社1960年版，第275页。

中，集体利益与个人利益的关系表现不同，马克思、恩格斯以此为依据将集体划分为"虚假的集体"和"真实的集体"。在"虚假的集体"中，统治阶级打着维护集体利益的"旗号"维持统治阶级的个人利益，维护住了集体的形式，但实质上"虚假集体"中的个人已经被动成为异己的物质力量，最终控制着、统治着他们自己；而"真实的集体"则将社会整体进步和个人全面自由发展的实现作为目标和要求，以高度发达的生产力条件为首要前提，是一种没有了私有制，彼此之间呈现为一种真正的平等的自由，一方面个人可以是集体中真正拥有自己并实现自己能力的个人，另一方面集体也是能够使得个人得到自由全面发展的联合体。因此，"集体的自由联合形态"是"真实的集体"，而前两种形态则仍属于"虚假的集体"范畴。由此观之，道德的动态发展离不开经济基础，离开经济条件空谈道德发展是没有现实意义的。唯物史观的这一理论构成了集体主义价值观的哲学原则，为集体主义价值观的发展变化指明了道路。

（二）列宁、斯大林的集体主义思想

在马克思、恩格斯擘画的集体主义蓝图下，列宁与之契合，谈道"社会发展的利益高于无产阶级的利益；整个工人运动的利益高于工人个别阶层或运动个别阶段的利益"[①]，并在此基础上进行了伟大的实践。苏联时期，列宁结合社会主义革命和建设的实践，通过拓展集体主义在不同层面的表现以深化集体主义的社会主义语意，创新和发展集体主义，使之成为引导革命和建设的重要原则，提高了集体主义在政治领域的地位。

同马克思、恩格斯一样，列宁对集体主义也未曾有过体系化、学理性论述，但集体主义价值观念却作为一种核心理念贯穿于列宁思想体系的不同层面。其一，在无产阶级政党理论层面。列宁认为可以被确定为

[①] 《列宁全集》第4卷，人民出版社1984年版，第192页。

无产阶级性质的政党首要的是立足于工人阶级和最广大人民群众的根本利益，无产阶级政党代表着"全体人民反对其敌人的需要和利益"①，无产阶级政党的目的是要领导无产者夺取政权，建立以公有制为基础的社会主义国家。同时，工农利益具有一致性，应争取农民建立工农联盟进行社会主义革命，而无产阶级政党最根本的任务就是"维护工人的利益，代表整个工人运动的利益"②，这些都透露着个人与集体利益相结合的集体主义精神实质。

其二，在共产主义道德理论层面。"正是在争取共产主义事业的斗争实践中，产生了阶级团结的集体主义观念"③。集体主义观念产生于共产主义实践，必然会作用于共产主义实践，成为共产主义事业的道德理念。合作社就是列宁落实集体主义思想的典型事例，他认为应该从根本抛弃土地私有制，全体人民应该共同享有土地的所有权，列宁借此明确了集体主义的产生和作用对象。同样，包括后面斯大林关于计划经济体制的建立，国有企业、集体企业的相关发展，还有集体农庄的设置等都是集体主义思想在经济建设和社会生活等方面的具体表现。社会主义"集体主义"概念是斯大林第一次明确提出的，并且科学阐述了个人与集体之间的利益关系，特别强调要辩证地看待个人的利益和集体的利益之间的关系，是对马克思、恩格斯集体主义思想的继承与发展。

其三，在制度层面。列宁将民主集中制作为建立无产阶级政党和构建国家结构的出发点。他认为"只有通过民主才能达到集体主义的觉悟"④，这个想法就对应上了马克思关于自由人联合体的观念，他把欧洲侵犯中国的行为与亚洲的民主运动作对比，强调民主的先进性，并提倡人们在日常生活中感受到集体主义，而民主集中制的应用主要在于党

---

① 《列宁全集》第9卷，人民出版社1987年版，第188页。
② 《列宁专题文集　论无产阶级政党》，人民出版社2009年版，第17页。
③ 金可溪：《对列宁共产主义道德理论的再认识》，《真理的追求》1997年第8期。
④ 《列宁选集》第2卷，人民出版社1995年版，第318页。

的建设方面，强调党组织建设中要落实民主集中制，并建议要加入共产国际必须先落实民主集中制原则；国家结构方面，"从无产阶级和无产阶级革命的观点出发坚持民主集中制，坚持单一而不可分的共和国"[1]；以及经济管理等层面，同样是按照民主集中制的原则，对铁路、邮电以及其他的运输部门等所有有关经济发展的企业都提出要求必须发挥自己的具体职能同时需要服从一定的协调和统一。而民主集中制对民主与集中根本统一的实现，则反映了鲜明的集体主义性质。

斯大林从理论上深化了集体主义的内涵。1934 年，在一次与英国作家威尔斯的交谈中，斯大林对社会主义的集体主义概念作了一个比较清晰的阐释："个人和集体之间，个人利益和集体利益之间没有而且也不应当有不可调和的对立。不应当有这种对立，是因为集体主义、社会主义并不否认个人利益，而是把个人利益和集体利益结合起来。社会主义是不能撇开个人利益的。只有社会主义才能给这种个人利益以最充分的满足。此外，社会主义社会是保护个人利益的唯一可靠的保证。"[2]

斯大林从不同的社会制度入手，批判资本主义社会唯资产阶级利益是图，不顾集体意志，反向论证了在社会主义的大环境下，集体与个人之间的利益关系是辩证统一的，不仅没有产生矛盾，而且社会主义社会是坚决维护个人正当利益的，个人利益的实现也因为在社会主义社会的大环境下得到了可靠的保证。

二 马克思主义中国化时代化过程中的集体主义理论阐述

马克思主义中国化时代化理论成果具体包括毛泽东思想、中国特色社会主义理论体系和习近平新时代中国特色社会主义思想，其中关于集体主义的理论阐述是在继承马克思主义经典作家集体主义理论原则的基

---

[1] 《列宁专题文集 论马克思主义》，人民出版社 2009 年版，第 243 页。
[2] 《斯大林选集》第 3 卷（下卷），人民出版社 1979 年版，第 354 页。

础上，结合中国国情与时代语境的进一步创新发展，在不同的历史时期，他们通过社会实践以独特的精神风貌、境界和状态来呈现。

（一）新民主主义革命时期的集体主义思想

强调人民群众的利益是中国共产党人一以贯之的价值准则。毛泽东在确立集体主义基本性质和原则的基础上，强调作为一名共产党人，其所有的言行举止"必须以合乎最广大人民群众的最大利益，为最广大人民群众所拥有为最高标准"[①]。从这以后就确定了把人民的利益看作党的一切工作的出发点和落脚点的地位。集体主义与共产主义的一致性也反映在对人民利益的维护上。

这也揭示了中国共产党与其他任何政党得以明显区分的一个重要标志就是保持与广大人民群众之间的紧密联系，一心一意地为人民服务，集体内部各成员之间要互帮互助，这是体现了集体主义的本质要求。在此基础上，毛泽东进一步指出在社会主义建设中集体的利益肯定是比个人的利益要高的，而且个体既然跟从并归属于集体的话那必然也是要服从集体的，作为部分的个体亦是需要服从整体的现实意义，批评"只注意自己小团体的利益，不注意整体的利益"[②]的个人主义者，因为在革命战争的特殊时期，革命利益必须是每个人竭尽全力去维护的，必要时甚至以牺牲个人利益去维护，如果一旦受到个人主义的个人至上性的歪风侵扰，对于组织团结和革命战斗力的打击是不堪设想的。在新民主主义革命快要取得胜利的时候，毛泽东未雨绸缪，把可能会在党内出现的一种自以为有功劳而骄傲自大、目空一切的，还有不思进取而一味地谋于享受的现象，拿出来警戒整个党内的同志，因为党内某些人虽然能禁得住硝烟四起的战场的考验，但可能会被甜言蜜语或是物质的诱惑所击垮，将自己的初心与使命抛之脑后，因此，"务必使同志们继续地

---

① 《毛泽东选集》第3卷，人民出版社1991年版，第1096页。
② 《毛泽东选集》第1卷，人民出版社1991年版，第92页。

保持谦虚、谨慎、不骄、不躁的作风,务必使同志们继续地保持艰苦奋斗的作风"①。即使是在不久后的将来,全国实现了胜利,中国共产党仍然会秉持着全心全意为人民服务的革命精神,"两个务必"在其中起着非常重要的作用。

(二) 社会主义革命和建设时期的集体主义思想

在新中国刚刚成立时,国内的经济、政治、文化等各方面都需要重新改革发展,而国外的环境也是不容乐观,一层又一层地包围与封锁,世界各个国家间的矛盾日益复杂尖锐,这样的时代背景下更需要号召全国人民为新中国美好的未来而团结奋斗。这个时候,人民群众把国家的大小事都放在心上,即使身体的疲累也压不垮内心的激情澎湃,把个人的事情都让步于国家利益,这一切都生动体现了这一时期带有明显的国家利益至上的集体主义思想。

到了社会主义建设时期,社会矛盾发生变化,苏联片面强调集体利益而忽视个人利益的弊端让毛泽东意识到在坚持集体主义原则的基础上,要关注民众的个人利益。在《关于正确处理人民内部矛盾的问题》这篇讲话中,毛泽东分析了当下社会主义建设时期存在的各种矛盾,发现问题就要及时解决问题,他强调要妥善对待各种利益关系,并为调动广大人民群众全力以赴投身社会主义建设事业提供了科学的理论指导。人民的力量是无穷的,社会主义建设需要依靠全体人民的共同努力,要激发人民群众参与革命与建设的热情,引导人民群众全身心地投入社会主义事业,处理好各种利益关系是前提。毛泽东创造性地提出了"三兼顾"原则,主要指的是不仅要认真对待国家、工厂和合作社之间的关系,而且也要认真对待工厂、合作社以及生产者个体之间的关系。也就是说,这两种关系需要同时协调好,不能顾此失彼,需要把国家、集体以及个人之间的利益关系都兼顾到位、处理妥当。如果能把国家、集

---

① 《毛泽东著作选读》(下册),人民出版社第1986年版,第667页。

体和个人三者之间辩证统一的利益关系处理好，那么社会主义的建设与发展也就会实现了，毛泽东集体主义思想中强调维护个人物质利益的同时也注重个人的个性发展，两者相互联系。

（三）改革开放和社会主义现代化建设新时期的集体主义思想

改革开放后，随着社会主义市场经济的建立和经济全球化的深入，不再一味强调个人的自我牺牲，邓小平从唯物史观的高度强调一定要从劳动人民的基本物质需求出发，满足人民群众对物质生活的基本追求是非常必要的，如果把二者对立起来，那自然是一种错误的认知，而邓小平提出的关于辩证统一地看待革命奉献精神和物质利益追求之间的关系的观点就是将其纠正过来了。除此之外，邓小平还提升了个人物质利益的高度，将其作为评价和判断社会主义制度的标准，他提出，如果经济在很长一段时间内都得不到发展，那肯定是不能被当作社会主义的；而如果人民的生活在很长一段时间内一直保持在一个很低的水平自然也是不能被当作社会主义的。从这一观点出发，也就从本质上把马克思主义关于物质的利益以及人民的立场再一次向大众明确了，帮助人们更加深入认识到在实践中如何正确对待每个人的基本物质需要和其产生的自身物质利益，在此基础上必然会涉及国家、集体和个人三者之间的利益关系如何平衡，如何处理得当，这些都需要在新的社会背景下作出努力，正确处理好这个问题既为改革开放以后我国经济社会发展指明了正确的价值导向，积极地引领全国各地人民群众一心一意地为社会主义建设事业贡献自己的一份力量，在集体主义价值原则的号召下，凝聚了人民群众的建设激情与奋进力量朝着美好的未来共同努力。

社会主义市场经济体制的确立，国家的工作重点开始转向社会主义现代化建设，在这激情奋进的时代里，在进一步解放思想，奋力有所作为的积极氛围中，中国共产党明确了义和利是辩证统一的，这作为一种新型的义利观，也就使得集体主义思想中不会再把个人的利益和集体的利益对立起来看，并且也在一定意义上促进了社会主义道德建设的价值导向的发展，每个人合法的利益在这一刻以及将来都会被充分尊重和满足。科学发展观中也提倡弘扬集体主义思想，正视个人利益并重视个体的全面发展。为遏制市场经济下滋生的个人主义错误思潮，强化国家、集体和个人利益的一致性，习近平总书记结合新的历史条件提出了中国梦这一创新理念，巧妙地将个人的价值追求融入了国家的发展前途，为全新历史条件下的集体主义价值观培育指明了时代新方向。

（四）中国特色社会主义新时代的集体主义思想

党的十八大以来，中国特色社会主义进入新时代。以习近平同志为核心的党中央站在时代和全局的高度，以中华民族和中国人民的集体利益为出发点和落脚点，以中国梦作为中华民族和中国人民的最大集体利益，以构建人类命运共同体作为全人类共同的集体利益，赋予集体主义新的时代内涵。

习近平总书记明确指出，要"广泛开展理想信念教育，深化中国特色社会主义和中国梦宣传教育，弘扬民族精神和时代精神病，加强爱国主义、集体主义、社会主义教育，引导人们树立正确的历史观、民族观、国家观、文化观"[①]。在迈向现代化新的历史征途上，习近平总书记将中国梦上升为整个国家、中华民族和中国人民的政治共识，强调指出："要增强大局意识、战略意识……更不能为了局部利益损害全局利益、为了暂时利益损害根本利益和长远利益。"[②] 坚持全面从严治党，促进社会公平正义，正确认识和处理国家、集体、个人三者之间的利益关系，以最广大人民的根本利益为重，反对个人主义和小团体主义，实现共同富裕，确保改革发展成果惠及全体人民。同时，习近平总书记还指出："人类已经成为你中有我、我中有你的命运共同体，利益高度融合，彼此相互依存。每个国家都有发展权利，同时都应该在更加广阔的

[①] 《习近平谈治国理政》第3卷，外文出版社2020年版，第33页。

[②] 习近平：《在省部级主要领导干部学习贯彻党的十八届五中全会精神专题研讨班上的讲话》，《人民日报》2016年5月10日。

层面考虑自身利益，不能以损害其他国家利益为代价。我们要坚定不移发展开放型世界经济，在开放中分享机会和利益、实现互利共赢。"①人类命运共同体是以国家为个体组成的人类的最大集体，在这个集体中国家利益和人类利益是对立统一的，它的目的是要与世界各国在平等互利、包容互鉴的基础上建设一个持久和平、普遍安全、共同繁荣、开放包容、清洁美丽的世界，它所蕴含的道德规范和伦理文化观念，是全球化时代人类所需要的道德共识的基础。

三 中华优秀传统文化中的集体主义思想观念

马克思主义的集体主义理论原则为理解集体主义价值观提供了理论基础，而集体主义价值观培育则深深受到中华优秀传统文化的影响。一个国家的历史传统、文化传承是一个国家主导价值观的基因，文化的发展也推动着价值观的历史进步。我国优秀的传统文化中根植了集体主义价值观的文化细胞，是培植集体主义价值观的深厚文化土壤，在思想层面为集体主义价值观的发展提供了有益滋养。新时代的集体主义价值观培育工作是在中华优秀传统文化中所包含的集体主义教育思想基础上的延续和发展。

（一）"尚群利群"思想

在春秋战国经济文化都处于大变革的时期，诸子百家将自己提倡的言论和当时的社会背景相结合从不同的角度强调了"尚群利群"的整体论价值原则。孔子将人与动物之间的相处来类比，指出人不会和鸟兽有正常的生活交流的，所以人不和世上的人群交往那么还会和谁有交流的可能性呢？这里孔子就强调了群体的重要性，人不会独立于这个世界上，并且人应当处于一个自然的共同体中，如果一个人脱离于群体，只为谋划自己的个人利益，而不顾群体，不为群体作出相应的贡献，那么

---

① 《习近平谈治国理政》第 2 卷，外文出版社 2017 年版，第 481 页。

这个人首先就失去了生存的条件，也就无所谓生存的价值了。在这之后，孟子、荀子从不同的路径发展了群体与个体之间的辩证关系。孟子继承发展了孔子提出的施不施行仁德全在于个人的思想，阐述了其对个体的认识，高度重视个人的道德品格和个性意志，而荀子则从个体应该服从于群体的角度指出在社会等级秩序中，个体处于其对应的位置并发挥应有的职能为群体而服务。从这里可以看出孟子和荀子对于孔子所指出的个体与群体之间和谐共存的目标如何实现是有不同想法的。孟子从主观的角度指出要提升个人涵养，修炼个体的道德意志以实现群己和谐的目标，荀子认为只通过个人自主的修养是无法达成目标的，必须通过外部条件的加持，通过外界的力量以达成群体与个体和谐共存的目标。墨家认为爱是相互的，是没有等级之分的，因而在对待群体与个体之间的利益关系时强调个体意志必须服从群体意志，在无差别对待的环境下不会存在不平等的待遇，所以个体要全身心地无条件地跟随整体意志。法家以人性本恶为立足点，拿出法律这条准绳要求个体有义务服从于整体，而整体也是无约束地控制着个体服从其命令。

群体至上、尚群利群这样一种以集体为中心的价值原则引领着中华儿女思维模式的发展，贯穿于百姓的日常生活及行为习惯中，由小及大地升华为全民族的整体意识，汇聚成强大的力量维系了中华民族几千年的团结和统一。

(二)"家国情怀"思想

儒家是最早对"家国情怀"的思想进行系统阐释的，但这一思想真正的起源还不是在这个地方，而是要回望到西周的时候。周武王取得统治地位之后，为了保护周朝的皇族，颁布了分封制以巩固政权。所谓分封制就是将整个国家划分为几块领地，由周王室的宗室或者功臣来担任领土的负责人，相当于有了属于他们自己的小王国，有了做君主的体验，但他们依然要服从于周武王，这样既给予了诸侯国自治权又能维护周王的君主权威，从而建立了一个庞大的血缘和姻亲关系网。当然，仅有关系网并不能够长期稳定周王朝的统治，还需要宗庙祭祀制度的协助，通过一系列的祭祀活动尊祖敬宗来凝聚各宗室及功臣的精神力量，共同维护周朝宗族的团结。这样的一个宗族也构成了一个大家庭、大家族，但这个时候的"家"还不同于当今时代的"家"，那时候的"家"与"国"并没有很清晰地分辨开来，家和国是交织在一起的。这也直接反映到了国家的内政统治中，反映到国家治理的具体政治行动中，不仅家的治理会受到国的影响，相应地国家治理结构也烙上了家的痕迹。虽然西周时期的家不是指纯粹的家庭而是代表了一个政治组织，但由于家庭和国家是受亲属关系约束的政治组织，社会也都根据亲属关系确定其等级、权利和义务，这样一种宗法制度下形成的家庭和国家共构的组织管理模式，为"家国情怀"的政治文化思想积淀了丰厚的历史资源。

汉朝以后，中华民族在争取民族团结、反对分裂的斗争中形成了"大一统"的意识，在此基础上，"忠"的观念在价值观生成和实践中得到了进一步的发展，形成了"孝"与"忠"同心同向，家庭与国家相统一的共同价值体系。要实现忠这一价值，其核心还是要能够突出家国一体，小大一致，但是真正运用到实践的过程中还是要解决家庭和国家优先于谁的问题，"公义"就是解决这一困扰的核心办法，即群体的利益、应该要达到的追求、对于当下实际问题的解决和日常生活中的基本需求的考虑。在中华民族发展过程中有关于价值的具体实践，公义和私利之间的对立自始至终都是存在着的。作为中华民族价值观最根本的就是将对德性的追求放在重要的位置。当公利与私利发生冲突，国家利益与家庭发生冲突，群体利益与个人发生冲突的情况发生时，"义以为上"就是放弃个人的利益来维护群体的利益，舍弃私利为公利保驾护航，强调的就是一旦个人利益与集体利益有矛盾时，要能够做到"舍生取义"，正是在这种强化"公""公义""公利"的氛围下，催生了为国家、为社会、为民族服务的大无畏的献身精神，中国传统道德从社会、国家和民族的利益出发，强调在个人与他人、与社会的关系中，要做到互相帮助，团结善良，严格要求自己而不能把自己的意志强加在别人身上，待人接物时更要温柔、谦虚、礼貌、诚实。在人际交往中不能一味地要求满足自己的需求而忽略别人的感受，要能够做到对他人表示尊重，处于一个集体中就需要经常切换到他人的角度来考虑事情以维护他人的合法利益，妥善处理好人际关系以增进集体的凝聚力。

(三)"天下大同"思想

早在秦朝时，"天下大同"的思想就为学者们所提倡，并产生了深远的影响。在对大同社会的解释中，孔子大多是从人类伦理道德的角度进行的，对于理想中的"大同"社会不是过分强调高度发达的生产力，也不是过分强调物质和精神资源的极大丰富，而是在这个社会保持稳定和秩序安然的基础上，搭建起每个人之间友好的人际关系，实现互相的爱与关怀。每个人都可以从"公"的立场去付诸行动，也就是说，我可以为每个人的利益而服务，同时，大家也都在为我的利益而服务，这是一种相互的关系往来。

墨子在《尚贤》的下一章中讲到，强者可以帮助别人，有足够的财富的人可以与别人分享，知识渊博的人也可以教育他人，这样构成了一个成员愿意分享财富、知识、能力，每个人都得到了自己想要的和谐社会。从汉代到太平天国的这一段时期，农民们纷纷起义反抗统治阶级的压迫，而引导他们奋力反抗的教义和理论中就明显地体现了对"大同"社会的向往，后期在理论层面主要呈现在农家的大同思想中。正是这段时期内大同思想与实践的不断结合，更加丰富了其理论内容，不只是一个对未来美好理想社会轮廓的描绘，逐渐具体化、形象化，也就是从这里第一次明确地把"均平"的概念提出来了，而且在这个基础上进一步对关于如何分配土地、如何分配产品、政治和婚姻等相关的制度都作了更加详细完备的规定，农民阶级运用起义的方法实现了理论与实践的结合。虽然农民起义的最终结果都是失败的，但正因为在实践中的不断运用，大同思想也在这样的过程中得到了不错的发展。

近代以来，康有为在学习儒家经典和西学思想之后，更加深入地描绘了天下大同的思想，并且编著了《大同书》，擘画了自己对于大同世界的美好愿景，这是一个男女平等，没有阶级之分，生产力水平得到高度发展，没有私有财产，所有的生产资料也将不存在，整个社会成员都为群体的利益而奋斗，没有任何的私心，一片祥和安宁的世界。孙中山亦如此，不仅受到传统儒家思想的影响，而且吸收了现代西学的相关理论，将两者有机结合起来，对三民主义理论进行了创造性转化和创新性发展，强调他所提倡的民主主义就是社会主义，也叫共产主义，与大同主义有异曲同工之妙。此后，费孝通从欣赏美的角度引申出，世界万物都有其自身的美丽，我们既要懂得欣赏自己已有的美丽，也要看到别人创造的美，这样一个互学互鉴的过程中，就能将自己的美与他人创造的美结合起来以共享理想中的大同美。

在几千年的历史长河中，大同社会、和谐共生的治国理念极大地影响了中国人民认识世界、改造世界的思维模式和行动理念，这与中国传统文化中的儒家思想强调的天人合一、协和万邦等伦理道德理念是一脉相承的，都蕴含了对人类未来美好生活的向往与期待。

（四）"理欲之辩"思想

理欲关系的讨论是中国哲学发展史上非常重要的一环。最早在《礼记·乐记》中出现天理和人欲的对立，提出社会中出现恶劣事件的原因在于忽视天理只为满足人欲。对于"理"的释义，可以指物质世界的规律，即认知方面应遵循的理性，亦可以指精神世界的准则，即道德层面应遵循的理性。而"欲"则多理解为欲望，但也分为很多种，有物质和精神的区别，更有先天和后天的划分。

"理欲之辩"是由儒家经典问题"义利之辩"引申而来。孔子的

"君子喻于义，小人喻于利"，强调以道德作为君臣和君民关系的调节器。到了宋代，灭天理而穷人欲的状况引发儒家们深思，张载痛批社会在孔孟之后不习天理，朱熹的老师李侗指出社会的中的人不分义利，甚至为了谋取自身的利而弃义于不顾。在这样的背景下，理学家们纷纷提出穷天理而灭人欲，重义抑利，将"义"进阶为一种天理可以普遍应用于社会生活中，并把它当作是社会伦理规范的基础，理是能够在维持世界秩序中发挥很高的价值的，这也就表明如果想要在社会生活中安然地生存下来，那必然是要没有任何顾虑地听命于理，更不能把功利得失太放在心上，在理学家眼里人欲一般指的就是个体的私欲，这是不被允许的，自然不能与天理共存。"天理人欲相为消长，克得人欲，乃能复礼。"要解决这一问题就是"存天理，灭人欲"；而康有为并不赞同这一看法，而是依托自然人性论对宋儒的"天理人欲"论提出了反驳，他认为"天欲而人理"，意指人的欲望是天生的，而不是后天相加的，相反，天理是人为创造的，对欲的合理解释也成为欲被解放出来的依据，为人们的欲望找到了存在的合法依据。康有为的研究把"天理人欲"转变成了"天欲人理"，这不仅是批判了宋儒时期一味地把人的欲望压制住的观念，而且也重新梳理了欲与理之间的关系，统一了理欲。在此基础上，人们对于欲望的理解有了更为清晰的认知，有些欲望是不可避免的，自然不能一味地压制，需要对人欲的合理诉求进行满足，但不是纵欲，需要以理来节制欲。

"理欲之辩"亦启发我们能够更加深刻地理解个人利益与集体利益之间的辩证关系，个人利益不是一味地排斥，而是应在合理范围内得到满足，但不是没有节制地满足，需要理性的制约与规范，也就是说个人的正当利益需要得到合法维护，但更需要理性的加持，不能让个人的欲望上涨到和自然、社会以及自身之间产生矛盾以及抗争，要能够有效地维护个人的利益和集体的利益，这样才会让集体以及个人都能够按照一定的秩序平稳地发展起来。

四　知情意行的德育心理学理论基础

道德品质的教育应以了解和建构道德品质的心理构成要素为前提。集体主义价值观作为一种具体的道德品质，具有一般道德品质的特征。德育心理学中关于道德品质心理结构的理论探索，对探索实施新时代大学生集体主义价值观培育优化的进路具有重大的现实意义。目前关于道德品质心理结构的划分并不一致，主要有"二要素说""三要素说""四要素说"和"五要素说"几种主要观点。这些观点是道德品质结构不断丰满的体现，从"二要素说"的"知""行"结合到"三要素说"的"知""情""行"结合再到"四要素说"的"知""情""意""行"相结合，再一次验证了道德品质结构并不是"知""情""意""行"这四个要素的简单组合、机械排列，而是不同要素之间会产生联系、依赖、影响的一种有机整体。

（一）二要素说

"二要素说"指道德认识和道德行为的统一。道德认识聚焦于"知"，是主观见之于客观的产物，在对一定社会的道德关系、理论与行为规范产生自己的个人理解后形成了道德观，奠定了自身道德品质的成长基础；而道德行为侧重于实践，是在认知的基础上做出的符合自己道德观的行为，这也就是知行合一，强调知与行的一致是中国传统儒家道德教育心理学的重要特点，"君子耻其言而过其行"（《论语·宪问》），言行一致是作为"君子"的标准。

（二）三要素说

关于"三要素说"，西方心理学界的主流观点是要将道德品质看成是道德认识、道德情感和道德行为的有机统一。[1] 中方以陶行知先生为

---

[1] 汪凤炎：《中国传统德育心理学思想及其现代意义》，上海教育出版社2007年版，第111页。

代表的教育家则认为知情意的教育是整体统一的，提倡知识、情感和意志教育并重。道德情感的加入是非常必要的，要知道道德品质的形成是需要情感的催化的，情感的加持能够使得机械性的认识上升为个人的信念，并落实到行为中去。比如说人人都会写字，但并非人人都是书法家，这中间情感起到了非常重要的作用。会认字、会写字都是在认识的基础上达成的，一旦上升为书法艺术，情感就胜于技巧。所以对于道德品质的培养，不应停留于认知环节，需要注重道德情感的培养，从机械的认知上升为情感的认同，这样道德行为就是自动生成而不是被迫的行为。

（三）四要素说

"五要素说"在道德认识、道德情感、道德意志、道德行为等要素的基础上增加了道德信念或道德自我，在本质上与"四要素说"并无二致。在德育心理学中，关于道德品质心理结构的主流观点还是"知情意行"的"四要素说"，培养学生的知、情、意、行便成为德育的过程的基本规律之一。知、情、意是具体的内化环节，行则对应外化环节。[1] 而以大学生为对象开展的集体主义价值观培育工作是将集体主义价值观内化于心外化于行的过程。因此，内外统一的一致性说明了新时代大学生集体主义价值观培育中知、情、意、行的辩证统一性。

集体主义的丰富内涵表明集体主义价值观的培育不是一蹴而就的，需要逐步推进。而德育心理学也认为，认知是基础，情感是催化剂，意志是保证，行为是关键，四个方面综合作用、缺一不可。每一要素的培养都有着各自的内在层次和具体要求。一般认为，道德认知是人们在交往活动中道德观念的变化和道德思维的发展。道德情感是基于道德认识

---

[1] 林伯海、张善喜：《新时代高校管理育人知情意行协同探析》，《思想教育研究》2022年第10期。

形成的一种由内产生的体验和主观反映。道德意志是对困难的克服和道德目的的实现。而道德行为则是在道德意识支配下的人的行为表现。一般而言，这四个要素并不是并进的，通常是按照知、情、意、行的顺序进行的。但由于受到道德品质发展中多方面因素的影响，德育过程中应选择从最迫切、最有效、最需要的方面入手。①

受此启发，集体主义价值观培育的过程也可以有多种开端，既可以从提高认识谈起，或从培养情感做起，也可以率先锻炼意志和行为，或者齐驱并进。值得注意的是，只有四种要素均得到充分的教育，才能真正建立起集体主义价值观。

第二节 新时代大学生集体主义价值观培育的主要内容

习近平总书记在庆祝中国共产党成立100周年大会上的讲话中强调："一百年来，在中国共产党的旗帜下，一代代中国青年把青春奋斗融入党和人民事业，成为实现中华民族伟大复兴的先锋力量。"② 作为青年群体的重要组成部分，大学生肩负历史和时代重任，而树立集体主义价值观则是青年大学生矢志投身这一事业的根本思想前提，是高校必须高度重视的一项思想道德教育实践目标。提高学生的道德认知、情感、意志和行为是高校德育实践过程中的重要环节，也是集体主义价值观本身的内在结构。结合个体身心发展的自然规律和时代发展的社会规律对集体主义价值观进行重新审视，形成以知、情、意、行等为构成要素的新时代大学生集体主义价值观培育内容，既符合德育过程的基本规律，也契合了这一价值观的时代新发展。

---

① 宋铁莉、陆雪莲主编：《教育心理学》，东北师范大学出版社2020年版，第103页。
② 《习近平谈治国理政》第4卷，外文出版社2022年版，第14页。

一　集体主义认知的深化

认知是个体对客观事物、现象或规律的认识，是进行信息加工的首要前提。所谓集体主义认知，是价值观的一种意识状态，指的是个体对集体主义价值观的核心内容和主要特征等的了解。大学生集体主义价值观的培育发轫于对集体主义的认知，只有认知并接受这种价值观才能选择并坚守下去。集体主义认知一旦形成便具有相对稳定性，大学生所形成的认知愈全面、愈深刻，对集体主义价值观的认同和践行才能更明确、更坚定。新时代对大学生集体主义认知的培养，在于辨明集体主义价值观本质要求的同时，既明确大局意识、责任意识和奉献意识教育等基本内容，也能厘清中国梦、人类命运共同体意识和爱国主义精神教育等时代意蕴。

（一）深化集体主义价值观的基本认知

集体主义认知的深化，首先在于深化集体主义价值观的基本认知，厘清集体主义价值观的真理性和科学性内核。在正确理解集体利益与个人利益的辩证关系上，集体主义价值观具体表现为大局意识、责任意识和奉献意识等内容。

1. 大局意识教育

要进行大局意识教育。2014年习近平总书记明确阐述了大局意识，"中办干部特别是领导干部，必须牢固树立高度自觉的大局意识，自觉从大局看问题，把工作放到大局中去思考、定位、摆布，做到正确认识大局、自觉服从大局、坚决维护大局"①，领导干部工作是要顾全大局，而对于新时代集体主义教育同样需要学生知大局，以大局拓宽看问题的外延就是启发学生树立整体观念，全面理解和把握事物的发展情况，这样有利于正确分析问题、看待问题。从某种意义上说，集体就是整体和

---

① 习近平：《办公厅工作要做到"五个坚持"》，《秘书工作》2014年第6期。

全局，作为一种代表整体的意识，大局意识是对集体重要性的明确，而承认全局的重要性正是集体主义价值观确立的根本前提，二者在集体优先性这一原则上相耦合。以大局意识深化大学生对集体主义价值观的整体认知，意在立足社会主要矛盾变化的基础上，明确集体的共同价值追求，从而厘清个人与集体的关系，也能进一步引导学生自觉注重集体，追求共同利益、共同进步。

2. 责任意识教育

要进行责任意识教育。责任意识是主体对一定社会角色承担责任、履行义务的自觉选择，集体主义价值观是集体责任的道德载体。责任意识教育的最终目的是促进责任的实现，责任是个人自身的责任，也可以是集体中个人的责任，以责任意识凝聚集体责任共识，主要在于引导大学生科学认识个人与集体的关系问题，并自觉参与到责任实践中来，以促进社会的良好发展。

3. 奉献意识教育

要进行奉献意识教育。奉献意识涉及公益精神、使命意识、慈善精神、生态意识、公德意识以及关爱弱势群体等悲天悯人的美好情怀，与中华优秀传统文化中的"天下为公"相呼应，这与集体对应起来，奉献意识内在包含着个人对集体的付出，是集体主义价值观的合法性基础，而集体主义价值观则是它的合理性结果。奉献意识是一种高尚的精神境界，理应面向具有更高层次精神追求的人。大学生作为推动社会发展的先锋力量，更应深刻认识到推动集体、国家和民族事业发展，离不开不懈地奋斗和奉献。

（二）深化集体主义价值观的当代认知

集体主义认知的深化，还要深化集体主义价值观的当代认知，明确集体主义价值观的时代意蕴。虽然集体主义价值观的基本内核保持着相对稳定性，但其主要内容却是与时俱进、动态变化着的。当前培养集体主义的价值认知需要以这种稳定性为基础，结合新时代对大学生提出的新要求和大学生的思想实际,发挥道德先导作用。

1. 中国梦

中国梦是大局意识的时代彰显。习近平总书记强调:"这个梦想,凝聚了几代中国人的夙愿,体现了中华民族和中国人民的整体利益。"①中国梦将个人理想与民族和国家的前途命运相连,坚持中国梦就是坚持和维护国家的大局,具有明显的整体性。中国梦的实现是每个人的个人梦想成真的现实基础,这就要求新时代的新青年们树立整体的观念,不仅在思想方面,同时在行动上落实个人梦与中国梦的有机结合,实现个人价值与社会价值的辩证统一。

2. 人类命运共同体理念

人类命运同体理念是我国责任担当的现实展现,强调人类是一个休戚与共的命运共同体,这种从整体性出发的思考方法为国际问题的解决提供了中国思路,人类命运共同体理念是和马克思主义提倡的为大多数人谋利益的观念相通的,不仅仅是要实现中国人民的更多合法利益,而且上升到世界的高度,要实现全世界人民的共同利益,谋求共同发展,坚持发展成果为世界人民共享。在此基础上,对于人类命运共同体理念的理解也是青年大学生时代责任的题中之义,不断强化对人类命运共同体理念的认知和践行,"要顺应历史大势,致力于稳定国际秩序,弘扬全人类共同价值,推动构建人类命运共同体"②。

3. 爱国主义

爱国主义扎根人民、奉献国家的要求是奉献意识的时代表现,是实现中华民族伟大复兴中国梦的现实要求,这就要求团结全体中华儿女不断顽强拼搏,也需要秉持人类命运共同体理念,加强与其他国家间的互助合作。祖国和民族是最大的集体,爱国主义教育是集体主义价值观教

---

① 《习近平谈治国理政》第1卷,人民出版社2018年版,第36页。
② 习近平:《坚定信心 勇毅前行 共创后疫情时代美好世界》,《人民日报》2022年1月18日。

育的核心内容。① 大学生要成为新时代的贡献者,必须深刻领悟爱国主义精神、高度认同爱国理念,将个人奉献集体的理念化为推动国家和民族发展的集体共识。

二 集体主义情感的培养

个体在与客观世界相互作用、与现实事物相互联系的过程中,以体验的形式所表现出来的肯定或否定的主观态度就是情感。所谓集体主义情感,是包含理性成分的一种感知状态,指的是个体运用集体主义价值观来判断、选择、评价自身或他人行为时能够形成良性的心理暗示,产生积极的情绪体验。集体主义情感与集体主义认知是相互关联、相互促进的。个体只有在掌握集体主义价值观基本内涵的基础上,才能内化成为集体主义情感。集体主义情感的选择性功能又反向调控着集体主义认知的方向。"没有情感教育就不可能有真正的道德教育。"② 情感是行为的内驱力,大学生的集体主义情感是形成集体主义价值观的催化剂。没有集体主义情感,大学生即使懂得再多的集体主义价值理论,也难以真正落实到行动中,就会引发理想和现实之间的悖论。新时代增强大学生的集体主义情感,就要由浅入深,使其逐步建立起与时代同步伐的集体认同感、归属感、使命感和责任感。

(一) 集体认同感

个体只有在集体中才能实现真正的全面发展,当代大学生如果要得到全面的发展,就不能脱离集体,所以需要教育大学生尊重集体,增强对集体的认同感,包括中华文化认同感、政治认同感。一方面大学生要全面了解中华文化,认识中华文化的价值观念,提升情感认同,树立文化自信;另一方面要坚定立场,政治认同感的提升有助于自觉抵御西方

---

① 钟志凌:《集体主义理论与实践研究》,学习出版社2021年版,第317页。
② 《苏霍姆林斯基选集》第3卷,蔡汀、王义高、祖晶译,教育科学出版社2001年版,第745页。

国家的意识形态渗透，提高政治参与积极性、主动性。新时代培养大学生对集体的认同感，实现个人的理想追求，应在坚持核心意识，认同、遵从和维护党的领导的基础上认同社会主义大家庭。

(二) 集体归属感

集体归属感就是集体中的个人能够意识到自己是在一个集体中的，并发自内心地认同所在的集体，找准自己在集体中的定位并发现自己对于集体的价值。集体归属感是一种向心力，能够使学生感知作为集体成员的尊严、自豪和荣誉。增强对集体的归属感，对于新时代大学生树立集体主义价值观有重要作用。大学生不仅要在形式上认同集体，也要从内心深处融入集体生活。要分清个人与集体的关系，树立"大我"意识，避免出现重个人、轻集体的"自我中心主义"和功利主义的想法。

(三) 集体使命感

集体使命感是指了解并能承担起发展中国特色社会主义事业的使命，在奉献国家和社会的过程中实现自我价值。建设中国特色社会主义事业的使命感有利于增强大学生的集体认同感。[1] 要教育大学生服务集体，增强对集体的使命感。新时代赋予大学生新的职责使命，大学生要将集体带来的正向能量转化为服务集体、社会和人民以及续写中国特色社会主义精彩篇章的前进力量。

(四) 集体责任感

责任感是个体承担对他人或集体利益的情感体验，在责任感的指引下，个人甚至可以牺牲自身以成全集体。要教育大学生奉献集体，增强对集体的责任感。具备集体责任感能够帮助大学生更加理性地看待个人利益和集体利益之间的关系，进一步提升集体认同感、归属感和使命感。新时代的集体责任感体现在把履行集体责任同实现个人价值相结

---

[1] 朱健：《以更强的责任感使命感推进立德树人》，《思想理论教育导刊》2017年第3期。

合，为实现中国梦贡献个人力量。

三　集体主义意志的锤炼

意志是个体在一定理论指导下，按照特定价值标准对自身行动的调节和支配。所谓集体主义意志，是价值观的一种自觉状态，指的是个体运用集体主义价值观约束自己，排除各种干扰、克服各项困难，自觉能动地坚持集体主义的精神。集体主义情感能够激发人的动机，从而支配集体主义意志，推动集体主义行为。集体主义意志则要求价值观内化为一种心理和性格，成为维持、强化和调节集体主义情感的强大力量。锻造大学生的集体主义意志，能够调动内心强大的毅力，筑牢集体主义情感的精神高地，使大学生在陷入"道德危机""信仰危机"时，将情感转化为辨别真伪、战胜困难、成就集体的信念和行动。新时代锻造大学生的集体主义意志，就要对当前特殊历史时期所涌现的价值表现进行正确的判断和选择，培养自觉性、果断性、自制性、持续性等意志品质。

（一）培养自觉性

自觉性就是清楚自己将要做什么，这么做是为了达到什么样的效果以及会产生哪些影响，在此基础上，能够主动地去为此付出努力，从而实现自己设定的目标。事物发展的根本动力在于内因的推动，因而对于大学生集体主义价值观的培育需要从大学生自身入手，要教育大学生在多元文化背景下自觉选择集体主义价值观。当前多元文化的出现对人们的集体主义价值选择构成了严重挑战，使集体主义价值观成为大学生的自觉主动选择，便成为新时代培育大学生集体主义意志的出发点。自觉性的培养需要依托真理性的认知，而这又来源于生活实践，需要实现理论指导与实际生活的统一，自觉性的培养不能依靠一味地灌输，更多地需要实践中的认知感受，需要学校、家庭、社会氛围的熏陶，于细无声处培养自觉性。

（二）强化果断性

果断性就是能够分清是非对错，并且快速地采取合理的方式方法去解决问题或者为自己的决定付诸行动。要教育大学生立足现实果断选择集体主义价值观。自觉性反映了大学生作出价值选择的主观意愿，而果断性则意味着作出价值判断的敏锐程度。当然，果断性的强化不是一朝一夕可以达成的，需要大学生在日常学习生活中多习得集体主义价值观相关的理论知识以及具体的实践案例，为其选择奠定坚实的基础。新时代，鼓励大学生作出敏锐的价值选择和判断，应有效发挥意志品质的定向和调节功能。

（三）提升自制性

自制性是指个体在意志的支配下，在特定目的引领下，克服各种困难，调节和控制自身行为，从而自觉、主动排除各种干扰，实现情感的内化。自制性的提升更多地体现为一种内驱力，是发自内心地认可，并且内化成一种本能习惯。要教育大学生提升自控力，坚决摒弃错误道德观念的影响，自觉抵制市场经济的趋利倾向和西方多元价值观的消极影响。

（四）确保持续性

持续性指的是在行动中坚持自己的决定，即使遇到困难和挑战，仍然会坚持下去，以实现自己设定的目标。万事从来贵有恒，久为功者必有成。要教育大学生持续落实集体主义价值观，形成坚韧意志。集体主义意志贵在坚持，大学生要勇于面对挫折，加深对集体主义价值观的坚定信仰，认识到认识和践行集体主义价值观是一个长期的、渐进的过程。

四 集体主义行为的实践

行为是对个体内心中已然感受和领悟的品质的外化，是内心指引下的行为意向。所谓集体主义行为，是价值观的一种实践状态，指的是个体在认知、认同、坚守集体主义价值观的前提下，做出的有益于集体的行为表现。积极的集体主义情感和坚强的集体主义意志推动着集体主义认知转化为集体主义行为,并对集体主义行为起着调控作用。集体主义行为作为集体主义价值观的最终落脚点,既是衡量集体主义价值观是否真正内化的根本标准,也是促进集体主义价值观不断深化的重要途径。它能够巩固学生的集体主义认知,丰富他们的情感,锻炼他们的意志。当前锤炼大学生的集体主义行为,应坚持创新性理论与创造性实践的辩证统一。

(一) 坚持知行统一的教育理念

新时代中国青年生逢其时,重任在肩,对大学生集体主义行为的锤炼要坚持知行统一的教育理念。知行统一就是要将社会需要和个人需要相统一,不能简单粗暴地将二者对立起来,亦不能囫囵吞枣地混淆,需要依托社会现实开展教育,注重以知促行,体现集体主义教育的实效性。新时代的大学教育观认为,大学生不能长期处于被动接受的地位等待理论灌输,而应该培养自身的实践创新和探索能力,在参与社会生活中提升道德境界,强化对集体主义价值观的认知。

(二) 坚持集体主义的行为实践

对大学生集体主义行为的锤炼需要在具体的实践中进行。把集体主义价值观渗透在学生日常学习、生活的方方面面。鼓励大学生参与教学实践活动、校园主题文化活动、社会公益活动等。通过参加实践活动,学生可以在各个方面锻炼提升自身综合素质,不仅学会与人沟通交流,学会关心帮助他人,而且也能取长补短,实现自我提升,更能感受集体的力量,从而在潜移默化中树立集体主义价值观。

(三) 坚持在集体中进行锻炼

大学生在集体活动中能够增进集体认同感,强化集体荣誉感,激发团结向上的积极性和进取心,从而实现个人的目标,形成良好的集体。[①]

---

① 刘德军、高敏敏、何殿安:《班集体管理与建设的创新》,吉林人民出版社 2019 年版,第 45 页。

大学生的学习和生活本身就离不开集体，宿舍、社团、班级、学生党团支部，等等，为培养集体意识提供了非常好的平台，例如可以从宿舍文明制度、宿舍文化创建等方面入手，将学生宿舍打造成培养集体主义价值观的重要阵地；以学生的共同兴趣爱好为联结的各种学生社团入手，通过开展各类团体活动或者是从社团文化精神的传承建设发力，以小见大，在社团中感悟集体认同感、归属感和荣誉感；还有班级，也是进行大学生集体主义教育的重要组织载体，可以通过成立班级互助小组调动学生互帮互助的积极性，营造温暖的集体氛围。

总之，新时代大学生集体主义价值观的培育应立足与时俱进的集体主义价值观内涵，把握知、情、意、行相结合的教育内容。以深化集体主义认知为起点，以培养集体主义情感为动力，以锤炼集体主义意志为保障，以落实集体主义行为为目的和归宿，在教育中针对不同具体情况和时代特征有所侧重。虽然四个层面各具特色，在理论上存在一定的递进性，但在实际培育过程中，应当是共进、互促和协同推进的。

第三章

大学生集体主义价值观培育的现状分析

大学生的精神追求现状对社会主流价值观的稳定性有着重要影响。集体主义价值观培育工作是强化大学生崇高价值信仰的重要途径，具有鲜明的时代特征。通过问卷调查和个别访谈的方式，了解新时代大学生集体主义价值观培育在认知、情感、意志和行为等四个方面的主要内容，并对所得数据进行分析判断，吸取积极经验、反思问题及其原因，有助于冲破大学生集体主义价值观培育的困局，打开创新优化集体主义价值观培育路径的新局面。

第一节 当前大学生集体主义价值观培育现状的调查

价值观水平是思想道德发展状况的重要衡量标准之一。集体主义价值观的认知发展水平是衡量大学生思想道德发展状况的重要标准。新的时代背景下，大学生的身心发展状况、价值观的教育教学情况较之以往都有了不同程度的变化，呈现出新的特点。通过问卷调查和个别访谈等方式，整体把握并客观分析大学生集体主义价值观的认知和培育状况，是进一步深入理论研究、完善教育实践的重要基础。

一 调查实施情况

（一）调查的目的

调查新时代大学生集体主义价值观的培育现状，旨在通过对学生知、情、意、行等各方面情况的关注，推动培育理论和实践工作的进展。从理论上看，现实的生活实践是一切理论创新的基础和源泉。辩证分析并深刻反思目前的集体主义价值观培育现状，首先要进一步拓展和深化集体主义价值观的理论研究。从实践层面来说，通过梳理和分析相关数据，有助于弄清新时代大学生集体主义价值观认知和培育的现实情况，提高集体主义价值观培育工作的科学性，从而强化集体主义价值观培育工作的感召力、说服力和创造力。

（二）调查的方式和内容

为尽可能全面客观地掌握新时代大学生集体主义价值观培育的现实情况，笔者针对教育者和受教育者，分别利用问卷调查和个体访谈的方式展开调查。

一是开展面向大学生群体的问卷调查。调查问卷的设计与调查结果的真实性、典型性和数据的可利用性、可分析性密切相关。笔者在借鉴有关专家学者问卷设计内容的基础上，结合自身前期的理论积累和教学实践经历，编制了《新时代大学生集体主义价值观培育现状调查问卷》。问卷的内容主要由三个部分组成，共28道题目。第一部分为调查对象的基本情况，具体包括性别、年级、专业类别、政治面貌、家庭关系和学生干部经历等信息，共6题。第二部分为大学生自身的集体主义价值观现状，主要是从知、情、意、行等不同维度，了解大学生对集体主义价值观的态度和观点，共8题。第三部分为大学生集体主义价值观培育情况，从学校教育教学、家庭和社会教育等角度，考察具体的培育情况，由选择题和开放题两种类型构成，共14题。

二是进行面向高校思政课教师和教育行政管理部门人员的访谈。教师和教育行政管理部门人员长期从事学生教学管理工作，对培育现状有比较大的发言权，能够客观、真实地反映实际的培育情况。笔者在吸收现有调查研究经验教训的基础上，自行设计了分别针对高校思政课教师和教育行政管理部门人员的访谈提纲。前者主要包括大学生的认同度状况、社会环境分析、课堂教学总结、价值观影响因素、教育教学资源挖掘情况和评价方式创新情况等维度，后者则以大学生认知表现、教育途径、机制建设、综合分析、职责探讨以及协同育人等为访谈要点。

（三）调查对象与基本情况

在问卷调查环节，采用随机抽样的调查方式，不分性别、专业、年级向江苏省内的各类普通本科院校、高职专科院校学生随机发放电子问卷，累计发放问卷 1000 份，回收有效问卷 983 份，有效回收率为 98.3%。调查结果用 SPSS 27.0 进行统计处理，参与问卷调查学生的基本情况如表 3-1-1 所示。

表 3-1-1　　　　　　调查样本的基本情况（N=983）

变量	类别	频数	百分比（%）
性别	男	335	34.08
	女	648	65.92
年级	大一	295	30.01
	大二	256	26.04
	大三	240	24.42
	大四	192	19.53
政治面貌	中共（预备）党员	90	9.16
	共青团员	448	45.57
	群众	429	43.64
	其他	16	1.63

第三章 大学生集体主义价值观培育的现状分析

续表

变量	类别	频数	百分比（%）
专业类别	理工农医类	336	34.18
	文史类	314	31.94
	艺体类	140	14.24
	其他	193	19.63
是否为独生子女	是	485	49.34
	否	498	50.66
是否担任过学生干部	是	553	56.26
	否	430	43.74

在对问卷收集到的初始数据进行系统性分析之前，首先需要通过 KMO 检验与 Bartlett 球形检验来验证问卷测量的效度（见表 3-1-2、表 3-1-3）。根据 Kaiser 关于选取适当性指数的观点，KMO 检验值的范围应在 0—1 之间，KMO 值越接近于 1，变量间的相关性越强，越适合做探索性因子分析。[1] 一般来说，KMO 的值在 0.7 以上时，效果较好。而 Bartlett 球形检验显著性在 0.05 以下时，表明变量间的相关性较强。接着再通过 Cronbach α 系数验证问卷测量的信度，当值在 0.8 以上时，表示内部一致性较好，结果的可靠性较强。依照上述规定在 SPSS 27.0 中对本问卷的数据进行检验，得出 KMO 值为 0.801（>0.7），Bartlett 球形检验值为 1638.386，df=231，$p<0.001$（<0.05），Cronbach α 值为 0.821（>0.8），说明变量之间的关系较强，研究数据适合做因子分析且具有可靠性。

---

[1] 刘金平、张恩涛：《社会变迁与大学生价值观的发展》，科学出版社 2018 年版，第 109 页。

表 3-1-2　　　　　　　　KMO 和 Bartlett 检验

KMO 取样适切性量数		0.801
巴特利特球形度检验	近似卡方	6219.333
	自由度	253
	显著性	<0.001

表 3-1-3　　　　　　　　可靠性统计

克隆巴赫 Alpha	基于标准化项的克隆巴赫 Alpha	项数
0.821	0.752	28

在访谈环节，笔者有针对性地选择了 20 名思政课教师和 10 名教育行政管理部门人员作为访谈对象，以使访谈结果尽可能全面客观展现当前大学生集体主义价值观及其现状。受访对象的基本情况如表 3-1-4 所示。

表 3-1-4　　　　　　访谈对象基本情况 (N=30)

变量	类别	频数
性别	男	13
	女	17
职业	思政课教师	20
	教育行政和管理部门人员	10
年龄段	青年	19
	中年	11

为确保访谈的效率，笔者在访谈前准备好了相应的提纲，访谈过程中客观简要地记录了访谈对象的回答，必要时对访谈问题进行修改与补充。访谈后分类整理访谈资料，形成了独立编码的文字材料。

（四）施测方法

在问卷调查方面，先是采用线上与线下相结合的方式对问卷进行测试，发现问卷的信度与效度合适，但在问题与答项的表述方面还存在一定问题，于是在此基础上对个别提问和选项进行了修改并重新发放。正式施测则利用问卷星平台进行编辑和发放，并将所有客观题设置为必答，这样既便于数据的回收与处理，也在一定程度上确保了问卷的有效回收率。

个别访谈环节则采取线上电话访谈与线下面对面访谈相结合的方法，一般将访谈时长控制在 10—15 分钟。同时，根据前一次访谈的情况不断调整访谈提纲和方式方法。

二 数据分析

大学生集体主义价值观的培育以集体主义价值观为核心，主要包括深化集体主义认知、培养集体主义情感、锻造集体主义意志和锤炼集体主义行为四个方面的内容。在新时代大学生集体主义价值观培育现状的调查中，客观分析和考察大学生的集体主义认知、情感、意志和行为的现状，是深入了解集体主义价值观培育事业的重要前提。

（一）关于大学生集体主义认知的调查分析

认知作为一种意识形态活动，是具体行为产生的前提，对现实实践有着重要的指导作用。只有对集体主义有了全面、深刻的认知，才能促进集体主义情感、意志和行为的产生。具体而言，新时代大学生集体主义价值认知包括相对稳定的传统理解和逐步变化的时代认知。

1. 对集体主义价值观本质内容的认知情况

虽然大学生在总体上趋向于从多元化视角来理解集体主义价值观，但强调集体利益的传统认知仍占据主流（见表 3-1-5）。具体表现为，在对集体利益与个人利益关系的理解中，有 83.01% 的学生认为"个人利益与集体利益辩证统一，个人利益服从集体利益，同时集体利益保障个人利益",这一选择所占比例最大。同时也有11.1%的大学生坚持"集体利益至上,个人利益无条件服从集体利益"的观点。

表3-1-5 大学生对集体主义价值观的传统认知情况（N=983）

问题	选项	频数	比例（%）
关于集体利益和个人利益的关系,您的理解更倾向于以下哪一种?	集体利益至上,个人利益无条件服从集体利益	109	11.1
	个人利益与集体利益辩证统一,个人利益服从集体利益,同时集体利益保障个人利益	816	83.01
关于集体利益和个人利益的关系,您的理解更倾向于以下哪一种?	个人利益先于集体利益,集体利益是为个人利益而服务的	28	2.83
	个人利益和集体利益互不影响,关系不大	11	1.13
	说不清楚	19	1.93

2. 对集体主义价值观时代内涵的认知情况

从时代发展维度看,大学生能够紧跟时代脚步,自觉更新集体主义认知。问卷设置了关于集体主义价值观与中国梦、人类命运共同体和爱国主义等时代理念间关系的认识问题,以便考察大学生对几种理念相互间关系的认知（见表3-1-6）。其中,认为集体主义与之密切相关的分别占比83.42%、84.42%和85.32%。

表3-1-6　　大学生对集体主义价值观的时代认知　　单位:%

	关系十分密切	有一定关系	不太相关	完全不相关
中国梦	83.42	15.56	0.68	0.34
人类命运共同体	84.42	13.67	1.56	0.35
爱国主义	85.32	13.82	0.69	0.17

第三章 大学生集体主义价值观培育的现状分析

上述数据表明,尽管新时代高校大学生在价值观的理解方面复杂多样,但他们对集体主义价值观的认知还是比较清晰的。

(二)关于大学生集体主义情感的调查分析

集体主义情感影响着大学生对集体主义价值观的认同。从德育过程的一般顺序上看,认知是认同的前提,认同是实践的内部驱动力。所以,对情感的培养是知与行的重要中间环节。新时代大学生集体主义情感主要表现在集体认同感、集体归属感、集体使命感和集体责任感四个主要维度。

1. 集体的认同感

认同是对价值观理解基础上的认可和自信。在对"您认为班级里是否有不良的'小团体'存在?"这一问题进行调查时,有53.11%的学生表示"没有",31.94%的学生选择了"不清楚",还有14.95%的学生认为"有"(见图3-1-1)。班级是最贴近学生生活的集体,不良的"小团体"是扭曲化的集体,对这一问题的回答反映出学生对集体交往的认同程度。数据表明,学生对集体的认同感总体较好,但也存在一些问题。

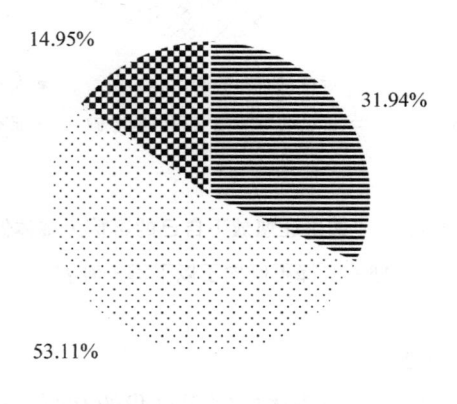

≡ 不清楚 ∵ 没有 □ 有

图3-1-1 "您认为班级里是否有不良的'小团体'存在?"

2. 集体的归属感

归属感是个人对集体从属关系的划定。拥有归属感的人必然对集体生活充满热情。反之，大学生参与集体活动的主动性也在一定程度上反映着其集体归属感。因此，笔者在调查中设置了这样一个问题："如果让您放下自己的事情为集体做些事，您的选择更倾向于以下哪一种？"对此，选择"乐意做"的有 59.91%，占比最大。其次选择较多的是"自己的事情做完有时间才做""安排我做我就做"和"对自己有利的话就会去做"，分别占比 14.16%、11.44% 和 10.98%（见图 3-1-2）。这一调查结果表明，大多数学生已然具备良好的集体归属意识。

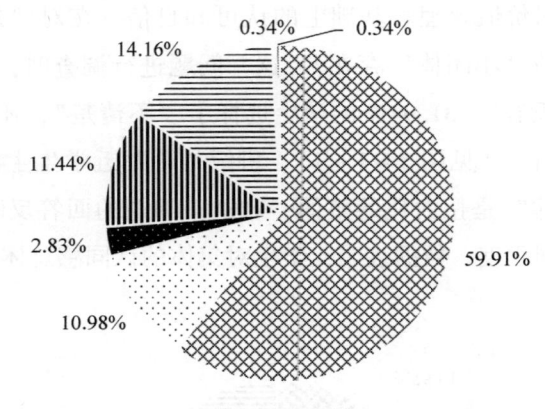

图 3-1-2 "如果让您放下自己的事情为集体做些事，您的选择更倾向于以下哪一种？"

3. 集体的使命感

使命感反映的是个人在集体中实现自我的意愿。对大学生在团队合作项目中的积极性和能动作用发挥情况的调查中，有 79.95% 的学生表示在参与团队合作的过程中，能够坚持"团队整体优先，不仅做好团

第三章 大学生集体主义价值观培育的现状分析

队交代给自己的任务,还能主动协助团队完成其他任务",14.50%的学生则只会"做好团队分配给自己的那部分任务即可",另外还有4.53%的学生会选择"先完成与团队无关的个人任务,再考虑团队中的任务"(见图3-1-3)。从这一问题的调查数据可以发现,仍有部分学生忽略个人在集体中的身份认同。

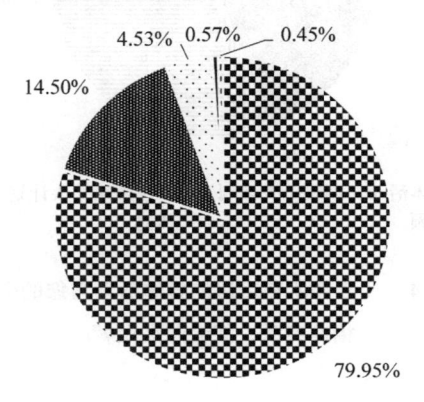

- 团队整体优先,不仅做好团队交代给自己的任务,还能主动协助团队完成其他任务
- 做好团队分配给自己的那部分任务即可
- 先完成与团队任务无关的个人任务,再考虑团队中的任务
- 不会主动去做,能不做就不做
- 不乐意参与团队合作类项目

图 3 - 1 - 3 "如果让您参与到团队合作项目中去,您会选择怎么做"

4. 集体的责任感

责任感表现为个体在协调个人与集体利益的辩证关系中寻找自我存在价值。针对"当您所在班级的集体活动与您的个人计划相冲突时,您会怎么做?"这一问题,选择"优先考虑班级集体活动,调整个人计划"的占53.00%,"尽量做到两者兼顾"的占44.17%,"继续遵循个人计划,不参与集体活动"的仅占2.60%(见图3-1-4)。由此观之,大学生大多能认识到集体与个人的辩证统一性,并在服务集体中提升自我。

0.23%

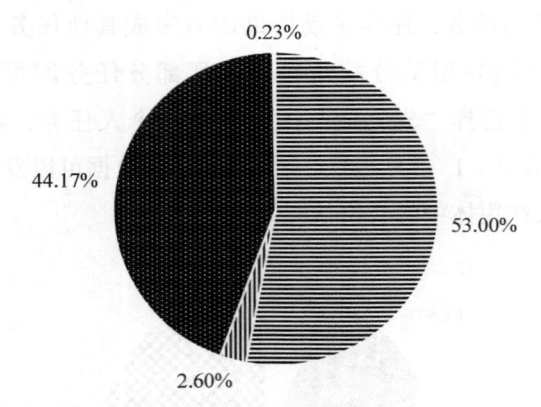

44.17%

53.00%

2.60%

■ 优先考虑班级集体活动，调整个人计划　　▨ 继续遵循个人计划，不参与集体活动
■ 尽量做到两者兼顾　　　　　　　　　　　◇ 其他

图3-1-4 "当您所在班级的集体活动与您的个人计划相冲突时，您会怎么做？"

(三) 关于大学生集体主义意志的调查分析

具备集体主义意志是个体对集体主义价值观保持坚定信念的表现。集体主义意志作为培育工作的保障，与集体主义情感的动力功能相互作用，推动着集体主义认知的发展，并最终导向集体主义行为。因而我们强调意志也是培育集体主义价值观的关键环节。新时代大学生集体主义意志主要表现在价值判断和价值选择两大维度。

1. 价值判断维度

价值观的判断建立在权衡利益关系的基础上。学生的价值判断一方面体现在对一般的集体利益与个人利益关系的认识之中，这方面在前文分析大学生集体主义认知时已有说明，此处便不再赘述。另一方面，大学生的价值判断还体现在其在具体情境中所作出的选择，比如在集体活动与个人计划相冲突时，有半数以上的学生会毫不犹豫地坚持班集体活动优先，也有部分学生表示会在考虑清楚集体活动重要性的基础上再进行判断。这一结果在显示学生价值判断倾向集体利益的同时，也反映出了主体价值判断的自觉性。

2. 价值选择维度

价值主体的选择主要是从个体的行为表现中反映出来的。青年志愿服务行动是实现个人价值与集体价值统一的重要途径，活动中的态度是主体价值选择的反映。基于此，问卷中对学生承担青年志愿服务活动的情况进行了调查（见图3-1-5）。调查对象中，有67.24%的学生表示自己做过青年志愿者。不管学生参与此类活动的目的是什么，集体主义价值观或多或少都是依附志愿服务活动而存在的。因而积极参与此类活动，侧面反映出对集体主义的选择。从大学生参与志愿服务的现实结果来看，他们的主体意志中隐藏着利他倾向。

表3-1-7　　大学生承担青年志愿服务活动情况（N=983）

问题	选项	频数	比例（%）
您是否做过青年志愿者？	是	661	67.24
	否	322	32.76

（四）关于大学生集体主义行为的调查分析

集体主义行为是个体的价值认知超越意识形态领域在现实生活中的外在表现。集体主义价值观只有且必须通过实践才算最终确立。因此，集体主义行为是集体主义价值观培育的最终目的和重要评判标准。新时代大学生集体主义行为具体包括理论与实践的结合程度、实践活动的开展情况两个维度。

1. 理论与实践的结合情况

问卷在考察大学生是否做过青年志愿者的同时，还分别针对两种情况展开了进一步挖掘。一方面，对做过青年志愿者的这部分学生（661人），调查他们做青年志愿者的主要原因（见图3-1-5）。其中"想为社会贡献自己的一份力量""希望锻炼自身的某种能力"和"可以拓宽自己的眼界"占据最主要的三个原因，分别占比85.19%、84.68%和

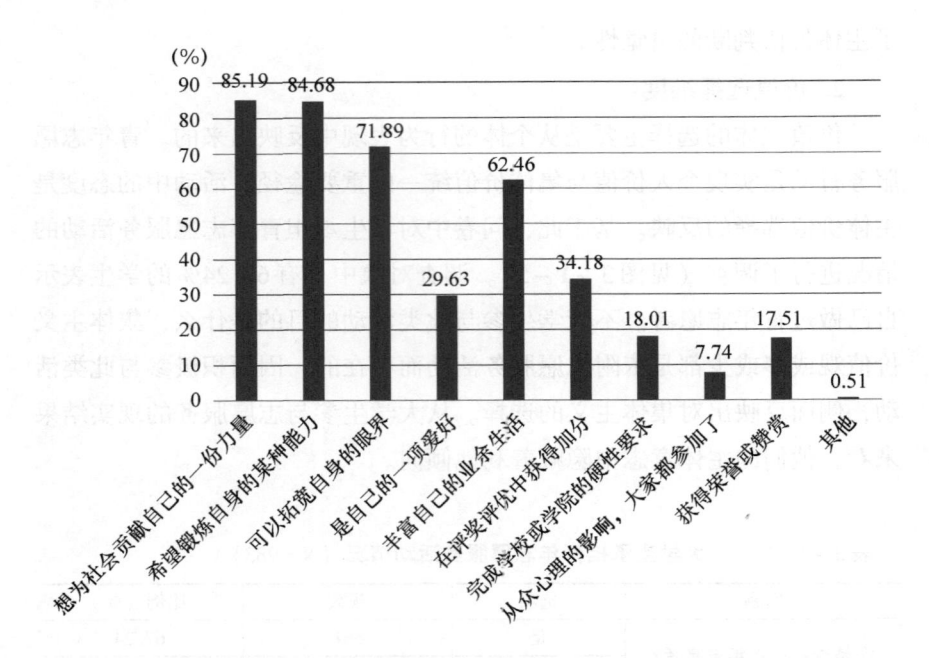

图 3-1-5 "您做青年志愿者的主要原因是？（多选）"

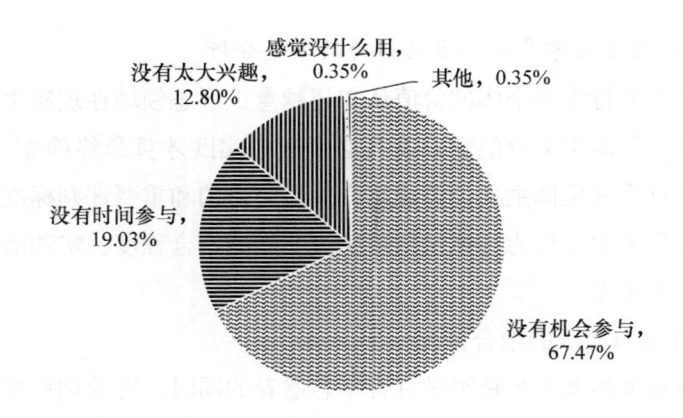

- 想为社会贡献自己的一份力量：85.19%
- 希望锻炼自身的某种能力：84.68%
- 可以拓宽自身的眼界：71.89%
- 是自己的一项爱好：29.63%
- 丰富自己的业余生活：62.46%
- 在评奖评优中获得加分：34.18%
- 完成学校或学院的硬性要求：18.01%
- 从众心理的影响，大家都参加了：7.74%
- 获得荣誉或赞赏：17.51%
- 其他：0.51%

图 3-1-6 "您没有做过志愿者主要是因为？"

- 没有机会参与：67.47%
- 没有时间参与：19.03%
- 没有太大兴趣：12.80%
- 感觉没什么用：0.35%
- 其他：0.35%

第三章 大学生集体主义价值观培育的现状分析

71.89%。学生既有为社会贡献的意愿，也能真正落实到志愿行为中去，这一结果体现了大学生投入实践的主观出发点。另一方面，对未做过青年志愿者的这部分学生（322人），调查他们未能做青年志愿者的原因（见图3-1-6）。其中"没有机会参与"占据首要原因，占比67.47%，这一结果则表明客观条件的限制是导致知行分离的首要原因。因此，在真正将理论与实践相结合方面，还有很大的努力空间。

2. 实践活动的开展情况

高校集体主义价值观培育的实践活动渗透在课堂教学以及校园实践活动之中。针对"您都参与过学校开展的哪些集体活动？"这一问题，学生的选择主要是班团活动、社团活动和主题实践活动等传统形式的活动（见图3-1-7）。这说明集体主义实践活动的开展形式有限，还有待进一步创新和研究。

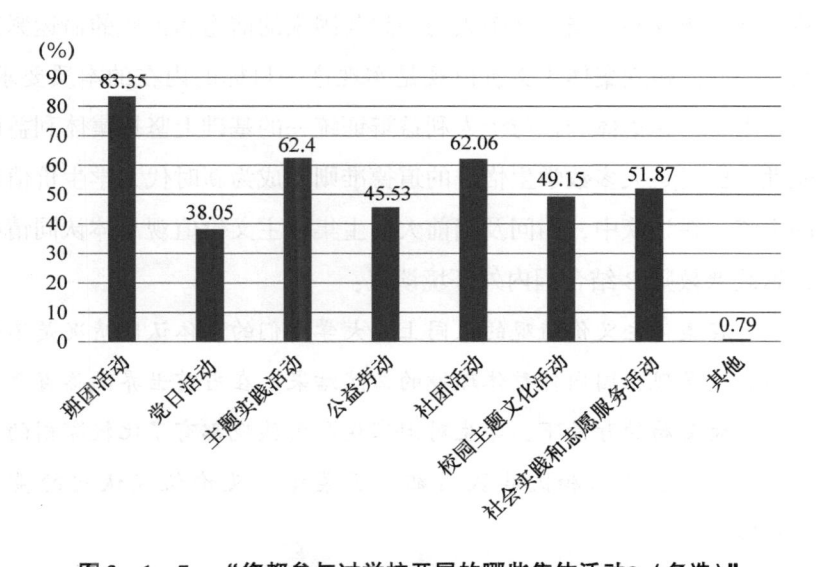

活动类型	百分比(%)
班团活动	83.35
党日活动	38.05
主题实践活动	62.4
公益劳动	45.53
社团活动	62.06
校园主题文化活动	49.15
社会实践和志愿服务活动	51.87
其他	0.79

图3-1-7 "您都参与过学校开展的哪些集体活动？（多选）"

第二节 当前大学生集体主义价值观培育的积极成效

分析问卷调查数据及访谈结果表明，当前大学生集体主义价值观培育工作已然取得了一定进展，呈现出良好的面貌。具体表现为在大学生的集体主义认知、教育队伍的能力素养、思政课教学水平以及学校培育工作优势作用的发挥等方面，已经呈现出良好局面。这些在培育中所呈现出来的良好态势为进一步优化集体主义价值观的培育工作打下了坚实基础。

一 大学生的集体主义认知总体较好

大学生要承担起民族复兴的时代重任，就要有为国家、民族和人民冲锋在前的勇气和担当，将个人的理想与国家的前途和民族的命运紧密联系在一起。树立集体主义价值观是实现这一目标的内在的本质要求。从总体上看，在集体利益与个人利益辩证统一的基础上坚持集体利益的优先性，已经是大多数学生恪守的道德准则，成为新时代大学生价值认知的主流。在访谈中，当问及当前大学生集体主义价值观总体认同情况时，思政课教师 B 结合国内外环境谈道：

在集体主义价值观的认同上，大学生们的总体认同情况是不错的。这是现在国内外整体环境的必然结果。在当前世界面临百年未有之大变局的背景下，学生对国家观和民族观都有了比较深刻的认识。而国家认同和民族认同都属于集体主义价值观认同的重要内容。

思政课教师 C 则从教育的一体化角度说道：

从目前整个集体较为和睦的情况就可以看出来，绝大多数大学生的集体认同是不错的。因为集体主义价值观的培育在中国是一贯式的,从幼儿园就开始培育,保持着从初中、高中到大学的一致性,同时竭力确保学生能够身体力行。

上述结果从宏观上展示了大学生的总体认知情况,同时集体主义价值取向还具有较为明显的个性特征。为了解不同性别、学历、政治面貌、专业、家庭情况和任职经历的大学生在认识集体主义价值观上是否存在差异,笔者以这些要素为自变量,以大学生对集体利益与个人利益关系的认知为因变量进行卡方检验,得出如下结果。

表 3-2-1　　新时代大学生集体主义价值观认知的差异性情况

皮尔逊卡方	值	自由度	渐进显著性(双侧)
性别	23.322a	4	<0.001
学历	6.902a	12	0.864
政治面貌	16.956a	12	0.151
专业	30.383a	12	0.002
家庭情况	5.768a	4	0.217
任职经历	2.740a	4	0.602

正如研究数据所呈现的,性别、专业的显著性数值均小于 0.05,有显著性差异,拒绝两个变量独立的假设,即认为不同的性别和专业影响着个人的集体主义价值取向,因而不能简单忽略这种差异性。对二者进行交叉分析的结果表明,女大学生和文史类专业学生的认知相对更好一些(见图 3-2-1 和图 3-2-2)。而其他几个变量的显著性数值均大于 0.05,接受虚无假设,造成大学生集体主义价值认知差异的影响不大,可忽略。

上述调查结果表明,大学生虽对集体主义价值认知存在个体差异

大学生集体主义价值观培育研究

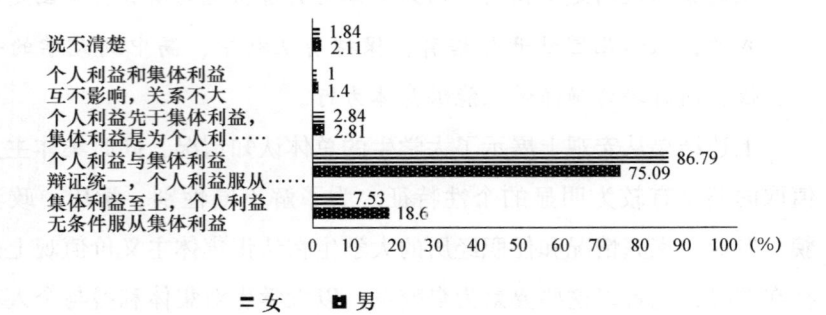

```
说不清楚                               1.84
                                      2.11
个人利益和集体利益                      1
互不影响，关系不大                      1.4
个人利益先于集体利益，                  2.84
集体利益是为个人利……                  2.81
个人利益与集体利益                                              86.79
辩证统一，个人利益服从……                               75.09
集体利益至上，个人利益                  7.53
无条件服从集体利益                     18.6
                    0  10 20 30 40 50 60 70 80 90 100 (%)

                          ═ 女        ■ 男
```

图3-2-1 性别对大学生集体主义价值认知影响的情况

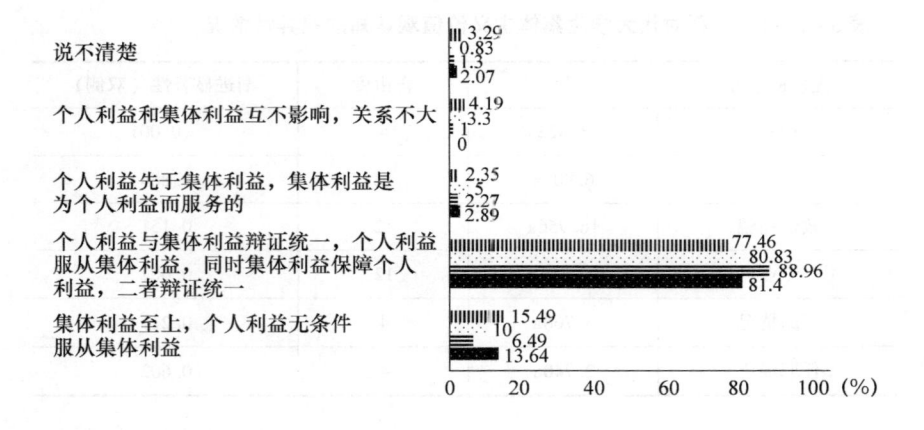

```
说不清楚                                    3.29
                                           0.83
                                           1.3
                                           2.07

个人利益和集体利益互不影响，关系不大         4.19
                                           3.3
                                           1
                                           0

个人利益先于集体利益，集体利益是            2.35
为个人利益而服务的                          5
                                           2.27
                                           2.89

个人利益与集体利益辩证统一，个人利益                          77.46
服从集体利益，同时集体利益保障个人                             80.83
利益，二者辩证统一                                              88.96
                                                             81.4

集体利益至上，个人利益无条件                15.49
服从集体利益                                 10
                                           6.49
                                           13.64
                 0       20      40      60      80      100 (%)

              ▥ 其他    艺体类   ≡ 文史类   ■ 理工农医类
```

图3-2-2 专业对大学生集体主义价值认知影响的情况

性，但总体上较为清晰和科学。这为高校有针对性地开展培育工作提供了重要基础，也指明了努力方向。

二 教育队伍的能力素养不断提升

就大学生集体主义价值观培育这一工作而言，涉及家长、教师、党政领导等不同施教者，而仅就学校这一范围而言，则主要涉及教学人员、科研人员、党政领导、管理服务人员等具体教育工作者。不同施教者所肩负的各项工作内容相辅相成、协同推进，有助于发挥集聚效应，建立全方位育人共同体。分析调查结果可以发现，教育队伍的整体能力素养已经实现了一定提升。

教师是进行这一价值观培育工作的主心骨。以思政课教学为例，思政课的教学效果是思政课教师个人能力素养的直接反映，直接影响着学生的认知水平。将大学生对思政课的认同度与其对集体主义价值观的认知情况进行相关性分析，得出显著性小于0.001（<0.05），说明在集体主义价值观培育上，由教育队伍的能力水平所决定的思政课教学状况与大学生的认知情况密切相关。调查中，在关于"大学里开设的思想政治理论课，对您培养正确的集体主义行为是否有帮助？"的回答中，有56.74%的学生选择了"都很有帮助"，还有29.67%的学生选择了"大多数课程都比较有帮助"。这便间接证明了教育队伍能力的提升。在访谈中，无论是思政课教师，还是教育管理部门人员，他们都表示出对自身教学与管理能力的有意识强化，都在力求做好学生价值观的塑造者、引领者和示范者的角色。

综上可知，新时代大学生集体主义价值观培育队伍已然能从完善教学工作任务、深化各项管理职能等不同角度提升自身专业能力，致力于大学生的全面发展。

三　思政课的理论教学水平优化升级

课堂教学是高校培育大学生的最主要方式。思政课课堂是对大学生进行社会主义价值观教育的主阵地。集体主义价值观作为一种社会主义原则是思政课教学的重要内容。思政课教学效果也在很大程度上决定着集体主义价值观的培育成效。新时代，在党和国家高度重视思政课教学的背景下，高校思政课在集体主义价值观的理论教学方面实现了优化升级,总体上取得了学生的认可。具体表现为理论教学在教学内容、教学方式和教育载体方面都实现了不同程度的突破。

(一) 教学内容突出丰富性

内容是教学的核心,集体主义价值观通常以隐性的方式渗透在教育内容之中。因此,对内容的选择与把握在教学的准备与实施过程中就显得尤为重要。针对学校在培育中所覆盖内容的丰富性这一问题,50.51%的学生选择了"很丰富",38.17%的学生选择了"比较丰富"(见图3-2-3)。

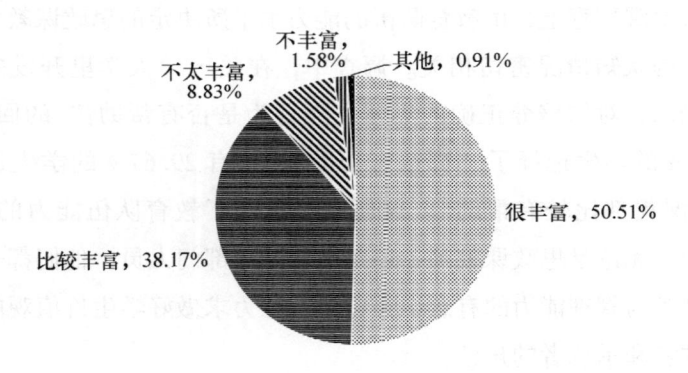

图3-2-3 "您认为学校进行大学生集体主义价值观培育的内容丰富吗?"

在有效挖掘教育教学资源方面,思政课教师D表示:

我们不仅会搜寻一些传统资料,如红色文化等,也从当代寻找案例,比如冬奥会、女排精神等,这些可以从影视资料中找到。还会利用一些校园事件,无论是正面或反面的,都可以利用起来对学生进行教育。

显然,在新时代的课堂教学中,丰富的教学内容已经成为一大优

第三章 大学生集体主义价值观培育的现状分析

势。伴随着外部环境和学生的变化,教学内容还要不断贴合实际,推陈出新。

(二) 教学方式呈现多样化

运用和探索正确有效的教学方式,是思政课课堂教学的内在要求,是思政课教师的必备素养,也是提升教学亲和力、吸引力、说服力和感染力的必然要求。在问卷中,学生表示教师使用频率较高的几种教学方法主要有讲授法、对话法、案例分析法和小组讨论法(见图3-2-4)。

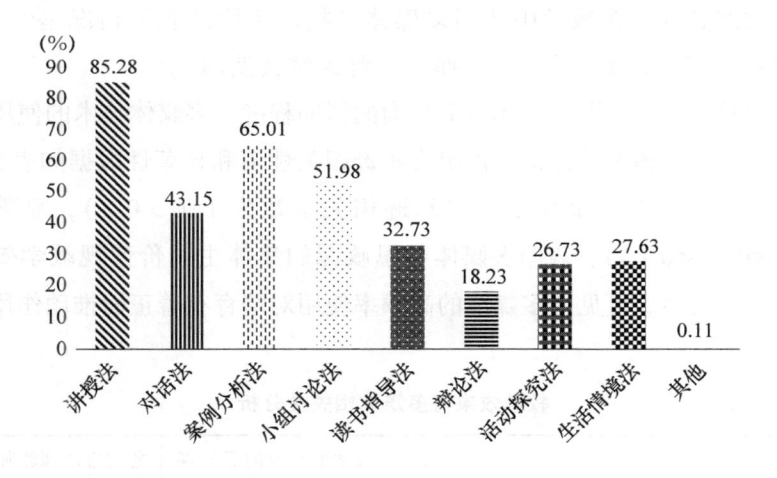

图3-2-4 "在课堂教学中,教师传输集体主义价值观比较常用的教学方法是?(多选)"

思政课教师E根据自身教学经验表示:

我一般会利用课堂汇报、拍视频等需要团队协作的集体活动方式。但是效果是不确定的,也存在着一些"搭便车"的现象。还有就是鼓励学生参与到各类体育活动或比赛中以缓解人际关系,培养对集体荣誉的向往。

可见,新时代思政课教师在教学中不再纯粹强调以教师为中心,而是善于将传统与现代的教学方法融合起来使用,注重学生主体性的发挥。

(三) 教育载体注重新颖性

载体是思政课教学的必备要素。教学内容的讲授、教学方法的使用都离不开特定的教育载体。要使集体主义价值观培育由被动转向主动,确保思政课课堂教学的渗透力和影响力,就要不断创新教育载体的形式。随着网络和信息技术的快速发展,多媒体以其交互性、便捷性和生动性等优势,成为课堂教学的新型载体。在调查中,针对"您的思政课教师们在教学中使用多媒体等技术手段的总体情况是?"这一问题,有82.11%的学生选择了"都经常会使用"。

同时,将思政课对集体主义行为的帮助程度与多媒体技术的使用情况进行双变量相关性分析,得出皮尔逊相关性值和显著性数据如表3-2-2所示。数据结果显示,皮尔逊相关系数为1(>0.8),显著性<0.001(<0.05),表明多媒体与思政课的集体主义价值观教学效果呈现正相关性。可见,多媒体的高频率使用对培育有着正面推动作用。

表3-2-2　　**教学效果与多媒体相关性分析**

		大学里开设的思政课对您培养正确的集体主义行为是否有帮助?	您的思政课教师们在教学中使用多媒体等技术手段的总体情况是?
大学里开设的思政课对您培养正确的集体主义行为是否有帮助?	皮尔逊相关性	1.000	0.196**
	显著性(双尾)		<0.001
	个案数	983	983
您的思政课教师们在教学中使用多媒体等技术手段的总体情况是?	皮尔逊相关性	0.196**	1.000
	显著性(双尾)	<0.001	
	个案数	983	983

这些数据和访谈内容显示出高校思政课课堂教学过程中的合理性,

奠定了深入理解集体主义价值观的基石，有助于不断改进和完善理论教学。

四　学校培育的优势作用得以发挥

学校通过多种形式和载体对学生进行集中培育和管理，是学生接受教育的主阵地。虽然学校教育阶段的生活只是个人成长过程中的一个阶段，在这一阶段中也并不是每个个体都能够完成自身价值系统的完整建构。但是，却没有任何一个实践场域比学校更适合为个人铺筑价值观建设的道路，也没有哪一个实践场域像学校这样更具备集体协作精神培育的纯净环境。高校作为学校教育的最终环节，更是引导青年成才成人的重要场域。集体主义价值观以隐性的形式渗透在高校教育和管理的各个环节和方面。因此，高校教育在大学生集体主义价值观的塑造中有着举足轻重的作用。从当前的宏观情况来看，高校培育集体主义价值观较好地发挥了资源优势、环境优势和管理优势。

（一）学校培育的资源优势得以发挥

学校是各种思想观念的聚集地，集体主义价值观的培育应当建立在丰富的教育资源的基础上。一方面，资源是学校教育内容的来源，影响着教学内容的丰富性。另一方面，学校教育内容的效果在很大程度上反映出学校对集体主义资源的发掘和使用情况。

调查中，在对学校培育内容的理解情况方面，53.11%的学生认为"非常贴近生活实际，很好理解"，41.34%的学生认为"比较贴近生活实际，可以理解"（见图3-2-5）。可见，学校善于从生活中寻找教育资源，大学生对学校培育工作的认可度也比较高，这也从侧面反映出了高校在教育教学相关资源的挖掘和使用方面效果较好。

（二）学校培育的环境优势得以凸显

从根本上讲，学校是社会设立的一个公共机构。这一机构的设立应当以维护生活和促进社会福利方面发挥特定作用为目的。因此，学校承

4.76%　0.79%

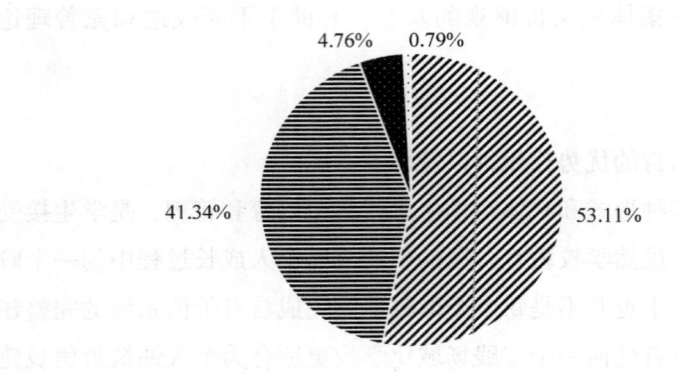

41.34%　53.11%

- 非常贴近生活实际，很好理解
- 比较贴近生活实际，可以理解
- 不太贴近实际，较难理解
- 脱离实际，很难理解

图 3-2-5 "您认为学校进行集体主义价值观培育的内容好理解吗？"

担着道德化育的责任。个人的价值观并不是从头脑中自主产生的。学生良好价值观的养成依靠优良环境的支持，优良的环境是良好价值观养成的沃土。在社会主义社会的大环境下，校园的德育环境是助力大学生养成集体主义价值观的外在条件，只有满足这一外在条件，才能将集体主义价值观培育的主客观相统一。为建构大学生集体主义价值体系，为培育大学生的集体主义行为习惯引领方向，选择好的高校教育环境是大学生道德教育无以取代的历史使命。健康的学校环境能把学生凝聚成团结奋进的集体，对集体的认同度则反向凸显环境的作用。在数据分析中，学生对不良"小团体"的认知表明班集体已经得到了多数学生的认同，继而凸显出高校培育价值观的环境优势。思政课教师 G 在访谈中也提道：

> 观念的东西是社会存在的反映，环境是重要的影响因素。其中，学校是家庭的延续，更为系统化、理论化，起着深化学生认知的作用。

作为和谐社会建设中的重要一环，建设团结和谐的校园环境能够发挥良好的示范和辐射效应，为社会发展提供人才保证和价值支撑。

上述调查结果表明，新时代高校的校园环境在培育学生价值观层面所发挥的作用已经获得了思政课教师和学生的一致认可，有着自身的独特优势。

（三）学校培育的管理优势得以实现

管理育人是学校育人的一个重要环节，良好的管理能够助力集体主义价值观的教学。制度建设和活动管理是学校管理的主要方式。对"当有人做出有利于他人或者损害他人的行为时，学校会怎么做？"这一问题的回答中，75.08%的学生表示学校会"对利他行为进行奖励，对损害他人的行为也有相应的处罚"。同时，学生对学校开展集体活动情况的选择也表明，学校的集体活动已经覆盖了班级、社团、校园、社会等不同层次和范围的集体，呈现出多样化的特征。

高校教育行政管理部门人员a表示学校在教育管理方面已经形成了以下设想并正在全力落实：

> 一是加强课程思政建设。形成由教育处牵头，马院参与，宣传部、组织部、纪委、研究生院协同的全方位建设局面。二是组织校园文化活动。通过科技文化艺术节、文体活动、学术报告讲座等寓教于乐，形成良好的集体氛围。三是开展社会实践活动。四是探索"家—校—社"三位一体的协同机制，构建三全育人的大思政格局。

由此可知，高校在教书育人、环境育人和管理育人方面已经有了一些初步成效，彰显了新时代的活力与特征，有望发挥积极的价值引领功能。

第三节　当前大学生集体主义价值观培育中存在的主要问题

新时代，尽管大学生集体主义价值观的培育工作已在多方面取得了积极成效，但是仔细分析问卷调查数据和个别访谈结果，仍存在一些消极方面。在学生的价值认知领域、校内外情感化育工作、校园集体意志的培养和教育的知行统一等方面，仍有一些未能完全解决的现实问题。

一 认知领域的矛盾未能完全化解

前述论证中提到，大学生虽然在集体主义认知层面存在着性别和专业的差异，但他们整体上都能够认同并理解集体主义价值观。新时代的大学生是在良好物质条件下成长起来的一代，他们思想的包容度和开放性较强，但也存在着个性化和自我意识不够成熟等鲜明特征。在大学生的价值认知领域，个别学生还存在着多元的价值取向与一元的价值导向、理想的价值追求和实际的价值选择、利他的行为表现与利己的道德心理等潜在矛盾冲突，这些问题还未得到充分化解。

（一）主流的价值导向与多元的价值取向之间存在冲突

道德价值导向有别于一般的社会个体成员、某个集体或某个群体的价值取向，它是面向整个社会推行的一种统一的价值取向，对社会全体成员都具有"导向"性，因而对整个社会成员都具有引导、制约和限制的作用。[①] 集体主义价值观并不是中国社会所具有的特殊价值观，但在我国，它是具备中国特色的社会主义价值观念，是立足当下又面向未来的主流的价值导向，这是目前大学生已普遍能够认识到的。然而，随着个人责权的逐步明晰，学生的自我价值意识觉醒，在人生态度和价值观方面形成了自己的看法和见解。

市场经济的大环境下，多元文化形成的各种价值取向间相互较量，同学生的思想观念进行交织、融合。一些价值观念在现阶段仍具备一定的现实基础，极具迷惑性。这便造成了部分学生对集体主义价值认知的

---

① 张宝林：《论社会主义市场经济条件下的道德价值导向》，《河南机电高等专科学校学报》1999年第4期。

曲解，削弱了集体主义价值观的凝聚力和号召力，继而造成主流的价值导向与多元的价值取向之间的矛盾。思政课教师 E 在访谈中针对这一问题也指出：

> 主要的问题是现在各种价值观充斥在社会中，学生的个性凸显，对集体主义价值观的认同来说是一种挑战。但是，学生的个性并不等同于个人主义，更不等于反对集体主义价值观，这是需要注意的。

承认多元价值观的客观基础和现实存在，并不意味着先前存在的各种价值取向都是合理的、正确的。我们倡导以集体主义价值观为社会的主导道德原则和价值观念，并不是抹杀客观存在的多元文化，但也并非等同于赞同和支持个人主义、利己主义等落后于时代发展的价值观。尽管如此，不可否认的是，多元文化形成的各种价值取向作为社会主义核心价值观建设中的暗流，已然构成大学生集体主义价值认知的压力与挑战。

（二）理想的价值追求和实际的价值选择之间存在距离

理想的价值追求着眼高处，表示的是一种最高层次的集体主义境界，是一种目标指向。而实际生活中的价值选择更关注现实，是社会生活中的集体主义表现，是一种现实反映。新时代，大学生能够从人生意义的高度看待较高层次的集体主义理想，肯定人的价值在于贡献，认同其存在的重要意义。在学习、择业等真实选择中却又倾向于个人利益的获取和自我需求的实现，导致集体主义价值观的边缘化。学生对于理想的价值追求和对实际的价值选择之间的距离，造成了理想向现实转变的困境。

一方面，学生主观上没有努力向理想的价值追求靠近。学生的主观努力是形成集体主义价值观的内部的、稳定的且具有可控性的决定因素。在针对大学生参与团队合作项目积极性的调查中，仍有 14.5% 的被调查者表示自己只会"做好团队分配给自己的那部分任务即可"。甚至还有学生表露出根本不愿意参与团队合作类项目。说明大学生提升自身集体主义价值水平的积极性有待加强。另一方面，客观条件限制了学生向更高的价值追求靠近。客观条件是大学生形成集体主义价值观的外在的、不稳定的且不可控因素，却在价值观形成中有着现实的影响力。正如前述数据分析中所指出的，"没有机会参与"造成了理论与实践的脱节，也限制了学生价值水平的提升。高校教育行政管理部门人员 a 在谈及培育困境时也表示：

> 当前做好大学生的集体主义价值观培育工作既需要加大对思想政治教育人、财、物等方面的投入，也需要扩大实践在学分、学时上的比重。

理想的价值追求虽离现实有一定的距离，但也并非遥不可及。客观承认理想与现实的距离以及理想变为现实的长期性和艰巨性，并不等于摒弃理想价值追求的现实性。调查结果表明学生在价值追求与现实选择上的差距较大，导致集体主义价值认知面临着冲击。

（三）利他的道德行为同利己的道德心理之间存在矛盾

在践行集体主义价值观的实践中，学生一般都能够做出以利他为表现的道德行为，但就其动机而言，却并非都以利他心理为出发点，部分学生以狭隘的自利心理为内部驱动力。大学生集体主义价值观的培育应当是道德判断与道德行为的和谐统一。这种利他行为往往在追求个人效能最大化的心理下产生，本应是利他的道德行为却成为利己的功利心理的掩饰，显然与集体主义价值观培育的本质相悖。在调查中，有过志愿服务经历的大学生表示，"希望锻炼自身的某种能力""可以拓宽自己的眼界""丰富自己的业余生活"和"在评奖评优中获得加分"是其参与志愿服务的主要原因，暗示了其以服务集体成就个人的目的，说明其并未深刻体悟到志愿服务的多元价值。在访谈中，思政课教师 F 针对课程教学困境时也提道：

> 这一价值观培育的实际效果很难考察。思政课一般只能通过期末

的闭卷或开卷考试的方式进行评价，但是事实上，学生所填写和提交的答卷并不一定是他所想所做的。如果说采取问卷、访谈的方式，效果也有限。一个是教师本人教学科研任务重，精力不足。另一个是学生往往知道"好"的答案是什么，就无法展现出最真实的情况。

个体追求自身利益本是无可厚非的事情，当前社会也提倡个人通过奋斗提升自身素质和实现自我价值。但倘若大学生一切都以自我为出发点，只是在表面上迎合主流，长久发展下去，可能会动摇大学生集体主义价值认知的稳定性，造成虚伪的社会氛围和学生对个人利益之外事务的漠然，继而走向背离社会主导价值取向的个人主义。

二 情感协同的育人作用未能充分发挥

如今，就大学生自身树立价值观念的渠道而言，逐步从高校内部的教育教学延伸到学校外部的家庭、同伴、社区、网络等更多不同渠道的影响。集体主义价值观培育不是空洞的说教，而应当在家庭生活、学校教育、社会体验中培养集体主义情感。从整体上看，新时代背景下学校同家庭、社会等各个主体在整体上已然形成了比较关心集体的良好德育环境氛围，但在相互之间并未形成牢固的情感纽带，表明大学生集体主义价值观培育工作的情感育人作用未能充分发挥。学校内部、学校与家庭之间、学校与社会之间的协同育人情况并不尽如人意。

（一）学校内部的合作性不足

于学生而言，校园生活的真实感与体验感是其树立价值观念与落实实际行动的重要来源。于教育者而言，学校则是其培育和传播集体主义价值观的关键领域。尽管前述论证中表明，学生对班集体的认同在一定程度上推动了校园环境自身优势作用的发挥，但是学校培育环境中仍然存在着教育队伍之间的联系不够紧密、教学课程之间的关联不够密切等现实问题，阻碍着这种合作优势的进一步发挥。

教师是学生价值观培育的组织者、实施者、引导者和示范者。教师对学校教育的影响既体现在理论教学内容的传授中,也反映在教学合作中。在学生对思政课教学印象的调查中,大多数学生对此都表示肯定和认同,但依旧有20.27%的学生表示"理论性较强,实践性不足",在激发兴趣和启示创新等层面仍有所欠缺(见图3-3-1)。在实践层面,尽管教师队伍在整体的质量上已有提升,但集体主义价值观的培育工作往往被简单局限于思政课教师或者教育行政管理人员等某一个人或某一类群体,相互之间情感沟通的缺乏容易导致实践活动开展过程中的情感黏性不足。学校内部教学与管理者群体之间这种情感凝聚力和示范性的式微,同样不利于提升教育队伍的整体力量。

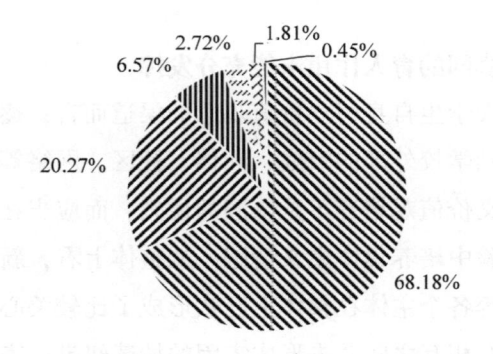

- 理论与实际相结合,整体效果比较好
- 形式比较单一,难以激发兴趣
- 大班教学,对个体差异的关照不足
- 理论性较强,实践性不足
- 缺少创新性,照本宣科较多
- 其他

图3-3-1 "您对学校在思政课中进行集体主义教育的整体印象更倾向于?"

在针对思政课教师的个别访谈中可以发现,高校内部的课程之间也缺乏相互联系和贯通,从而影响着大学生集体主义价值观培育的前后一致性。专业课程以理论知识的获取为第一目的在情理之中,但其对情感化育作用的忽视则令人唏嘘。如在专业课程的教学中,教师大多关注学生个人在学术研究方面的进展情况,少有教师能够真正做到在专业教学之余利用合理的组织形式充分挖掘集体主义价值观相关的情感资源，探索其同思政课程的衔接性，长此以往，必将导致学生对集体合作的漠然。正如思政课教师 B 在访谈中提出的：

> 各门课程教学中对个人奋斗意义的强调与集体主义价值观培育中对付出价值的凸显有时候是难以相互印证的。因为奋斗往往强调的是个人的奋斗，付出则是对他人或集体的贡献。在个人奋斗的同时，如何加强与集体的联系，体现对集体的奉献，这是当前面临的一个关键问题。

（二）家庭与学校的配合度不够

大学生的道德成长离不开家庭，家庭是价值观形成的最初领域，家庭的教育观念折射出家长的教育认知，决定着家长的教育方法，于无形中浸润着大学生的价值观，是大学生形成集体主义价值取向的第一要素。相较中小学阶段而言，家庭教育在大学阶段的价值观培育中退居二线，但对大学生集体主义价值观培育的基础作用和情感影响却不能视而不见。家庭与学校在教育理念、具体需求方面的差异是家庭与学校情感协同问题的突出表现。

家长在言行举止中所反映出来的情感取向，在很大程度上影响着学校集体主义价值观培育的实际效果，而只有二者的结合才能发挥出最大的正效应。有些家长口头上认同社会主导价值观念，但出于对子女现实利益的考量与担忧，在实际教育子女的时候则会采用实用主义与功利主义的做法，鼓励子女在面对有关价值抉择问题的时候作出自我利益最大化的选择。[1] 调查数据也证实了这一结论，面对集体活动与个人学习相冲突的状况时，43.04% 的学生父母会采取兼顾二者的态度，占比最大。同时，有 18.69% 的父母仍然坚持"学习第一，不能因为参加活动耽误学习"的观念，占比第二。思政课教师 H 在访谈中也指出：

---

[1] 吴宁：《当代大学生价值取向调查研究》，中国社会科学出版社 2022 年版，第 185 页。

家庭教育中父母比较务实，常常会传递一些比较务实的观念。将分数的高低视为是否优秀的标准。在教育内容上，也往往呈现出偏重智育、轻视德育的情况。长此以往，就会对学生的价值观塑造构成影响。

由此观之，追求优异的学习成绩而忽视良好价值观养成的家庭教育理念是大学生集体主义价值观水平先天性不足的重要原因。高校教育管理工作者 h 老师也表示，如何在短时间内平衡家庭教育理念与学校教育理念之间的差异，是目前亟须解决的现实问题。此外，不同学生对家校配合的需求程度本就不同，正如思政课教师 J 所指出的：

　　家庭和学校的合作建立在学生所反映的问题上，优秀的学生一般不涉及家校的沟通协调。这也是当前家校合作的片面性所在。

智育与德育的统筹协调是教育的终身话题，部分家庭对道德教育的情感疏离与学校培育中所倡导的全面发展的目标不统一，无法在学生内心建立起价值观念的同一性，给当下大学生的集体主义价值观培育工作带来了现实冲击。

（三）社会与学校的协同性欠缺

社会环境是塑造大学生形成自身价值观的大背景，在潜移默化中影响着个人的价值观。新时代大学生集体主义价值观培育作为一项教育事业同样离不开社会发展的大环境，受到社会因素的间接影响。思想活跃的大学生在各种价值观念并存的社会中生存，需要较强的辨别力。从辩证的视角来看，当前社会发展环境在大学生集体主义价值观培育中有着其合理的一面，但趋利的社会交往行为和复杂的网络社会环境也暴露出了一些问题，致使社会在集体主义价值观培育中产生了与学校教育间的裂痕。

一是趋利的社会交往行为消解着学校教育培养中形成的学生对集体的信任感。在对"您认为当前社会整体的人际交往最倾向于哪一种"的回答中，有34.43%的学生在肯定大多数人比较真诚的同时，也不否认存在自私自利的情况。社会人际交往关系是个人与集体关系的表达。

将学生对社会人际交往状况的认知同他们对集体主义价值观的认知进行简单相关分析，得出皮尔逊相关系数为1，显著性值为<0.001（<0.05），表明二者之间呈现高度正相关。价值规范大多是从人际交往中习得的，社会交往中人际关系所体现出的自私自利的情况与学校教育中对集体的肯定和赞扬相悖，容易消解集体感召力，对高校大学生集体主义价值观的培育工作不利。二是复杂的网络社会环境侵蚀着学生的集体主义情感取向。网络平台是思想表达的窗口，它的快速发展为集体主义价值观的传递和培育提供了便捷渠道。网络环境的影响隐匿于网络平台的使用之中。在对网络平台教育效果的考察中，仍有21.86%的学生表示"效果不明显，往往流于形式"，还有学生表示"影响了课堂学习效果"（见图3-3-2）。网络形式拓展了新时代大学生学习的广度与深度，网络平台也的的确确在积极推进价值观建设，但由于未与学校教育相统筹和对大学生真正需求的漠视，导致其与学校教育的情感协同作用发挥得还不够到位。

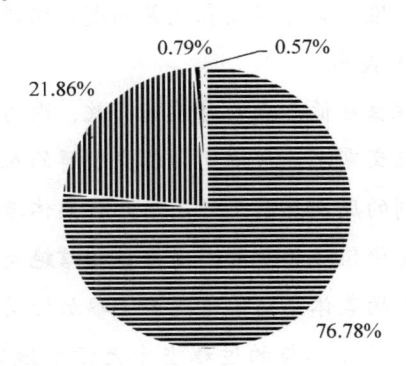

= 起正面作用，有效提升了教育的趣味性　‖ 不好不坏，效果不明显，往往流于形式
▬ 起负面作用，影响了课堂学习效果　　∵ 无所谓

图3-3-2　"相较于课堂第一阵地，您认为网络等新媒体平台的教育？"

三 集体的意志教育功能未能深入开发

集体组织开展的具体活动是提高大学生集体主义价值观水平的重要途径和方式,而这一统筹规划、系统开展过程也是锻炼学生集体主义意志品质的过程。建设层次多样、目标一致的校园集体是一项长期的工程。长久以来,校园集体的教育功能已经得到了一定程度的重视,发挥了不可忽视的重要价值。然而,不同集体在学生集体主义意志培养方面的教育功能,尚未得到深入开发。

(一) 班集体的凝聚力有待稳固

班级是微型的集体,也是高校集体组织中最基层的正式单位。作为学生能够接触到的最直接、最紧密的集体小环境,优良的班集体小环境是学校良好大环境形成的基础和前提。作为根植于班集体这一非营利的组织并用来建设班集体环境的重要方式,开展班集体活动具有更高的道德范畴的内涵,如能够强化大学生的集体凝聚力,加强班集体的核心竞争力,并反过来成为推动集体发展和完善的重要途径。在谈及班集体活动时,思政课教师 A 表明:

> 集体活动往往在低年级的时候更有效,因为那个时候他们有班级同学之间的社交需求。当他觉得想要了解的人已经了解得差不多了,想要结交到的朋友也结交到了,此时集体活动就比较难达到培育学生集体主义价值观的效果。因为我相信绝大部分学生不可能说是为了培育自己的集体主义价值观而去参加活动,他一定是有自己的一些需求,然后在参与的过程当中无意识地建立了集体主义价值观。

同时,将调查对象所处年级与学生处理班级集体活动和个人计划的交叉分析结果也表明,大一的学生更愿意优先考虑班级集体活动,随着年级的上升,这种意愿呈现出轻微的波动式下降。(如表 3-3-1) 这说明,班集体前后连贯一致的意志努力尚且不够稳固,还不能稳定地发挥自身优势。

表 3-3-1　　　不同年级的大学生在处理集体活动与
　　　　　　　　　个人计划时的选择情况　　　　　　单位:%

	大一	大二	大三	大四
优先考虑班集体活动，调整个人计划	56.08	45.45	50	48.53
继续遵循个人计划，不参与集体活动	2.03	2.67	8.33	4.41
尽量做到两者兼顾	41.89	51.87	38.89	45.59
其他	0	0	2.87	1.47

（二）领导集体的引领力有待提升

学生意志的强化不能仅依靠学生的自我管理，还需要教师集体的外在约束。高校的领导集体是教育和管理等领导者的集合，是高校集体中最高层的单位。对大学生的集体主义价值观培育来说，高校领导团队要负领导和凝聚各方集体力量的责任。领导班子有共同的目标导向，能为推进高校发展齐心协力、无私奉献，就是大局意识和团队精神的集中体现。此外，领导集体带领下的教育管理机制建设得越健全，越能在宏观层面引领正确的方向，确保大学生的集体主义价值观培育工作落到实处，产生实效。

新时代，在高校领导集体的组织带领下，思想政治教育工作已经得到了一定程度的巩固和完善。这便为贯彻落实集体主义价值观培育事业拓宽了渠道，但相应的教育管理机制尚且不够完善。如在考察学校对利他或损害他人行为者的做法的调查中，共计14.95%的学生认为学校或缺少对利他行为的奖励，或缺少对损害他人行为的处罚。由此可见，领导集体在机制的建设和运行方面还不够完善，这加大了学生坚定正确的集体主义价值观判断和行为的难度。

四 教学知行合一的目标未能彻底实现

行为是认知、情感、意志的外在表现和根本指向，它是个人养成集体主义价值观和整个社会建设集体主义价值观的必要前提，有助于提高大学生的思想道德素养。大学生能够在知与行的循环中获得真实的心理感受和情感体验。理论认知能够引导行为实践，使行为实践沿着正确的轨道进行。而行为实践则能够有效化解认知冲突，将学生内心的自我认知意向转化为集体主义价值导向，并进一步深化行为实践，从而真正践行和落实正确的集体主义价值观。因此，集体主义价值观培育不能仅停留在口头上或者书面上的理论灌输，而要用现实的行为去充实和检验。其最终目的在于让学生从切身的体验中感悟集体主义价值观的科学性，以便提升对集体主义价值观理论的认知深度。不过，目前在教师的教育方法、教学评价以及学生的学习方式方面，理论与实践的结合远远不足，尚未真正实现。

(一) 教师教育的知行分离现象

1. 教学方法的知行分离现象

脱离了理论的教学是空洞的，离开了实践的教学则是盲目的。因此，教师的教学活动不只是脱离实际的纯粹的理论指导。知行合一的集体主义价值观教学才是真正科学有效的。在调查学生对思政课中集体主义教育的整体印象时，仍有20.27%的学生认为"理论性较强，实践性不足"。同时，教学中的实践活动作为帮助大学生深入社会一线、深化理论认知，进一步了解社情民意的重要方式，能够有效发挥增强学生的集体意识和社会责任意识的作用。然而，大多数教师在传输集体主义价值观时以其个人的理论讲授为主，活动探究法、辩论法等实践方式虽有所涉及，使用频率却是非常有限。在访谈中，针对有关教学相关的实践活动的开展情况这一问题，教师C表示：

在教学的实践活动方面，我们也在积极建设产、学、研相结合的大学生课程教学实践基地，从而推动生产、教学与科研的深度融合。但是事实上，由于课时和经费有限、时间和精力不足等原因，在实际的建设开展中还存在很大的困难和阻碍。

由此可见，教学过程中知行合一是一种理想的追求，而在实际的教学中知行分离才是一种客观存在，当下如何去缩小这一教学理想同教学实际间的距离也是大学生集体主义价值观培育面临的难点问题之一。

2. 教学评价的知行分离现象

评价是根据一定标准进行价值判断的有计划、有组织的活动。新时代大学生集体主义价值观的培育是一种意识形态教育，一般难以通过量化的方式加以考察。教育者若是单纯依靠笔试或面试等来强调"知"的标准而忽视"行"的规范，既容易使学生止步于"知"，忽视"行"的重要性，也无法掌握学生价值观的真实情况。针对教育考评方式的调查结果显示，"结合考试或作业成绩和平时出勤情况打分""出勤、课堂汇报结合期末考试或作业综合评价""考试或作业成绩和课堂汇报相结合进行评价"是常用的三种考评方式，分别占比37.60%、31.03%和16.76%（见图3-3-3）。这一调查结果表明，集体主义价值观培育仍旧以理论考核为主，学生的行为尚不构成评价的主要依据且考试成绩的评定虽可全面巩固所学理论知识，但也容易给学生造成一定的复习心理负担，不利于学生在实际行动中践行集体主义价值观。

（二）学生学习的知行分离现象

知行统一不仅是重要的教学方式，也是一种学习方式。主观上，学生不仅要对集体主义价值观有正确认知，还要明确其行为的价值意义，从而实现用集体主义认知指导集体主义行为，用集体主义行为深化集体主义认知。从理论上分析，对集体主义价值观的认知越好，做出利他行为的可能性应该就越大。大学生参与志愿服务活动，一方面能够在帮助和服务他人的过程中感受到自身对他人和社会的存在价值，增强社会责任感，另一方面也能够感受到他人和社会对自己的关心和爱护，优化社

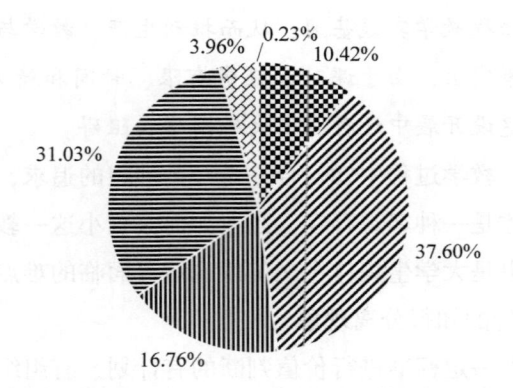

大学生集体主义价值观培育研究

- 单纯依据考试成绩或作业成绩 (0.23%)
- 结合考试或作业成绩和平时出勤情况打分 (10.42%)
- 考试或作业成绩和课堂汇报相结合进行评价 (37.60%)
- 出勤、课堂汇报结合期末考试或作业综合评价 (16.76%)
- 采用学生互评和教师评价相结合的方式 (31.03%)
- 其他 (3.96%)

图3-3-3 "您所上的思政课主要采取以下哪种考评方式？"

会生活体验感。然而，学生对集体利益与个人利益关系的认知与参与志愿服务活动情况的交叉分析结果证明（见表3-3-2），并不是拥有更好的认知水平，就一定拥有更高的道德水平。进行卡方检验得出显著性为0.105（>0.05），这表明在实际中，大学生的认知与行为并不完全匹配，学习中知行合一目标的实现还有很长的路要走。

表3-3-2 大学生集体主义价值观的认知与行为交叉分析情况　　　单位:%

	是	否
集体利益至上，个人利益无条件服从集体利益	74	26
个人利益与集体利益辩证统一，个人利益服从集体利益，同时集体利益保障个人利益，二者辩证统一	67	33
个人利益先于集体利益，集体利益是为个人利益而服务的	68	32
个人利益和集体利益互不影响，关系不大	30	70
说不清楚	47	53

第四节 当前大学生集体主义价值观培育存在问题的原因分析

当前客观存在的一些问题，在构成大学生集体主义价值观培育现实挑战的同时，也为深化这一教育工作指明了努力方向。深入挖掘和分析问题背后的原因，是优化新时代培育路径的重要前提。

一 思政课理论教学的创新意识不够充分

理论教学是高校对学生进行教育的重要途径和关键形式。新时代，在高校的集体主义价值观培育中，理论教学处于先导地位。它主要表现为以集体主义价值观的本质、特征、发展等为内容，以教师主导、学生主体为特点的课堂讲授。学生在价值认知层面存在的问题，在很大程度上源自理论教学的局限性。创新是倍道而进的持续动力。自古以来，在创新中求"变"就是"不变"的真理。理论教学的创新发展程度决定着学生认知的主动性。过去理论教学发挥了巨大的作用，但随着信息化时代的到来，在思政课教学内容、方法、对象等方面存在的创新意识不够充分等情况，导致了学生在集体主义价值认知中的一些潜在冲突。

（一）教学内容的时代性还不够

理论教学在把握内容丰富性的同时，还应关注时代特征。停留在集体主义价值观内涵和外在表现上泛泛而谈容易造成学生在认知上的疲惫感。不少教师已经认识到不断与时俱进更新自身知识库、素材库，适应新媒体教学语境，以形象、生动的潜在方式传递集体主义价值取向的重要性。然而在实际教学中，由于教师自身时间精力有限、理论与素材契合性不强等因素，并没有得到充分的融合和运用。正如思政课教师 M 所言：

> 只有结合时代特征融入相应的专题，在适宜的时机点播学生，

让他自己去思考效果才会更好。不合时宜地硬塞，效果适得其反。

（二）教学方法的创新性还不足

教学方法的多样性不等同于创新性，多种传统教学方法的使用也未必能够把握时代脉搏。集体主义价值观的培育并非只是师生间理论知识的交互，更是精神上的碰撞、行动中的强化。要使教学过程免于理想化、泛知识化，还需因时而进，不断探索和使用新型方法，促使学生能动地去选择和认同集体主义价值观。在普遍大班化教学的背景下，为保证课程教学能够按照教学计划开展，顺利完成知识传授的目标，教学方法总体趋于保守，通常以讲为主，缺少专题式教学、翻转课堂教学等方法的切换，虽确保了理论的严肃性，却削弱了教学的趣味性和亲和力，继而导致价值观培育功能日渐式微。在调查中，有学生表示理论教学"喊口号"式的刻板印象直接影响着自身投入课堂学习的积极性。思政课教师L也指出：

> 就理论教学而言，无论是在课程目标、教学要求、教学大纲，还是具体的实施步骤、使用的材料方面，很多老师已经做得很好了。但是，学生的兴趣仍旧不大。主要就在于思政课创新不足、单调有余，导致学生将其视为上上课、背背书的课程。

（三）教育对象的针对性还不强

大学生有着其群体的共性特征，但由于理论基础和生活背景的不同，在思想道德观念层面，也保留着其个人的特殊性。基于此，针对不同教育对象进行不同层次的培育必要且十分重要。实际上，针对性教学的开展需要教师花费大量的时间摸清学生的心理特点。一名思政课教师在兼顾多个班级或专业教学的情况下，要做好与学生本人、班主任等人员的沟通交流，还比较困难。

二 教育环境的集体育人功能不够深入

集体主义价值观在经年累月中形成，具有社会历史性。小范围内的

"气候"难以左右大范围的"环境"。因而有效发挥家庭、学校、社会等合力作用需要和谐统一的宏观德育环境，这是集体主义价值观建立、存在与发展的大背景，对协同集体主义价值观的培育工作具有指导意义。情感是知与行之间的桥梁，在集体主义价值观形成和发展中有着陶冶作用，是集体主义价值观养成的重要纽带。德育环境的情感导向影响着德育工作的总体面貌，构成了不同场域中开展德育工作复杂性的根源。现如今，环境的集体情感纽带作用的弱化在一定程度上影响着集体主义价值观培育合力作用的发挥。

（一）社会主义市场经济环境的竞争性

在经济环境的情感导向方面，经济环境与集体主义价值观培育相互作用。集体主义价值观兼顾了社会主义性质和市场经济的本质特征，因而是有助于推动社会主义市场经济平稳健康发展的道德原则，是社会主义市场经济在观念形态上的必然要求。社会主义市场经济是集体主义价值观的现实基础，极大地影响着人们的思维方式。从根本目标来看，社会主义市场经济为的是实现全体人民的共同富裕，同样蕴藏着集体主义的情感导向。然而，从发展过程来看，社会主义市场经济所表现出的对社会物质财富和人的物质利益的追求，加速了社会主义道德建设中的功利化和务实化倾向。原因在于，竞争机制作为市场配置资源的三大机制之一，是实现经济发展的重要途径，而巨大的竞争压力和市场经济的优胜劣汰机制，使得大学生在面向社会利益竞争时不得不更加注重自身能力的培养以提升个人竞争力。大学生在发挥个人主动性和创造性的时候，若缺乏正确的引导，便会直接或间接地造成同高校教育理念的冲突，解构集体主义价值观对青年大学生的吸引力。造成大学生对集体重要价值的忽视，将竞争视为实现个人利益的渠道，甚至逐步陷入自我中心主义和个人主义的错误认知。针对经济环境对培育工作的影响，思政课教师 I 指出：

主流的大的经济环境是有利于培养集体主义价值观的。当然，也存在一些不一致的地方。市场经济说到底需要竞争，越来越多的大学生也更加具有竞争意识。若不对大学生的竞争观加以合理地引导，也可能会导向个人主义。

(二) 和平发展的国内环境与动荡不安的国际形势

在政治环境的情感导向方面，在适宜的政治环境下，大学生总是容易形成具有鲜明政治色彩、反映时代主题的价值观。[①] 因此，国内外和谐的政治环境对我国高校的大学生形成正确的集体主义价值观有着直接的教育引导作用。当前国内外政治环境在集体主义情感导向上呈现出对抗局面。就国内政治环境来说，风清气正的民主政治环境成为我国改革发展的重要保障，和平的发展环境能够激起大学生建设祖国和为社会服务的热情。国内政治宣传话语中也比较注重对集体主义精神的强调。然而在国际上，共产主义发展的不稳定形势却在不断冲击着包括集体主义价值观在内的共产主义世界观、人生观和价值观。一些资产阶级腐朽思想冲破思想政治教育防线，渗透进高校，于无形中解构着大学生对集体主义价值观的正确认知，导致校园内部意识形态的认同危机。高校教育行政和管理部门工作者 c 老师提道：

> 在国外社交平台上，一些国家时常通过舆论引导抹杀社会主义、共产主义的价值。因此，学校在参与网络监管工作的过程中，也会更加关注学生的有关政治言论，并给予引导和约束。

(三) 多元文化环境的两面性

在文化环境的情感导向方面，文化环境承担着价值观形成的土壤作用。文化是价值观的现实来源和载体，世界文化的多样性和差异性构成了多元化的价值观。文化的多元，价值观念的多样，为避免陷于某种价值观的禁锢中，就应倡导多元主义的理念。在先进与落后文化交织，本土与外来文化交锋中实现蜕变。新时代，我国开放、包容的文化环境既

[①] 张佳亮编：《大学生价值观教育》，辽宁大学出版社2010年版，第25页。

满足了社会成员的多元需要，也日益成为稳定集体主义价值观的精神挑战。

一方面，以湮灭历史为特征的历史虚无主义现象弱化了集体主义价值观。历史文化中蕴含着丰富的集体主义价值因素，但现实社会中部分别有用心之人对历史文化的解构正消解着大学生的传统文化认同，试图动摇其价值立场。传统文化、革命文化、社会主义先进文化被有心之人搬弄是非、胡乱解读。另一方面，以崇尚西方价值观念为表征的"西化"现象冲击着集体主义价值观。西方敌对势力以文化为载体，借助新型渠道向我国宣扬西方的个人主义价值观念，争取大学生情感上的认同，使集体主义价值观的稳定性受到严峻挑战。教育行政和管理部门人员 d 老师在谈及培育工作的困境时也指出：

  社会上各种文化思潮借助网络社交和线下宣传等多种平台广泛渗透给青年大学生群体，给高校集体主义价值观的培育工作造成了不小的挑战。

（四）消极舆论环境对心理健康的负面影响

在舆论环境的情感导向方面，舆论环境是影响个体心理发展的重要环境要素。它与价值观形成有着千丝万缕的联系，健康向上的舆论环境能够有效激发学生的集体主义行为。随着物质生活的基本满足，大学生开始追求精神上的美好需要并且更多关注自身，忽视集体的利益。而在政治思想、经济环境、文化观念的交织作用下，在舆论环境的烘托下，在期盼子女成长成才这一迫切心理的驱动下，不少家长甚至主张个人发展的功利教育。正如上文调查数据所显示的，超过两成的家长对学生个人学业的关注胜于对集体主义精神的培养。他们虽大多在口头上对集体主义价值观表示认可，行为却更加强调个人利益。大学生在家庭环境的熏陶下，往往面临精神追求与现实条件的失衡，有可能会造成心理应激能力失调和心理障碍。特别是在独生子女家庭中，当所有的关心和注意都集中于一个子女身上，更容易催生出任性自私的个性，造成个别学生集体意识淡薄的情况。由此可见，当前部分家庭中集体主义价值观教育的缺位，弱化了学生同集体产生的情感共鸣，从而影响了其落实服务他人和社会等利他行为的能动性。

三 教育机制的支撑制约功能不够稳固

不同于制度，机制是有机体各部分间的关系及其运行方式的表现。教育机制以教育层次、形式和功能为基本类型。高校集体组织的功能发挥是教育机制价值的体现，教育机制的完善也是高校集体组织发挥功能作用的重要前提。高校教育机制在经济体制转变的同时进行调整，有助于社会经济发展和社会主流价值观在高校环境中得以确立和巩固。因而维持集体主义价值观需要调整教育机制，有效发挥其支撑作用。新时代高校教育传播机制、奖惩机制、评价机制等教育功能机制在支撑力度方面存在的问题是限制不同校园集体教化作用的关键组成。

（一）新媒体教学机制尚不成熟

新媒体是一种运用数字技术、通信技术和互联网技术等技术，向外界传递信息服务的传播媒介。[①] 在快速发展的信息化社会中，新媒体能为培育大学生价值观提供更丰富的集体主义内容。同时，包罗万象的新媒体平台也为教育者与受教育者搜集信息、沟通情感提供了便捷渠道，以新媒体为载体开展的教育教学机制也逐步得到普及，并为广大教师和学生所接受和喜欢。因此，巩固新媒体教学机制可以进一步发挥新媒体在大学生集体主义价值观培育中的功能价值，从而提升培育实效。

新时代是全媒体时代，在价值观培育中，传统媒体平台的教育功能已初步显露，但新媒体教学机制还存在很大的改善空间，总体来看尚不够成熟。高校教育管理部门工作人员 a 教师表示：

[①] 崔人元：《新媒体环境下高校思想政治教学创新路径》，《山西财经大学学报》2021年第 S2 期。

由于新媒体教学在教学语境、教学覆盖域和教学互动性等方面较传统媒体已经有了很大程度的变化和突破，大学生集体主义教育如何在保持现有条件的基础上向更具时效性、动态性和互动性方向发展，是新时代大学生集体主义价值观培育面对的一个新机遇，同时也是一个新挑战。

因此，做好新时代大学生集体主义价值观的培育工作，要在新媒体的顶层设计、传播平台的建设管理、使用平台的研究调查、传播效果的考察反馈等方面加强协同创新。

（二）奖惩机制仍有局限

以是否符合集体主义价值观的基本原则为依据，对大学生的行为表现进行监督、约束和奖惩，是深化大学生集体主义意志品质的一种方式。在高校的校纪校规、奖学金评定细则等官方文件中，大多涉及与之相关的细则条目，但其往往作为一种基准被"默认"，并不具备实际的判断价值。理论上是以限制或引导大学生的行为为目的，但事实上效果并不明显，趋于虚名化。现实中，学生的利他行为主要是出于社交需要，并没有上升到尊重和自我实现的高度。教育管理部门人员 g 老师表示：

> 我个人认为一些政策规定能够起到纲领性作用，但如何指导和实施才是最重要的。文字堆砌而成的文件再多不如实实在在搞一次活动，给学生提供一次实践和训练的机会。

还有一些机制存在滞后性。制度从建设到落实的过程中所造成的影响往往是难以弥补的。高校教育管理人员 h 老师提道：

> 学校近几年正在积极建设落实"学位救济"制度，给受过纪律处罚被取消学位授予的学生予以改过自新的机会，目的就是改变后进生的消极态度，防止其"破罐子破摔"。然而，对已经毕业的后进生而言没有学位的影响是无法挽回的。

（三）评价机制不够全面

评价既是一种判断，也是一种引导。评价机制影响着教师的教学目的和学生价值观目标的达成。一方面，传统的教学评价以教育者对教育对象的终结性评价为主，对受教育者本人和教育过程的重视程度不够。调查结果表明，集体主义价值观培育中学生本人的反馈往往不被重视。仅有 3.96% 的学生表示自身的意见被纳入到培育的评价环节之中，这便忽略了学生的实际动机只看重教学的表面效果。由于大学生的行为从动机的确立到实际效果的实现，其中存在着复杂性，纯粹的动机论和典型的效果论都是片面的、偏颇的。[①]

另一方面，现有的评价机制过分强调以知识为表征的书面成绩，忽视了以学生的生活表现、能力差异、主体性表现等为表征的行为表现。数据显示，超过 90% 的教师将考试等卷面成绩作为评价的基准之一。许多大学生的卷面表现同观念认知间还存在矛盾。比如，大学生出于应试需要，一般都会顺应教学内容和教师的出题旨意组织答案以应付考试，而并不一定能够真正将"正确答案"纳入自身的价值规范体系，并通过行为外化。所以，如果想要知道大学生是否真正认同和理解了集体主义价值观，最好的方法是不只通过书面考察其理论知识是否牢固，还要深入地考察其行为变化。

四　集体实践活动的实施情况不够完善

有效的实践活动是价值观理论指导科学性的表现，以培育大学生的集体主义价值观为思想指引开展集体活动，能够达到良好的活动实效。集体本身也形塑着集体主义价值观，是形成这一价值观念必不可少的材料。个人在集体中解决道德冲突问题、体悟集体的凝聚力和感召力，经过反复实践才能使集体主义价值认知更加深刻。实践活动中同他人的沟

[①] 王信泉主编：《大学生思想道德教育研究》，四川民族出版社 2000 年版，第 144 页。

通和交往，有效锻炼了大学生同他人合作的能力，养成了关心他人的习惯，从而培养了他们乐于服务他人和集体的良好道德品质。新时代大学生集体主义价值观培育过程中的知行分离现象从本质上说是由于实践活动的欠缺。实践活动课时量、形式、效果等方面存在的局限性，是阻碍培育工作知行统一的因素。

（一）实践活动课时量不足

高校教育教学中每门课程的课时量有限且较为固定，其中大学生参与课外实践活动的课时量是经过顶层规划与设计后的结果，并不能由教育主体个人所决定。实践活动的具体安排也反映在严密设计的培养方案之中。而就当前的高校教学条件而言，理论教学在教学的场地、教学的效率、教育的实施对象范围等方面相较实践教学依然有着很大的优越性。

从整体上看，当前实践课时量与理论课时量很不平衡，实践活动课时量相对较少。从发展的角度来看，集体主义价值观的养成却是一个长期、反复的过程，只有经过多次践履，才能形成习惯。课时量不足将会直接导致体验不够，继而造成大学生在生活中集体主义认知同自私自利的个人行为相背离的现象。

（二）实践活动形式受限

丰富合理的活动形式能够切实提升学生的热情和参与度。以文娱活动、庆祝活动、体育活动等为代表的校园文化活动是集体主义价值观隐性教育的重要载体，能够自发地且必然发挥着引导大学生形成集体主义价值观的重要作用。社会实践和志愿服务活动锻炼了学生艰苦奋斗的精神品质，有利于促进社会融合，是大学生集体主义价值观培育的有效载体。社团活动则发挥出自身强大的凝聚和吸引作用，将不同专业、不同性格、不同年级的学生聚集在一起，围绕共同的兴趣爱好组织团队活动，是集体主义价值观的天然场所。

理论研究成果表明，有关高校大学生实践教学的学术研究早已不胜枚举，然而现有的实证调查数据却表明，实际的开展情况往往是大打折扣的。校园文化活动囿于传统的形式缺少新意，社会实践和志愿服务活动的顶层设计和宏观管理有所欠缺，社团活动中也存在一些普遍性问题。除此之外，在新时代各种新型骗局和高科技犯罪增多的背景下，为确保活动的安全性，高校的教育者不得不采取较为保守的活动形式。一些新的活动形式则由于相关研究尚处于起步阶段，还未能高效地组织开来。甚至有学生表示，线下课程实践趋于形式化，实效性不强。

（三）实践活动效果不明显

开展实践活动的目的是多种多样的。以集体为单位开展的实践活动能够育集体主义价值观于无形，然而大学生个人进行的行为实践却并不都是旨在提升自身集体主义价值观。从行为上看，大学生在集体中参与同一实践活动，看似并无二致，但是就其行为的最终指向而言却千差万别。不同的指向反映出不同的价值追求。这就意味着，实践活动在深化集体主义价值观认知方面的效果是随机的、不稳定的。非明确以提高集体主义价值观为主要目的的实践活动并不能够很好地实现培育集体主义价值观的效果。针对如何看待实践在集体主义价值观培育中的作用的问题，思政课教师J指出：

>　　实践确实很重要，但这取决于效果如何。如果只是在实践中偶然涉及集体主义价值观，其效果是很难确定的。

由此可见，高校开展实践活动培育大学生的集体主义价值观，其效果如何，在很大程度上仍取决于高校教育者的引导和管理者的监管，学生自发感知的能力依然较弱。如此循环往复，学生便难以主动将集体主义价值认知同行为结合起来。

第四章

改进创新理论教学，深化集体主义认知理解

集体主义认知教育是集体主义价值观培育的首要环节，需要通过科学的理论知识和严谨的教学方式来呈现和完成。大学生的道德认知处于快速发展的阶段，为深化其集体主义认知，就要从强化系统的理论教学处着眼。因此，理论教学是高校集体主义价值观培育的先导。作为理论教学的主要表现形式，课堂教学是高校人才培养的主要渠道和大学生集体主义价值观培育的首要途径。新时代，课堂教学的内容和形式发生了深刻变化，但其理论灌输的本质并未改变。课堂上对集体主义理论知识的讲授过程，是大学生接受话语阐释、感知理论魅力的过程，也是接纳吸收其中蕴含的道德价值的过程，有助于塑造集体主义价值观。然而在新时代，大学生的集体主义价值观培育工作在呈现出崭新面貌的同时仍存在着认知矛盾等现实问题，究其根源，在于课程教学的实效性不高。

思想政治理论课（以下简称思政课）以知识传授和思想引导为使命，其在大学生集体主义价值观认知教育中的作用不言而喻。课程思政则是思想政治教育在专业课中的延伸，是一种育人与育才辩证统一的崭新教育观念，同时也是新时代价值观教育的重要载体与路径。[①]

[①] 张波：《培养完整的人——课程思政导向的价值观育人》，《教育研究》2023年第5期。

着眼于新时代对人才培养提出的新要求，集体主义价值观培育不仅要将大学生培养成"人"，更要成"才"。针对当前存在问题的原因和育人要求，通过改进创新理论教学，将思政课程延伸到课程思政，以课程思政协同思政课程，推动思政课程与课程思政的衔接与融合，打造思想政治理论课和课程思政"育人共同体"，有助于不断深化大学生集体主义认知，进一步完善学生的理性认知系统，帮助学生成人成才，是新时代优化大学生集体主义价值观培育的可行路径。

第一节 充分发挥思想政治理论课的主渠道作用

习近平总书记在全国高校思想政治工作会议上指出，要用好课堂教学这个主渠道。其中，作为一种具有鲜明意识形态属性的教学课程，高校思政课具有鲜明的政治立场，集中体现着中国特色社会主义大学的办学性质。[1] 因此，在高校开展的全部课程中，思政课是对大学生进行思想政治教育的最主要课程，是大学生接受思想理论教育和道德价值观培育的显性渠道。

然而在新时代，激烈的竞争、多样的挑战和就业的考验等现实境遇，却在不断冲击着大学生的价值观，使大学生陷入价值观抉择的两难困境，难以打破对集体主义价值观的刻板认知。思政课作为显性教育方式，必须着眼于当前的时代特征和大学生的现实境遇，通过实现教学内容的统一性和多样性、坚持教学方法的灌输性与启发性、提升教育者的学识能力与品行修养、关注教育对象的普遍水平与个性特点等，有效发挥思政课在培育集体主义价值观方面的关键作用，从而不

---

[1] 王传发：《高校思政课政治属性的价值内蕴与实现途径》，《西南林业大学学报》（社会科学）2022年第2期。

断拓展和丰富大学生对集体主义的价值认知，使学生在系统学习马克思主义理论知识的同时，潜移默化地转变自身的价值观念。

一　实现教学内容的统一性和多样性

教学内容指的是学生的一项学习任务。这项任务能否完成不仅关系教学目标的实现，也影响着学生未来的发展方向。① 在集体主义价值观培育中，教学内容发挥着知识载体的作用。教学内容越能够紧密结合并继承马克思主义理论逻辑，就越具有可靠性，越能够得到广泛认同。同时，教学内容越是贴近生活、触动学生、紧跟时代，呈现生活特征、影响学生心灵、满足时代需求，就越能够引起不同学生的共鸣，确保育人成效。

坚持统一的指导思想和一体化的教学内容是高校思政课课程性质的内在规定，也是提高思政课教学质量的保障。不同学科教学目标的差异、教学重点的不同又要求各门思政课的教学内容还必须兼具多样性。统一性是多样性的前提，多样性服从和服务于统一性。对统一内容的盲目遵循容易导致教学的刻板化，对多样化内容的不合理设置也可能会造成教学的无序化。从横向上看，高校各门思政课程之间是同步的，从纵向上看，大中小学思政课是连续的。因此，系统的思政课教学要注意将教学内容的统一性和多样化相结合。以高校各门思政课中的多样的专业化知识为"经"，以大中小学思政课一体化中的统一的集体主义价值观要素为"纬"，在横向上实现教学内容的相互贯通，在纵向上实现价值影响的前后衔接，达到集体主义价值观在理论上的渗透、在意识上的强化。

（一）教学内容在纵向上相互衔接

习近平总书记指出："要把统筹推进大中小学思政课一体化建设

---

① 陈士军、张伟：《从统一性到多样性：高校思政课实践教学创新机制》，《中学政治教学参考》2022 年第 12 期。

作为一项重要工程，坚持问题导向和目标导向相结合，坚持守正和创新相统一，推动思政课建设内涵式发展。"① 实现教学内容的统一性是大中小学思政课一体化建设的重点。根据学生身心成长和认知发展的规律，结合不同学段的特点和学情，将集体主义价值观渗透进学生成长的各个阶段，有助于增强思政课教学的实效性，实现思政课管理的系统性，帮助学生循序渐进地了解集体主义价值观，并不断实现对集体主义价值观的科学把握和深刻认同。

要实现思政课教学内容的统一性，大学里所开设的每一门思想政治理论课自身首先要系统设计纵向衔接的前后统一的教学内容。注意与中小学思政课中集体主义价值观培育内容的衔接，同时关注大学阶段教学的侧重点，避免知识的重复。在此基础上，需根据本硕博不同阶段的培养方案和目标，设置层次递进的教学内容。比如，针对人的社会性本质这一内容，小学和初中阶段的教学重点应放在让学生理解人与人之间沟通交往的具体化表现上，把关心集体和社会的心理与日常处事相结合。高中阶段要在探索这一内容理论来源的基础上对其具体表现进行抽象化，搞清楚其背后的道理。大学阶段则要进一步了解其真理价值、时代发展和现实意义。

此外，要实现思政课教学内容的统一性，各学段的思政课教师之间还应遵循一体化的理念。各个学段的思政课教师往往只对自身所教学段的内容比较了解，对其他学段的教学内容则知之甚少。为避免不同学段所授教学内容的重叠，就要做好不同学段的教师队伍的衔接工作。如安排不同学段的思政课教师统一听课、评课、开展科研合作，在相互交流中取长补短，推动实现思政课教学内容的前后统一。②

---

① 习近平：《思政课是落实立德树人根本任务的关键课程》，《求是》2020 年第 17 期。
② 金松、李正军、章绍麟：《大中小学思政课教师队伍一体化建设研究》，《学校党建与思想教育》2023 年第 12 期。

（二）教学内容在横向上相互贯通

在集体主义价值认知层面，高校开设的各门思政课以自身的多样性服务于思政课教学的统一性。因此，在坚持大中小学思政课一体化，实现教学内容前后统一的基础上，各门思政课也必须坚持课程自身的特点，从不同视角切入，设计多元一体的教学内容，开展多样化的教育教学。

就高校而言，各门思政课的教学内容要相互协调，同时在集体主义价值观培育内容方面应有不同的侧重。部分高校现已开设的《习近平新时代中国特色社会主义思想概论》侧重马克思主义中国化的最新理论成果，应可以结合"建设社会主义文化强国"一节中的内容，明确集体主义价值观的文化根基，树立文化自信。《马克思主义基本原理概论》侧重领会和掌握马克思主义理论的精髓要义，应明确集体主义价值观的马克思主义理论根基；《毛泽东思想和中国特色社会主义理论体系概论》侧重对马克思主义中国化理论成果的把握，应梳理集体主义价值观的本土化发展历程，并整合新时代最新成就；《中国近现代史纲要》主要帮助大学生认识社会历史进程及其内在规律性，应着力解读好集体主义价值观是与党历史发展同步推进的过程，是历史的必然和时代的选择；《思想道德与法治》主要帮助大学生坚定理想信念，投身道德实践，应结合社会生活的热点和焦点，培养学生用集体主义价值观解决实际问题的能力；《形势与政策》主要帮助大学生分析和把握国内外形势，应以集体主义价值观的最新成果观照新时代的热点和难点问题。在具体落实方面，可以采取大中小学思政课教师集体备课会、高校各门思政课教师备课研讨会或学术论坛等方式，在集体思想的交流交锋中碰撞出新的火花。

需要注意的是，坚持大中小学思政课教学的统一性，并不意味着抹杀教学的个人风格。强调各门思政课多样化的教学内容并不意味着否认教学内容的相互关联。要将多样性作为统一性的具体展开和表现形式，切实提升高校思政课亲和力、吸引力、感染力、针对性和实效性。①

二　坚持教学方法的灌输性与启发性

思政课的教学方法是教师传授教学内容的特定方式，是制约教学效果的重要因素。教学方法的选择和使用间接影响着集体主义价值观在思政课教学中的塑造情况。伴随着思政课的建设和发展，涌现出了诸多不同特点的教学方法，但高频使用的方法往往局限于讲授法、讨论法等传统教学方法。为避免教学方法的单一化和陈旧化，真正了解学生多样需求、破解创新困局，系统的思政课教学应坚持灌输性与启发性相统一的方式方法。

灌输与启发是思政课最基本的两种教学方法。"灌输性"的教学方法以教师为主导，在遵守教育规律的基础上，通过强制的方式将理论知识输入给教育对象，从而使受教育者坚定集体主义价值导向。"启发性"的教学方法则以学生为主体，在不违背唯物主义的反映论的基础上，重视对教育对象的启发和引导，激发教育对象学习的自主性和内化集体主义认知的能力。二者虽各有侧重，却并非完全割裂。灌输中渗透着启发，启发中也暗含着灌输。② 在教学方法上坚持灌输性与启发性的统一，有助于推动大学生的集体主义价值观认知能力，提高培育实效。

（一）确保理论灌输的效率

灌输并不等同于不加分辨地将理论知识强行注入，受教育者全然被动接受。而是教育者这一主体有目的、有计划、有组织地将科学完

---

① 林伯海、彭晓伟：《高校思想政治理论课要坚持统一性和多样性相统一》，《思想教育研究》2019 年第 11 期。

② 张阳：《思想政治理论课"灌输性与启发性相统一"的教育之路》，《思想理论教育导刊》2020 年第 2 期。

整的理论知识和系统正确的价值观念传输给受教育者这一主体，受教育者进行主动接收后使自身在价值取向、思想观念等方面与主流保持一致。意识形态的本质内在要求灌输性，教育对象不能自发形成理论素养的现实需要灌输性。新时代大学生集体主义价值观培育作为一项意识形态教育工作，必然要坚持灌输的方法。

一方面，灌输性教学方法的使用要符合平等的教学观念和对等的课堂理念，提升理论灌输的效率和学生独立解决问题的能力。前者意味着教师是主导的"教"的主体，学生是能动的"学"的主体，师生构成了教与学相互作用的平等"双主体"。后者则意味着师生在人格尊严和信息交流中的"双对等"。[①] 要推动双向思维的转变，把对学生的控制、劝导转变为相互尊重、平等交流。

另一方面，灌输性教学方法的使用还要遵循基本的教育规律。根据教育教学规律和学生的认知发展规律，将集体主义价值观的理论知识有计划地渗入学生的认知系统，实现学生集体主义认知的理解和深化。反对一味地强调效率而忽视内容的有效性，导致脱离实际的"硬灌输"。这既不符合思想政治理论的教育规律，也偏离了集体主义价值观培育的精神实质。

（二）优化启发教学的效果

新时代，国家的政治、经济、文化和教育等层面发生了巨大的变化，思政课的教学方法必须与时俱进进行改革。学生的学习具有自主性，为有效实现育人效果，教学方法就要在结合教学的内容逻辑、教师的能力素养、时代的发展情况以及学生的认知结构的基础上选择。在思政课教学中，应根据课堂的实际情况，有针对性地采用具有启发性的方法，引导学生形成正确的集体主义价值观念。因此，进行有效

---

① 李世黎：《社会主义核心价值观教育论：以高校思想政治理论课为视角》，人民出版社 2016 年版，第 171 页。

的新时代大学生集体主义价值观培育工作,还要采用启发的方法。

学生是独立的个体和集体的主动建构者,启发式教学的使用应力求个人主观能动性的发挥和集体探究能力的实现。集体的创造力有赖于个人的能力,个人力量的发挥是集体凝聚力的来源。例如,在现代信息技术手段的配合下,采用以"案"明理、以"合作"讲理、以"辩"释理、以"体验"悟理等创新多样的教学方法,组织学生、思考分析和深入理解教学内容,是使学生自觉沉浸于课堂教学、形成团队意识和合作观念、内化集体主义价值认知的可行方式。

问题是激发学生求知欲的来源。启发性教育还要坚持问题意识、问题导向。要引导学生对问题进行分析,在抽丝剥茧的过程中,逐渐认识到问题的实质,掌握事物的规律。问题的设置难度应适中,以最大限度地保证课堂教学的效果。在有限的课堂教学时间内,设计具有启发性的引导学生走向集体主义价值认知的结论。[1]

需要注意的是,灌输为启发的效果提供了可能,启发则为灌输的效率提供了助力。强调教学方法的灌输性与启发性相统一不能一味追求学生主体作用的发挥,要切实发挥教师的帮助、引导和总结作用,确保大学生集体主义价值观培育的效率和效果的统一。

三 提升教育者的学识能力与品行修养

习近平总书记强调:"办好思想政治理论课关键在教师,关键在发挥教师的积极性、主动性、创造性。"[2] 思政课教师处在教学的一线,与学生的接触较为密切,能够直接传输价值观念,了解学生的思想动态。受到互联网信息技术发展带来的社交媒体普遍化的影响,学生的认知的深度、宽度和速度都有了较大程度的变化。各种言论信息

---

[1] 余丰玉:《思政课改革创新要坚持灌输性和启发性相统一》,《中国高等教育》2019年第19期。

[2] 《习近平谈治国理政》第3卷,外文出版社2020年版,第330页。

质量参差不齐，学生难以作出正确的判断和筛选，需要教育者的及时有效指导。学生具有向师性，教师的学识能力和品行修养直接影响着教学效果和集体主义价值观的渗透情况。

复杂抽象的教学内容要转化为简单明晰的学习内容，需要思政课教师对理论知识的融会贯通；特定的教学内容要不留痕迹地实现集体主义价值观渗透，需要思政课教师对教学技能的熟练运用。教师个人魅力的施展能够使学生在信服和效仿之余，潜移默化地接纳并坚定其所传递的理论知识和价值观念。特别是在信息爆炸的网络化背景下，思政课教学更应着力提升教师的学识能力和品行修养，引领集体主义价值观的正确方向。

（一）提升教育者的学识能力

就思政课教师而言，学识水平在一定程度上表现在马克思主义理论的储备厚度、见解深度上。夯实教师的马克思主义理论功底始终是我们认识世界、把握规律、追求真理、改造世界的强大思想武器。[①] 这是进行培育工作的"学"的前提。而教育教学的能力则是评判教师能否进入教育环节的重要标准，关系到高质量教师队伍的建设。这是进行培育工作的"教"的前提。因此，要做好大学生集体主义价值观培育，教育者的学识和能力是同样重要的。

在学识水平方面，思政课教师要树立终身学习的理念，丰富和完善自身的知识体系和专业素养。一是要学习思政专业知识，加强自身的马克思主义理论功底。这是进行教学的灵魂和精神支柱。在广泛阅读理论著作、学术论文，参与学术报告、专题讲座的基础上，从多个视角、不同视野挖掘其中隐藏着的"一脉相承"的集体主义价值观理论要素，并将之内化为教学语言，能够使教学更加得心应手。二是

[①] 李庆华、樊志鑫：《立德树人价值导向下高校思政课教学质量提升路径》，《黑龙江高教研究》2023 年第 6 期。

普及教育学、心理学的相关知识，建构富有个人特色的知识体系。在课上"一对多"和课下"一对一"的交流中，在广泛的阅读和实践中，了解学生的认知和心理状况。三是思政课教师还培养广泛的兴趣爱好，不断拓宽自身知识领域，打破思维局限。寻找个人兴趣爱好与思政课教学内容、集体主义价值观的结合点，通过耳濡目染的方式涵育学生的集体主义价值观。

在教育能力方面，思政课教师要在模仿的基础上形成自身授课风格和特色。创新是从模仿开始的。思政课教师首先应当向优秀专家、同行前辈学习，吸取其中的教学经验，并在实际的课堂教学中加以尝试。课后针对教学中的内容处理、方法使用、资源建设和学生表现等问题，不断调整，从而将集体主义价值观精准高效地传递给学生。

（二）提高教育者的品行修养

立德树人，就是要坚持德育为先，引导学生遵循社会主义道德的基本内涵和要求，引导学生形成正确的道德素质、人格修养和价值观念。大学生集体主义价值观培育旨在帮助大学生树立和践行集体主义价值观念。就二者的教育本质及最终目标来看，大学生集体主义价值观培育是落实立德树人根本任务的具体体现。作为隐性教育资源，教师的品行修养能对学生的成长发展产生潜移默化的影响。教师形成良好的品行修养，承担起学生成长成才路上的引路人角色，有助于做好立德树人工作，强化大学生的集体主义价值观。

教师个人要讲师德、正师风，弘扬家庭美德和社会公德。教师集体也要注重相互配合、合作交流，力求实现集体价值观的飞跃。新时代，为切实强化思政课教师团队的品行修养，高校可以采用内部培训、外派学习、交流探讨等方式，全面优化教师队伍的素养建设。也可以通过健全师德师风建设长效机制，严把高校教育教学的入口关、强化教育教学过程管理、优化师德师风考核指标，促使教师品行修养建设常态化。

需要注意的是，教师的学识能力和品行修养，是决定大学生集体主义价值观培育效果的重要因素。新时代对教师的综合素养提升也提出了更高要求。但思政课教师的学识能力和品行修养的提升并不是一朝一夕就能取得质的飞跃的，而是需要绵绵用力、久久为功。

四 关注教学对象的普遍水平与个性特征

大学生是高校思政课教师的施教对象，也是思政课程的"同构者"，他们的需求构成了思政课教学的导向。在课堂上，教师若忽视学生的存在，只顾唱自己的独角戏，简单地站在道义或理论的制高点上从上到下地单向宣传教育，必然无法引起大学生的思维共振，更无法让学生入耳入脑入心。① 这也是学生获得感不强的原因之一。因此，课堂教学的根本是要立足学生的主体性，激发学生的求知欲，使学生积极主动回应教师的教学，达到师生之间的思维共振。

在新时代，高等教育进一步普及，思政课教师授课的对象群体也不断扩大，大班授课在短期内仍然无法完全避免，课堂教学必须要在了解学生普遍水平和接受能力的基础上探索适度的发展空间。与此同时，关注学生的层次结构和个性特征，探索分众化的教学模式，也是教育精细化发展的必然趋向。一味强调普遍水平容易湮没个性化教育，一味强调个性化特征又不利于整体的教学效果。因而系统地在思政课教学中推进集体主义价值观培育，就要综合看待教学对象的普遍水平和个性特征。

（一）把握学生的普遍水平

教育要面向全体学生，使每一个学生都得到发展。把握学生的普遍水平依赖于对全体学生的总体关注。课堂教学中，学生以集体的形

---

① 余丰玉：《思政课改革创新要坚持主导性和主体性相统一》，《中国高等教育》2019年第18期。

式存在是培育大学生集体主义价值观的天然氛围。教师作为全体学生全面发展的筑梦人，在当前班级授课过程中，要向几十个学生传授同等难度、同样要求的内容，就应当尽可能地关注全体学生，不冷落任何一个学生。教师对全体学生的关注，有利于引导学生关注集体成长，从而与他人、与社会和谐相处，加深集体主义认知和理解。

对大学生的全面了解，在于把握学生思想发展的基本规律。一是要把握大学生的思想水平。通过思想引导把握大学阶段中学生的理论水平和价值观现状，结合教学内容的纵向衔接特征，把思政课教学打造成一个紧密衔接的过程。二是要把握大学生的政治水平，通过对社会政治事件的思考与点拨，了解学生坚定共产主义信念和信心的情况，引导其端正集体主义价值认知。三是把握大学生的道德水平，观察学生在与集体、他人和社会中的表现，了解学生的道德水平和行为表现。

（二）关注学生的个性特征

大学生集体主义价值观培育要强化共性的教育，也要强化个性的发展。广义的个性，是指个人的意识倾向性和各种稳定而独特的心理特征的总和。狭义的个性是指个人心理面貌中的特殊性或个别心理特征。作为一个社会历史范畴，个性是在生理素质的基础上，通过后天的学习与环境影响、个人实践活动所形成的。新时代是一个多样化的时代，是每个个体都拥有人生出彩机会的时代，是一个呼唤个性发展的时代，是每个个体充分展示自我价值的时代。① 因此，新时代要在课堂教学中强化大学生的集体主义价值认知，就要关注学生的个性特征，尽可能掌握每一个大学生的知识储备、家庭背景、思想困惑、思维特点。

---

① 杨金玲：《思政课教学促进学生个性发展探析》，《中学政治教学参考》2023 年第 11 期。

就课堂教学而言，要对学生进行层次划分，对不同层次的学生提出不同的价值观要求。譬如，就集体主义认知而言，在教学中应以普通大学生为基准，兼顾党员、学生干部和思想后进生的价值观引导。着力向大学生阐明：作为党员和学生干部，要追求和宣扬更高水平的大公无私的价值观念，成长为集体的榜样；作为普通的大学生，应至少形成先公后私的价值观念；而针对部分思想后进的学生，教师则要在课外组织谈话和引导，确保其能够顾全大局。就教材和考试而言，也要具有一定的弹性区间。可以在教材和试题的旁边注明基础、提升、拔高等字样，供学生选择和练习。最大限度地使不同水平的学生的成绩都能够得到大幅度提升。①

需要注意的是，思政课教学中对大学生集体主义价值观培育面向的是全体学生，而全体学生的全面发展的落脚点是每一个学生的个性都能得到充分的发展。同时，"发展个性决不是鼓励个人主义"②。对学生个性特征的关注是为了更好地解决群体中的特殊矛盾，从而实现系统协调的课程教学和普遍的集体主义价值观培育，改善培育实效。

第二节 深入发挥课程思政的协同育人作用

课程思政是一种隐性的教育形式，它旨在挖掘思政课以外的其他专业课程的思想政治教育资源和元素，拓宽高校集体主义价值观教育的渠道，在潜移默化中提升学生的思想政治理论水平和价值观素养，实现"全员、全过程、全方位"育人。习近平总书记在全国高校思想政治工作会议上强调："要用好课堂教学这个主渠道，思想政治理论课要坚持在改进中加强，提升思想政治教育亲和力和针对性，满足

---

① 刘立国：《课堂教学面向全体学生的思考》，《中国教育学刊》2000年第5期。
② 刘允正等：《裂变与整合——大学生价值观的多样化趋势与高校思想政治工作创新体系研究》，光明日报出版社2009年版，第71页。

学生成长发展需求和期待，其他各门课都要守好一段渠、种好责任田，使各类课程与思想政治理论课同向同行，形成协同效应。"① 说明了二者在育人理念和价值本质上相一致，可以而且应当构成相互协作的有机整体。2020年5月28日教育部关于印发《高等学校课程思政建设指导纲要》的通知中，更进一步明确了高校各类专业贯彻课程思政育人的融入方式和目标。②

合理融合课程思政的异质资源能够有效缓解思政课扁平化的教学困境，稳步推进高校思想政治教育立体化。大学生集体主义价值观培育作为高校思想政治教育工作的重要组成，不单是思政课的责任，也需要课程思政的支持与协助。通过探索课程思政建设的整体规划，把握课程思政的本质内涵，将理论知识中的集体主义价值观因素与集体主义价值观培育中的理论元素相结合，能够实现价值观的"基因式"注入，推动专业课程教学的拓展延伸。因此，为进一步深化大学生的集体主义价值认知，应坚持顶层设计和部门协调相结合的组织结构、提升知识能力和强化价值引领相结合的内容构建、把握科学规律和启发创新思维相结合的教学驱动、健全考核方式和强化正向激励相结合的评价反馈。

一 坚持顶层设计和部门协调相结合的组织结构

作为思政课程的延伸，课程思政不是将思想政治理论知识简单地叠加、灌输、嫁接到专业课程之中，也不是为了将思政元素融入专业教学而单独开设的某一门具体课程，而是一种育人理念。学校所开设的任何专业课、通识课、选修课等，都需要进行课程思政建设。正是由于课程思政的这种具体性和复杂性，其协同育人作用的发挥更需要

---

① 《习近平谈治国理政》第2卷，外文出版社2017年版，第378页。
② 董芝杰：《基于课程思政的大学生社会实践育人模式探究》，《江苏高教》2023年第8期。

建立在对组织结构的总体规划设计和具体调整上。

做好顶层规划设计是建设课程思政的首要环节，它的情况直接影响着课程思政"大厦"的稳固性。没有蓝图，就无法实现具体落实。顶层设计服务于具体的部门协调。部门协调则是对顶层设计的实施和验证。作为系统关联的一环，它离不开党政领导部门、思想政治教育部门和专业课教学部门的共同努力。在顶层规划中领导大学生集体主义价值观培育，在不断调整课程思政建设体系中有效防范和化解实施过程中的各项矛盾，为深入发挥课程思政在协同思政课程培育大学生集体主义价值观领域的作用提供了方法指引和现实支撑。

（一）加强党委的顶层设计

"坚持和加强党的全面领导，关系党和国家前途命运，我们的全部事业都建立在这个基础之上。都植根于这个最本质特征和最大优势。"[1] 由此可见，党的领导是做好其他各项工作的根本保证。在课程思政建设中做好大学生集体主义价值观的培育工作，同样离不开党委的统筹规划。课程思政建设中发挥党委的引领作用，能够保障高校各组织的协同、全员的参与和各项活动的整体开展。

首先，高校党委要做好上层引领，要发挥自身思想引领的模范作用。党委领导集体具备较高的思想政治素养和集体主义价值观水平，他们应利用自身的思想优势和广泛影响力做好价值观建设，将课程思政作为一项重要战略任务并在实际工作中切实推进下去。

其次，高校党委要做好上层引领，要重视教学体系的统筹规划。应结合国家的大政方针，通过召开研讨会、领导小组会议等，明确课程思政建设体系的构建目标、教育理念和实施路径。[2] 依据各个学科

---

[1] 中共中央党史和文献研究院、中央学习贯彻习近平新时代中国特色社会主义思想主题教育领导小组办公室编：《习近平新时代中国特色社会主义思想专题摘编》，中央文献出版社、党建读物出版社2023年版，第33页。

[2] 万建军、刘贞：《课程思政教学体系构建路径》，《中学政治教学参考》2023年第14期。

的专业属性，以百年大计、教育为本，实现中华民族伟大复兴中国梦的宏观视野和战略高度将集体主义价值观的全局视角整体地规划、精准地落实在专科课程建设之中。

最后，高校党委要做好上层引领，还要落实单位分工协调工作机制，明确各部门应当承担的责任。依托党委—领导小组—办公室—教研室等各级组织机构，明确职能分工和基本理路，找准各组织部门的努力方向，注意相互间的沟通和配合，展现集体的凝聚力，有力推进党委领导下的课程思政建设队伍规范化和制度化。

（二）强化部门的组织协调

思政课程和课程思政的协调统一说明了我国高校思想政治教育的实践主体已经由原来的专任思政课教师拓展为全体思政课教师。然而，长期以来，受到"思政课教师与专业课教师各司其职，没有沟通交流的必要性"等错误思想认识的影响，思政课程与课程思政之间长期存在壁垒，处于相互封闭的状态。[1] 强化部门的组织协调，就是要打破原有的壁垒，以提升大学生集体主义价值观培育的实效性为中心，构建各部门之间全方位、多层次的协同机制。

第一，建立课程思政工作领导小组，做好具体引导。建设由学校教学主管部门、宣传部、组织部、发展规划部门、马克思主义学院等组成的课程思政领导部门，在党委的统一领导下做好科学引领，负责具体的规划和设计。[2]

第二，设立课程思政工作推进办公室，做好详细指导。建设由专家学者、教师构成的教研团队，负责对课程思政教学工作的具体指导、咨询和协调。发挥领导与实施之间的"桥梁"作用，对领导部门的决策进行解读并传达给专业课教师具体实施，将教学中的具体问

---

[1] 刘晓川：《新时代高校课程思政建设进路探析》，《当代教育论坛》2023年第4期。
[2] 陈华栋等编著：《课程思政：从理念到实践》，上海交通大学出版社2020年版，第132页。

题反馈给领导部门适时调整，从而确保教学的顺利开展。

第三，专业课教师要做好具体实施。专业课教师作为课程思政的实施者，应强化责任担当。立足自身优势，结合专业特点优化政策，科学挖掘与专业课程相关的集体主义价值观要素和前沿热点，并融入育人元素，着力建设学生终身受益的课程，推动学生的集体主义认知成长和个人的全面健康发展。

最后，监督执行委员会要做好评价反馈和后勤保障。应广泛吸纳各学院的党政领导、学工部门管理人员、辅导员和专任教师加入监督执行委员会，对上层领导、中层传达和底层实施等具体工作的落实情况、工作人员的服务意识和集体观念进行全面客观的评价，为课程思政建设提供综合保障。简而言之，作为教学与管理的集体任务，其目的在于建立一个"领导—规划—执行—监督"上下一体、系统完整的课程思政建设体系。在当前经验不足的情况下，可先委派教师代表赴相关学校交流学习后，再通过集中培训的方式逐步建立起来。

需要注意的是，党委的顶层设计和部门的组织协调在理论上虽有上层领导和下层执行之分，但在具体落实集体主义价值观培育中的目标是一致的，并无优劣、轻重之别，各部门之间相互协作，共同致力于学生集体主义价值认知的深化。

二　坚持提升知识能力和强化价值引领相结合的内容构建

通过课程思政建设引导学生树立集体主义价值认知的关键在于做好内容的构建。习近平总书记强调指出，教育教学"要坚持价值性和知识性相统一，寓价值观引导于知识传授之中"[①]。知识的传授和能力的培养是课堂教学的关键环节和主要任务，学生知识的掌握程度、

---

① 《习近平谈治国理政》第3卷，外文出版社2020年版，第330—331页。

能力的塑造情况是衡量教学目标达成度的重要标准。学习各门具体科学知识，最终都会有其价值指向和思想目标，正确的知识、科学的理论进入到我们大脑中就会将我们的大脑"格式化"，进而形成我们认识和改造世界的独特认知方式和思维方式。① 因此，新时代高校课程思政的建设，并不只是知识和能力的简单堆砌，而应将价值观的引导寓于知识传授、能力塑造之中，三者彼此作用、优势互补，共同致力于实现立德树人的根本任务。②

要遵循知识能力与价值引领相互支撑的课程思政建设的总体原则，就要把高校的思想政治教育作为所有课程和教育者的共同使命。课程思政作为一种隐性的育人方式，以各门专业课为载体，通过专业课教师的教学将育人价值贯穿于课堂理论教学的全局。利用课程思政深化集体主义认知，在把握好专业课本身的内容的基础上，深入挖掘其中存在着的集体主义价值观真谛，用专业知识诠释集体主义价值导向。

（一）提升知识能力

课程思政作为一种隐性的育人方式，科学性和系统性的理论知识是其本质特征。要在课程思政教学内容中渗透价值性的要素，充分展示自身的知识能力是基础。脱离了知识能力空谈价值引领是空洞的，也不符合课程思政建设的初心。在明确教学目标、联系学科内容、确定学生需求的同时，建构起覆盖广泛、显隐结合、层次递进、种类多样、个性鲜明的课程思政教学内容，有助于实现课程思政与思政课程的协同共进，进一步发挥价值引领的作用。

课程思政建设中知识能力的提升要在明确的课程思政教学目标指

---

① 靳诺、徐志宏、王占仁、孙熙国、石中英、万美容、张庆守：《习近平总书记关于教育的重要论述研究笔谈》，《思想理论教育导刊》2020年第9期。

② 胡凤霞：《高校课程思政研究的主题演进、实施困境及四维指向》，《高校辅导员学刊》2022年第3期。

引下进行。目标是行动的先导。课程思政建设的教学目标决定着教学内容的整体方向。各专业课应当在明确自身课程目标的前提下，秉持与集体主义价值观育人目标的一致性原则，确立各课程的思政育人目标。

　　课程思政建设中知识能力的提升要注意学科内容的关联。用集体主义价值指引专业学习和能力培养，可以搭配符合不同专业课程教学内容的课程思政建设模块。经过合理的设计和安排，大多数课程都应当被纳入课程思政建设体系，进而承担起培育集体主义价值观的辅助作用。然而不同专业课程在这一方面的基础不同，每门课程都有着自身的特殊内容与教学思路。哲学社会科学类的专业课程是研究人与社会发展的课程，本身就带有一定的政治立场和意识形态色彩，其内在属性和价值范式与集体主义价值观培育具有相通之处。而自然科学类的专业课程则是揭示自然规律的课程，更加重视培养学生崇尚科学、追求真理的探索精神，其与集体主义价值观培育内容的相通性则较弱。[1] 因而在面对不同类别的专业课程教学中，要着眼不同的视角。如：大学体育课在确立增强学生体质等专业内容的同时坚持在体育活动中加强学生集体意识的育人内容，继而建构起在运动中树立集体意识，发扬体育精神的课程思政教学内容。大学物理课则可以通过团队实验得出实验数据，证明实验的成功不是个人努力的结果，而是集体奋斗的成果。此外，还可以利用平台累计资源，提高使用效率。比如，通过开发线上共享案例库、资源库的方式追赶时代发展新步调，实现教学资源的互通有无。在使用过程中要注意遵循课程资源优势互补的专业课教学要求。课程思政建设不仅要结合集体主义价值观建设与各门专业课教学的契合点，还应把握各门课之间的衔接性。特定专

---

[1] 张波：《培养完整的人——课程思政导向的价值观育人》，《教育研究》2023年第5期。

业内部的课程思政建设，应根据其内容在现实需要方面的映射和关联，实现相互协调和优势互补。

课程思政建设中知识能力的提升还要关注学生的成长发展需求。集体主义价值观培育的核心在于培养学生健全的人格和丰满的精神世界。因此，构建课程思政的教学内容，不仅要在紧扣专业要求的基础上渗透集体主义价值观要素，还要关注学生需求。构建与学生能力相匹配的层层深入的知识体系，明确知识的落脚点，实现集体主义内容体系的有机融入。

（二）强化价值引领

习近平总书记强调："不断增强意识形态领域主导权和话语权，推动中华优秀传统文化创造性转化、创新性发展，继承革命文化，发展社会主义先进文化，不忘本来、吸收外来、面向未来，更好构筑中国精神、中国价值、中国力量，为人民提供精神指引。"[①] 课程思政要助力集体主义价值观培育、培养高素质人才，就要从专业理论知识中挖掘集体主义要素，强化专业课程中的价值引领，让学生面对具体情境时能够准确运用专业内容，坚持正确的价值导向。通过注意红色基因、挖掘思政要素的方式构建课程思政教学内容，有助于实现价值引领，巩固知识体系。

一方面，将红色基因注入课程思政专业内容，引导大学生树立正确的集体主义价值观。如在大学音乐课中，鉴赏红色歌曲，提供跌宕起伏的音符背后的红色革命故事，让学生在学习专业音乐课程的同时，丰富理论储备，感悟红色精神，体会革命年代团结进取的集体主义行为表现。另一方面，挖掘课程思政内容中本身蕴藏着的集体主义价值观元素，深化大学生的集体主义认知。哲学、历史学、文学、教

---

① 中共中央党史和文献研究院、中央学习贯彻习近平新时代中国特色社会主义思想主题教育领导小组办公室编：《习近平新时代中国特色社会主义思想专题摘编》，中央文献出版社、党建读物出版社2023年版，第33页。

育学、医学、农学等专业课程中潜藏了大量的故事、人物、事件，是集体主义价值观教育的典型。例如，农学专业领域有着诸多优秀的科学家，其中最具代表性的就是袁隆平。在讲述杂交水稻相关技术的过程，可以引入袁隆平的生平事迹、精神品质，在讲述研究背景的过程中，展现他为祖国为人民奉献牺牲的集体主义精神，从而在学生心中种下为祖国贡献青春力量、为实现中华民族伟大复兴的中国梦而努力奋斗的集体主义种子。

需要注意的是，课程思政内容构建中知识能力的提升与价值引领的强化是相互促进的同一过程的两个方面。课程思政教学内容的建构不是在专业课中采用生硬的方式对学生进行价值引领，实现思想政治教育元素的强行介入。而是着力为知识的传授绘就价值的底色，从而实现知识能力和价值引领的同频共振。

三　坚持把握科学规律和启发创新思维相结合的教学实施

根据上文中所提到的，课程思政并非是另设的一门或多门全新的课程，而是在已有专业课程中培育大学生价值观的方式。课程思政的教学实施是将已经准备、收集和处理好的教学内容通过合情合理的教学方法传授给学生的一种方式。准确科学的教学内容和适当有效的教学方法是进行教学实施的前提。而教师的教学实施水平则是教学内容和教学方法能否充分发挥作用的关键，在很大程度上决定了集体主义价值观的培育效果。

教学实施并不是毫无章法地讲完所授内容、完成教学任务，而要在科学的教学规律指导下有序地进行授课。然而要提升教育的针对性和实效性，仅仅按部就班完成课堂教学尚不能实现集体主义价值观的高效融入，还要探索科学规律指引下的创新教学方式。总之，结合课程思政教学的科学规律，把握时代变化中的创新思维，在实现全课程联动，推进协作发展的"大思政"格局中有着重要意义。

（一）把握科学规律

以课程思政深化集体主义认知，需要以科学的规律为指引。科学的规律是不以教育者的意志为转移的客观性存在。无论教育的外在形式如何创新，其科学规律的内核并未发生改变。因此，课程思政在教学中既要按照教育的规律科学育人，也要按照科学的规律实施教育。具体要把握两个规律，即既要关注普遍性，把握课堂教学的基本规律，又要体现特殊性，突出思想价值观教育的内在价值，把握课程思政教学的特殊规律。

一方面，要把握普遍的课堂教学基本规律。坚持在教学内容上坚持直接经验与间接经验的辩证统一，在教学目标上坚持掌握知识与发展能力的辩证统一，在教学形式上坚持传授知识与思想教育的辩证统一，在教学主体上坚持教师主导作用与学生主体地位的辩证统一。在此基础上，上好专业课程教学的基本内容。另一方面，要强调个性的课程思政教学特殊规律。课程思政的特殊性在于在讲授专业课程内容之外对思想政治教育元素的延伸。但这种思政元素可能已经经历了多次延伸，这种延伸转折多次就会与核心渐行渐远，因而在"回填"时就可能会遭遇无法有效折返的问题。因此，对思政元素的挖掘与融入要遵循这一逻辑并基于其特有机理科学地展开。唯有立足学科专业与课程的逻辑和机理，按照其规律，课程思政课才能有效地被开发，也才能实现与专业知识传授和能力培养的"同频"，进而达成科学地融入。[①]

（二）启发创新思维

以课程思政深化集体主义认知，还要追求课程的精准定位，力求内容的有效融入。课程思政要成为具有"批判性思维"的课程，必

---

① 宋存霞、张童、陆道坤：《论精准课程思政的内涵、机理与实施路径》，《中国职业技术教育》2023 年第 20 期。

须具有"认知技能和精神气质两个维度",将课程从认知的狭窄领域拓宽到知识与人格相通的整体架构。① 以课程思政深化集体主义认知,还需进一步挖掘创新思维,建设精准课程思政。通过精准利用专业知识中折射出的集体主义价值观帮助学生形成正确的道德认知。明确课程思政辅助思政课程,利用专业课程对学生进行思想道德教育的目标。结合新时代发展变化中涌现的新资源,精准提炼专业特色以发掘不同专业课程内容的异质性,让集体主义价值观因素内生于专业理论知识,更好发挥培根铸魂的作用。

精准课程思政就要改"大水漫灌"为"精准滴灌",凸显对专业教学内容的把握和对教学时间的控制,将与教学内容密切相关的集体主义价值观元素放在合适的地方、以合适的方式呈现,确保融入环节的精准性。因而无须在某一门课或某一节课处处讲思政、时时讲思政,导致学生的体验感、获得感受到影响。②

做好精准思政,首先要精准地面向学生。精准了解学生的学习情况、学习兴趣、思想动态、行为习惯等,在此基础上精准实施集体主义价值观培育。做好精准思政,其次要实施精准的教学准备。在教师队伍的建设上,可以通过建立课程思政教师协作平台、集体备课、专业培训、组建教师团队等方式,强化教师主体间的融合与理解,最大限度地提升精准思政的教学实效。在教学内容上,要把握典型案例,如在文科专业中强化传统文化中的集体主义因素,在理科专业中则可以针对故事和人物背景挖掘集体主义价值观。

需要注意的是,通过精准课程思政创新教学的同时不能脱离科学规律的指引。由于每门专业课的具体教学内容不同,其中能够挖掘出

---

① [美] 内尔·诺丁斯:《批判性课程:学校应该教授哪些知识》,李树培译,教育科学出版社2015年版,第2页。

② 宋存霞、张童、陆道坤:《论精准课程思政的内涵、机理与实施路径》,《中国职业技术教育》2023年第20期。

的集体主义价值观元素也并不相同，需要从专业知识中找准"结合点"，进而将集体主义认知与专业知识顺理成章地融合，而不是费尽心思将集体主义认知理论嫁接于专业课程。否则，就脱离了课程思政的实质，无法摆脱思政与课程"两张皮"的困境。①

四 健全考核方式和强化正向激励相结合的评价反馈

针对专业课教师开展的课程思政评价和反馈是课程思政教学环节形成闭环的最后一步。作为提醒教育者及时完善教学方案、调整教学内容、改进教学方式、明确教学方向的重要途径，良好的教学考核和反馈能够通过全面的评价指标体系反馈教学的成效，发现思政教育融入专业课程中的制约因素和不足，积蓄课程思政建设的积极能量，为切实保障课程思政教学实效提供了可能。

教学的评价建立在健全合理的考核方式的基础上，教学的反馈结果则以强化正向的激励为导向。在考核的前提下有针对性地对专业课进行激励是提升教师教学获得感、增强职业认同的重要方式。在新时代课程思政建设的过程当中，对专业课教学中思政元素融入的情况、教师自身的思政意识、课程思政的教学实效等方面尚未有定性或定量的考核，健全的考核评价方式还有待建立。鉴于此，结合考核结果而进行的激励措施也有待完善。

（一）健全考核方式

利用课程思政培育大学生的集体主义价值观，不能仅仅停留于课堂教学之中，还需依托课堂教学后的反馈与评价。健全的考核方式为评价和反思提供了标准和依据。通过将全员参与和全程介入相结合建立考核评价体系，能够为课程思政建设营造积极健康的教育生态。

---

① 梁平：《课程思政"立德树人"四层级目标论》，《河南师范大学学报》（哲学社会科学版）2023年第4期。

一是健全全员参与的考核方式。课程思政的教学效果,既需要上层领导的监督,教师团体的合作,也需要倾听学生的建议,吸纳民意,更好地将课堂教学服务于学生价值观的成长。可以在学期末设立针对专业课教育效果的相关问卷,在问题的设置中注入有关集体主义价值观教育教学的因素,在不同对象的填写中全面了解课程思政的建设和开展情况。二是健全全程介入的考核方式。考核的标准不仅应涉及实际的课堂教学过程,也要将教师的教学准备情况、教学后针对学生的课后辅导和延伸情况纳入考核体系之中。把方式方法是否契合实际需要作为衡量课程思政建设质量的基本条件,把学生的满意度作为衡量课程思政建设质量的价值归宿,把课程思政的可持续性作为衡量课程思政建设质量的现实标准。[1]

(二) 强化正向激励

课程思政的建设不仅依赖教师职业追求的内生动力,也需要一些外部的动力以激励教师的进一步成长和进步。根据课程思政课的建设情况,有针对性地给予丰厚的物质奖励和正面的精神支持,能够进一步激发广大教师对课程思政教学的探索,将思政要素更加自然、深入地融入专业课程的建设之中,从而进一步发挥课程思政在集体主义价值观培育中的协同作用。

一方面,正向的激励可以通过物质奖励的方式。针对有潜力、效果好的课程思政建设项目,要加大经费支持力度。同时也要借此鼓励更多的专任课教师加入到课程思政建设的队伍中来,在教师的职称评定、教育教学的津贴发放等方面予以支持。另一方面,正向的激励还可以通过精神激励的方式。既可以利用荣誉表彰、评奖评优等途径激发教师对个人荣誉的追求,也可以通过营造科研环境和条件,形成重视思政、尊重教师的良好氛围,激发教师集体凝聚力的形成,对集体

---

[1] 刘晓川:《新时代高校课程思政建设进路探析》,《当代教育论坛》2023 年第 4 期。

荣誉的向往。

　　需要注意的是，健全考核方式和强化正向激励的目的是服务于课程思政的教学实效。在实际落实的过程中应避免以物质或精神奖励为导向的教学走向功利主义，不仅不利于实际教学的提升，也背离了集体主义价值观培育的实质。

第五章

创设优化育人环境，增强集体主义情感体验

育人环境是开展教育活动时所处的情况和条件，大学生的集体主义价值观是在自觉的培育活动和自发的环境因素共同作用下产生的。集体主义价值观培育与环境的关系是相辅相成的。环境自发影响人的思想和行为，良好的环境能够为价值观培育活动赋能，实现"润物细无声"的教育效果。同时，集体主义价值观培育是一种影响人的思想价值观念的自觉活动，在互动中也影响并创造着环境。对情感的培养是大学生集体主义价值观培育的重要步骤，也是深化集体主义价值认知的推动力量。作为一种变化发展的主观态度，集体主义情感必然受到环境的客观影响。新时代，大学生集体主义价值观培育要充分利用价值情感的情境性，不能停留在单一平面。应从不同的角度出发，开发利用家庭环境、校园环境和社会环境的独立功能和交互作用，创设均衡协调、内外和谐、多维一体的立体化大环境格局，真正实现以"境"生"情"和寓"情"于"教"，厚植学生的情感体验。

第一节　打造均衡协调的校园环境

学校承担着对大学生进行集体主义情感引导和强化的重要任务。

校园是大学生最主要的生活场所，大学生集体主义价值观的培育并不局限于课堂上的理论教学，而是覆盖校园生活的各个方面。其中，校园环境是必不可少的重要构成。"学校连同它的基础知识、识字课本和第一次上课，连同它的老师、连同它的第一本书，都将作为你的智慧、你的才能、你的品格和你心灵的高度教养的第一源泉，永远留在你的心中。"① 和谐的校园环境为学生的个性施展和集体交往提供了特定的外部条件，构成了培养大学生集体认同感和归属感的无形力量。校园环境的建设是一项系统工程，涉及学校的物质、精神和制度等维度，发挥校园集体环境在大学生情感培养中的渗透作用，需要贯通领导管理、教师讲授和学生学习的各个过程，打造物质环境带动精神、制度环境，精神、制度环境推动物质环境的相辅相成的氛围。

一　优化校园物质环境

校园的物质环境由高校教育教学中的生活物质条件构成，是能被人们感觉到的客观存在的有形的实体文化。大到高校校园的自然地理环境、校园建筑的整体规划、校园活动和艺术场所的宏观布局，小到教室内部的陈列设置、教学设施设备的摆放利用，等等，都是校园物质环境的重要构成成分。校园物质环境是学校文化环境、制度环境的外在构成、物质载体和重要形式，是高校教育活动开展的物质基础，是校园建设和发展的基本前提，也是高校办学的硬件条件。作为客观存在的物质实体，校园物质环境需要人们依据一定的科学认知、审美艺术等来打造，而作为一个学校历史文化和传统价值积淀的精神浓缩，校园物质环境又为学生获得理论知识、调整情感价值观和养成行为习惯产生影响，也就是隐性课程的作用。优化校园物质环境，实现

---

① [苏] B. A. 苏霍姆林斯基：《怎样培养真正的人》，蔡汀译，教育科学出版社1992年版，第133页。

功能与审美、建构与参与、整体与细节的统一，有助于形成科学严谨的学术氛围，净化师生的心灵和情操，厚植大学生集体主义价值观的情感生成。

（一）实现功能与审美的统一

环境的功能性是校园存在的本质特征，注重功能性是校园物质环境建设应当首先考虑和满足的前提。除此之外，伴随着学生对美好生活的向往和追求，利用物质环境烘托集体氛围以升华教育境界，还需兼顾审美旨趣。只有在功能和审美上实现和谐统一，达到稳定的功能价值和审美艺术的时候，才能有效作用于大学生集体主义情感的生成。

校园里的每一处物质环境构成都是历史文化厚度、育人环境的展现，都在诉说着自己所携带的历史、文化，发挥着展现人文价值和推进文脉传承的功能。因此，做好校园环境的情感渗透，要充分利用好物质环境中显性的、有形的信息，凝聚学生的集体主义价值共识。校园物质环境中主题鲜明、直观形象的建筑蕴含着一个学校发展历程中的精神品质，能够激发大学生对学校的认同和归属。建筑作为人类的一种艺术形式，整合了物质和精神、主体和客体、技术和艺术、形式和内容、自然和社会、历史和现实等多元内容，具有特殊品格。[①] 校园内的建筑是一种隐性的育人空间，潜藏着价值和思想，是塑造和强化大学生价值观念、情感追求和行为表现的重要力量。因此，校园内特定的思想内容和价值追求也可以利用建筑的造型和它的空间布局来表现。[②] 例如：从建筑本身入手，可以设立体现集体主义价值主旨的校史展览馆、校友纪念馆等校内教育平台，增强集体主义价值观培育的感染力。从建筑布局入手，则可以

[①] 汪正章：《建筑美学》，人民出版社1991年版，第176页。
[②] 周光礼：《校园物质文化景观的教育学断想——兼谈隐性课程的实现》，《教育理论与实践》1999年第1期。

结合时代特色和技术水平创新教室、自习室、图书馆、实验室和宿舍等学生主要活动场所的内部设计，突破传统的认知局限，形成更适合学生互动交流的结构布局。

校园内的物质环境既具有功能性，还具有审美的品质。校园内部的每一处建筑、设施、人文景观，都能成为价值观念和艺术审美的展现。学生处在校园物质环境中所领会的校园物质环境的空间设计、视觉色彩，都能转变为特定的环境审美能力和价值观念。空间的设计直接影响着学生在校学习生活的心理和精神状态。视觉色彩则是影响人神经系统和情感体验的最为重要的因素之一。因此，可以建造宽敞明亮、色彩柔和的校园建筑，合理安置校园内部的雕塑和园林艺术，打造建筑与人文交相辉映的物质环境。把"看"的叙事介质渗透进学生的生活，于潜移默化中影响他们的学习方式和思维方式，传播思想观念和价值体系。[①]

（二）实现建构与参与的统一

校园物质环境是教育者主动建构的结果。大学生作为校园物质环境影响的对象，依赖自身的感官体会建筑的认知功能和审美旨趣。因此，校园物质环境要彰显集体主义价值观的情感育人价值，既需要教育者的主动建构，也需要大学生的主动参与。

校园物质环境中的集体主义情感价值，是不断完善、不断组织和建构起来的。教育者在物质环境中主动建构能够体现集体主义精神的元素，如利用校园雕塑展现著名校友，利用宣传栏展现各个教研室、各个课题组、各个组织部门在学校办学历程中团结协作的过程，以暗喻或明示的方式激发学生的学习热情，使学生在不知不觉中感受集体的力量和温暖，进行模仿和学习，从而培养学生热爱学校、热爱集体

---

① 罗红杰：《"看"的意识形态性：视觉文化意识形态的隐喻逻辑》，《内蒙古社会科学》2021年第5期。

的意识，培养集体主义情感。

校园物质环境建设中的集体主义情感价值能否发挥以及发挥得如何，还取决于教育对象本身，取决于校园环境作为外在表现能否和学生这个内在主体之间产生实际的联系和心灵的沟通。因此，校园的物质环境还要体现人文关怀。[①] 可以引导学生主动参与校园环境美化和建设活动，如设计宣传栏，进行校园宣传标语和口号的设计、布置、张贴，打造食堂一角等方式，让学生在自觉参与建构的过程中激发学生创造美的热情，感受集体的力量和价值。

(三) 实现整体与细节的统一

校园中的物质环境是在一定思想的引导下建立起来的相互配合、协调统一的有机整体，共同致力于强化大学生的情感体验和价值养成。校园物质环境的整体需要落实在校园环境建设的细节上，实现整体与细节的统一，方能营造和谐一致的集体主义情感氛围。

校园物质环境的建设要保持时间和空间上的一致性。一方面，要考虑校园物质环境建设在时间上的延续性，尊重已有的校园物质环境，在紧密的思想联系和价值导向下进行，不能一味追求新而远离学生集体主义情感的培养，导致校园物质环境的赘余。另一方面，要考虑校园物质环境在空间上的延展性。校园各物质环境相互间要有联系。如以历史发展为脉络，在校园各处展示前辈们在各个阶段为学校建设或国家发展攻坚克难的雕塑，将前辈们团结奋斗的画面以生动直观的形式展现出来，激发学生的集体情感和奋斗意识。

校园物质环境的建设要将理念和巧思落实到每一处细节。校园内部的每一处基础设施，如墙壁上的标语、警句，讲台上物品的摆放、教室内的宣传栏、卫生角，等等，每一块墙壁、每一处角落都能发挥

---

① 张伟：《校园环境设计与育人关系》，《中国市场》2006年第41期。

育人功效。① 例如，可以在教学楼、办公楼、实验楼、体育馆等场所内部，利用建筑自身特色布置与集体主义价值观相关的宣传场景，让教育元素处处可见却并不突兀。也可以在教室墙壁、学校橱窗、美术馆内宣传先进人物事迹、陈列相关艺术作品，让学生在感受人文与艺术熏陶的同时唤醒集体主义情感。

二 优化校园精神环境

校园精神环境是校园内部师生员工在工作、学习、生活的沟通交往、实践锻炼中所累积形成的一种具有校园个性的隐性环境。作为一种"软"环境，校园精神环境浸润在校园生活的各个角落，其隐性育人功能不可小觑。同主体的需求和客观条件相联系，校园精神环境广泛地渗透在校园的物质环境中。新时代，大学生主体意识增强，更加渴望发挥主体的能动作用，对被动接受教育者旨意的需求减弱。先进的大学校园精神环境是高校价值认同的凝结，是高校外在形象的一种彰显，能够给学生带来精神的洗礼，成为塑造健康人格和养成积极心态的重要条件。通过努力改善校风、教风、学风，加快形成独特的大学精神，积极开展健康向上的文化活动，全力营造阳光和谐的心理氛围等途径，建设能催化大学生集体主义情感体验的精神环境系统，是每个学生共同参与、发挥能动性的重要方式。

（一）努力改善校风、教风、学风

优化校园精神环境要形成优良的教风、校风和学风。校风反映了一个学校全体师生员工在长期奋斗过程中逐渐形成的富有特色的、相对稳定和独立的整体精神风貌，是学校的办学风格、文化底蕴和师生道德素质的综合体现。高校的校风在高校的发展中具有重要的指导作用，它是衡量一所学校的整体办学质量和检验一所学校的人才培养质

---

① 李大健：《论高校隐性课程的建设》，《中国大学教学》2008 年第 11 期。

量和水平的重要标志。① 高校的教风是由高校教育者的教学态度、学术风范、职业道德等方面构成的在教书育人中的总体表现，是高校校风的重要内容之一。高校的学风则是由大学生的理想信念、学习态度、学习方法等构成的浓郁的积极向上的学术氛围，是高校校风的中心环节和重要组成部分。高校优良的校风、教风和学风，能够给学生以情感陶冶。既能有效增添集体主义价值观培育的立体感和生动性，也有助于发挥独特的情感号召力，使全体学生在潜移默化中形成热爱集体的情感指向。

首先，要把握动力源，建立健康发展的校风。校风建设为集体主义价值观培育工作提供了持久的外部动力。加强高校校风的建设，使之朝着有利于强化大学生集体主义情感体验的方向发展，就要增强计划性和时代性。一方面，高校领导要转变思想观念，把该项工作视为一项关键的战略任务和重要的现实目标来抓，制定有助于集体发挥凝聚力量的有效措施和长效机制。例如，在各类评奖评优、纪律条例中强化集体的荣誉或规范，在日常生活中强调集体的重要价值，形成热爱集体的校园风气。另一方面，在校领导统筹下，高校的校风具有一定的稳定性和独立性的特质，但校风建设还需强调追随时代变化的发展性，将与集体主义价值观内核相一致的社会主义先进文化和时代精神融入校园精神风气的建设中，增强时代感。例如，组织学校师生全员抗击疫情、自然灾害、社会危害，形成集体的凝聚力。

其次，要力求长效性，建立积极进取的教风。形成良好的教风，需要教育者提高教育教学的效率和人才培养质量，营造积极向上的学术科研氛围。在高校教育教学的过程中，理工科专业要强化课题组教师实验团队意识，培养团队精神，文史类专业则要通过集体活动，如

---

① 王青耀：《关于校风建设的思考》，《中国教育学刊》2007 年第 8 期。

宣讲会、备课会、读书会等强化教师集体间的沟通交流，为学生们的学习做好榜样示范。形成良好的教风，还需要建立科学、完备、可行性高并且有效性强的教科研评价、考核和激励机制，从而教育和推动全体教职工树立严谨科学、积极进取、爱岗敬业的态度和观念。[①] 通过质性和量化相结合的方式，明确管理人员、教师、班主任、辅导员等不同群体的责任，在个人职业进取的同时强化高校教职员工的集体凝聚力。

最后，要抓住突破口，建立求真务实的学风。学校的风气由榜样引领。要使集体主义价值观渗透到大学生群体，最终离不开模范学生集体的率先示范。因此，在大学生集体主义价值观培育的过程中，既要引导学生自觉形成树立学习目标、明确集体努力方向的内在动力，也要关注教学全过程，以学生集体为突破口，挖掘其中的榜样，激发学生的外在支撑。使学生在塑造学习与互动中强化集体归属感。

（二）形成独特的大学精神

大学精神是一所大学在办学过程中所形成的，集体认同的思想、信念、价值观和行为准则，存在于大学的每一个角落，贯穿于大学教育教学的每一个环节，展现出学校的气量和格局，是大学的灵魂。[②] 一所大学的发展需要一定的精神引领，作为文化灵魂和精神理念薪火相传的集中体现，大学精神是一种精神和文化力量，是营造美好大学形象、确保优良大学品质的核心因素。高校要优化校园精神环境，就要形成自身独特的大学精神，使全体师生员工坚定不移地追求自身的事业，将集体主义价值观沉淀为自觉的选择，并继承和发扬下去。

要铸就和弘扬独特的大学精神，需要高校结合自身发展的实际需要，与时俱进。大学精神作为一种意识形态观念，具有相对独立性，

[①] 程立军、赵海燕：《创新高校校风建设路径探析》，《学校党建与思想教育》2013年第6期。

[②] 陈灿芬：《试论地方高校校风的科学构建》，《湖南社会科学》2010年第3期。

若要保持持续旺盛的生命力则需要应时代之需，把自身的价值本质与时代特色相结合，争取社会的理解和支持。要在崇尚真理与学术自由的同时担负起对祖国、人民的强烈责任感和对社会的关怀意识，于日新月异的社会洪流中坚守不变的初心。

要铸就和弘扬高校自身独特的大学精神，还需要培养学生的自主性。在各种思想观念泥沙俱下的时代，学生容易受到外在因素的影响。要唤醒学生的自我教育意识，提高学生的自我教育能力。培养学生在物欲横流的现代社会保持一份独立的人格和自由的思想，在诱惑面前仍不迷失自我，依旧具有独立的判断和正确的决断，在精神意义上取得自我实现。[①] 可以通过一些突发状况，让学生独立解决，培养他们的主动性，以便他们在未知中认清自己和社会，感受集体的温暖，明白集体的重要性。

（三）开展健康向上的社团文化

校园文化活动以学生为主体，以校园为依托，涵盖管理、教学等方面的群体性文化活动形式。高校的社团文化是校园文化活动在开展过程中所形成的一种精神文化氛围，集知识性、思想性、娱乐性、学术性等于一体，是高校特有的精神环境。高校社团文化与参与社团活动主体的知识基础、价值底蕴密切相关，是社团成员志趣、责任等的结合。以不同旨趣为前提组成的社团，不仅有助于学生发挥自主性，全方位、多层次地实现自我发展和提升，而且有助于形成生动活泼、健康向上、崇尚集体的校园文化氛围，提升校园文化品位，为高校培育集体主义价值观提供肥沃的土壤。

建设多种多样的社团文化活动是营造健康向上的社团文化环境的基本前提。不论社团的大小、范围、类型如何，只要是有利于强化学

---

① 张敏珠：《大学精神的逻辑建构与培育方略：基于教育目标的价值追求》，《黑龙江高教研究》2017 年第 12 期。

生集体情感体验的社团，我们都应该认真关注、积极指导。增强思想性和教育性，把集体主义价值观培育同学生能力的培养结合在一起。可以组织不同社团加入同一活动的组织和开展，增强社团整体的责任感和使命感，也可以在社团考核环节加入社团成员的集体表现，在社团日常活动中形成团结协作的意识，引导他们正确审视自身在社团中的价值。

加大校园文化的宣传是营造健康向上的社团文化环境的重要途径。校园广播、报纸、微博、微信公众号等媒介能够有效扩大社团文化环境覆盖面，抵御外来文化的负面影响。例如，通过网络主题教育、宣传布告栏的宣传教育等方式进行社团招新、开展社团活动，实现线上、线下联动，能够进一步扩大集体主义价值观在社团中的覆盖面和影响力。

（四）营造积极乐观的心理氛围

集体主义情感不是个人内部自发产生的，而是在社会化的过程中逐步形成的。新时代，随着物质生活的极大满足，大学生的精神生活日趋丰富，在判断、选择和使用的过程中有时会发生功能障碍，加之学生离家求学的现实状况需要学生自主面对学习和生活中所面临的问题和困难，巨大的心理压力容易导致部分学生在持续内耗中爆发不良情绪。因此，营造积极乐观的心理氛围对于高校校园精神环境的建设同样意义重大。

要使学生保持良好的心理状态，就必须让学生感到"安全"和"自由"的心理氛围。也就是说，学生在进行思考和表达的过程中，既不需要有任何的心理戒备，也没有必要担心自己的想法和做法是否过于新奇。在对问题进行思考时，学生无须给自己设定太多的条框和限制。[1] 教育者

---

[1] 高汉运、裴国栋、段成英：《校园文化环境与学生心理健康》，《中国学校卫生》2002年第1期。

要力求营造平等对话、相互尊重的心理环境。可以通过课外与学生面对面地谈心、聊天，或者电话、微信等形式的沟通增进师生情谊。也可以通过设立心理咨询室、心灵驿站和线上心理咨询平台的方式，随时随地解决学生心理困惑，抓住特殊时机做好学生的价值引领工作，给学生以情感上的支持。

此外，校园心理环境的建设要谨防"闭门造车"，要敞开"大门"，适量引入国内外其他高校的成功办学经验和社会的正确价值观念，增加校际合作与国际合作，打造更具开放性和创新性的校园心理环境，优化大学生的集体主义情感体验。

三　健全校园制度环境

所谓制度环境，是指社会上的一种规范体系，一般用以调控生产、生活和利益关系。[①] 而校园的制度环境，则是由学校的各项规章管理制度和各类组织行为文化所构成的基础环境。[②] 它以学校全体师生共同认可并遵循的行为准则为基础，既包括宏观层面的校园规章制度，也包括微观层面的班级组织制度和宿舍管理制度等。校园制度环境覆盖校园生活的不同层面和集体范围，是教学、科研、生活及实践得以顺利进行的前提。因此，制度环境是否科学合理，决定了一个学校整体环境建设水平的高低。校园制度环境既奠定了校园宏观物质环境的总基调，也为校园精神环境的建设发展提供了重要条件，是大学生价值观健康发展的重要保障。以培养全面发展的人才为导向，结合时代特色和高校自身实际完善校园各层级的制度环境，既体现了以人为本的校园精神文明建设理念，也有助于间接作用于学生集体主义情感的培养。

[①] 李辉：《现代思想政治教育环境研究》，广东人民出版社 2005 年版，第 232 页。
[②] 林燕、陈玉民：《新时期高校集体主义教育研究》，南海出版公司 2008 版，第 140 页。

（一）利用校园规章制度环境做好上层引领

就覆盖面大小而言，校园规章制度是校园制度环境中覆盖群众最多、范围最广的类属。就影响意义而言，校园规章制度环境也是校园制度环境中最稳定、最深远的部分，规章制度的遵循情况直接决定了一切教科研活动能否顺利开展。在校园规章制度中强化集体主义价值氛围，就要将科学的规律、以人为本的理念同精准的落实相结合，做好上层引领。

第一，以科学的规律健全校园规章制度。制定校园规章制度的前提是要遵循党和国家相关教育法律法规、政策、教育教学活动的客观规律的科学指引，并在保证规章制度相对稳定性和强制性的基础上，适时适量进行修改、调整和完善，以便激活规章制度，使之永远充满活力和适用性。[①]

第二，以学生为本健全校园规章制度。好的规章制度还需始终坚持以人为本的价值理念和发展理念。也就是说，建立校园规章制度，不是为了惩罚学生、约束学生，而是为了教育学生、服务学生，充分发扬教育民主。这是高校校园制度环境建设应当坚持的核心思想。例如，在规章制度的设计环节，通过调查和访谈的方式了解不同学生群体在日常学习、工作和生活中的利益需求，有助于学生充分体会学校对学生的关心，深化对学校的认同感和归属感。

第三，以精准的落实健全校园规章制度。校园规章制度的强制性决定了它必须具有相对稳定性。但随着时间的推移和学校客观实际的变化，一味固守规章制度也可能会呈现出不能紧跟时代和学校发展的滞后性。因此，为确保校园规章制度充满活力，就要推动校园制度环境的精准落实，将已经固定的内容得到全体成员的认可和接受。要将校园规章制度落实到位，就要在主客观条件变迁中完善思政课程与课程思政相辅

[①] 黄维广：《校园文化的作用与建设》，《辽宁教育研究》2004年第7期。

相成的教学管理制度，同时通过完善科研管理制度、人事管理方案等强化集体主义价值观培育的理论效果，触发制度环境的情感体验。

（二）利用班级组织制度环境做好核心建设

作为校园群体的构成要素，班级是学校教育的基本单位和互动交流的主要载体，在班主任的带领下接受社会化教育。班级组织制度环境受校园规章制度制约的同时也影响着校园总体的精神环境。科学合理、健全有效的班级管理制度环境能够塑造积极向上的班级精神，继而影响学校的校风、教风和学风，促进大学生作为集体一员的深刻情感体验。

竭力强化班集体的凝聚力是班级组织制度建设的关键。在班级组织制度的建设中，既要调动全体学生的参与意识，也要培养优秀的班干部队伍，使班集体上下一心、相互监督、协同发展，拧成一股绳。充分实现全员参与、全员进步。班级组织制度的建设也会反过来影响学生个体奉献集体的意愿。通过制定具有班级特色的班训、班歌、班徽和共同奋斗目标等方式，可以凝聚集体力量，团结一心、群策群力，激发学生的集体主义情感共鸣。

制定实施公平公正的奖惩制度是班级组织制度的保障。只有严格制定这些奖惩制度，并在日常班级建设和管理的过程中落细、落实，才能满足学生对平等的渴望、对班集体情感凝聚的心理需要，起到对全体学生均衡的激励作用，触发良好的集体情感体验。惩罚作为表扬和激励的反面，也应该被视为一种艺术。教育者在落实惩罚制度时要以适度、公正和委婉为基本原则和出发点。激励学生也可以从不同的角度展开，让每个学生都能发现自己在集体中的价值所在。[1]

（三）利用宿舍管理制度环境做好基层辅助

新时代，大学生社会交往途径拓宽伴随着的却是线下人际圈的缩小化。宿舍作为校园中的微型集体，成为大学生最频繁的交流与学习场

---

[1] 王丽娜：《班级制度文化建设"三要"》，《思想政治课教学》2014年第1期。

所，是进行集体主义价值观培育的最基层组织。作为一种行为规范，宿舍制度是对全体宿舍成员所做出的各种行为表现的区分和辨别模式。亦即宿舍制度的核心要义是判断宿舍成员的行为是否符合宿舍文化所指向的目标。这一制度指向全体住宿生和管理人员、服务人员的各项规定和有关宿舍工作的全部规章制度。[①] 包括文明公寓守则、宿舍组织纪律、宿舍用电安全、宿舍条例和宿舍公约等规章制度。以完善宿舍管理制度为基础丰富宿舍文化是高校制度环境建设的重要组成部分，也是学生良好价值观体验的阵地。

从学校的角度来看，要健全总体的宿舍管理制度，建设宿舍管理工作队伍、推进宿舍常态化文化活动。要配备一支管理能力强、思想素质高、人品修养好、专业知识广的学生思想政治教育和心理健康教育工作队伍。让他们扎根学生宿舍，以宿舍为基地，开展思想政治教育工作。[②] 也要开展一些兼具知识性、趣味性的宿舍文化活动，鼓励学生以集体为单位参加。如一些读书沙龙、宿舍名称和口号设计、宿舍装扮设计等活动，让学生在活动中增添趣味，感受宿舍集体大家庭的温暖。

从宿舍内部建设来看，要细化单一宿舍的管理制度。充分发挥学生的主体性和积极性，明确自身在宿舍内部的管理者与参与者的身份。例如，宿舍成员共同制定宿舍内生活作息安排、学习规划等制度条约，能够在学生间建立起友谊的同时增强集体宿舍的向心力。

第二节　形成内外和谐的家庭环境

在大学生的成长过程中，家庭、学校或者社会中凡是能够触动学生内心情感体验、强化学生行为表现的，都能对学生的认知、情感、意志

[①] 范双利：《浅议高校宿舍文化的育人功能》，《现代教育论丛》2003年第4期。
[②] 吕淮湘：《和谐校园视角下的大学生宿舍文化建设》，《思想教育研究》2009年第7期。

和行为造成影响。"但是，无论时代如何变化，无论经济社会如何发展，对一个社会来说，家庭的生活依托都不可替代，家庭的社会功能都不可替代，家庭的文明作用都不可替代。无论过去、现在还是将来，绝大多数人都生活在家庭之中。"① 家庭教育作为人最早接受教育的场所，是学校教育和社会教育的基石，有效的家庭教育能够弥补学校教育、社会教育的不足。家庭环境决定着家庭教育的整体氛围，具有特殊的感染力，对学生成长发展的影响具有首要性、自觉性和终身性。尽管大学生异地求学的客观现状限制了其与家庭的直接联系，但是家庭环境的影响早已潜移默化为大学生的内在修养，加之当前通信技术的创新发展为家庭成员间的相互联系创造了条件，使得家庭对大学生的影响并不会因此而削减，依然渗透在日常的通信联系中，反映在大学生的行为交往上。因此，家庭环境对大学生价值观的影响仍具有不可替代性和独特性。家庭内部的教育理念、家风的建设和家庭对内对外的互动交往是构成和谐家庭环境的重要因素，对厚植大学生的集体主义情感至关重要。

一 用科学的教育理念树立集体主义情感

家庭教育理念是广大家长在面对家庭教育这一问题时所产生的相对稳定的思想观念和价值倾向。就其产生来看，家庭教育理念是在具体的家庭教育实践中产生的意识形态观念；就其本质来看，它是一个时代、一个社会教育理念的具体化和组成部分，也是后者在家庭教育实践工作中的微观映射。只要有家庭教育活动存在，只要有家庭教育行为发生，就一定有家庭教育理念在起作用，只不过有些家庭比较明确，而有些家庭则比较模糊。② 家庭环境孕育着家庭教育理念，家庭教育理念是家庭环境在思想层面的表现，为家庭环境的创设提供思想指南。在科学家庭

---

① 《习近平谈治国理政》第2卷，外文出版社2017年版，第353页。
② 刘在花：《幸福家庭教育构建》，《中国特殊教育》2011年第9期。

教育理念的指引下，大学生能够感受到集体主义情感，成为有责任感、对社会有用的合格建设者和接班人。为在家庭环境中实现集体主义的情感濡化，家庭教育理念应至少包括以下内容。

（一）树立家庭集体的理念

家庭是学生成长的第一个集体，是学生价值观念形成的接触性集体。家庭的教育从使其成为一个温暖的集体开始。家庭成员作为学生行为的示范群体，要坚定共产主义和集体主义的思想方向，为大学生参与学校、社会中的集体活动提供参照。学生处在利益复杂交错的时代，在家庭教育中确定集体理念能够使学生拒斥自私自利行为，强化同其他家庭成员、社会成员的良性互动，从而反对极端个人主义，为培育集体主义奠定基础。

树立集体理念要坚持家庭内部成员之间的合作、协调和创新，利用相互学习、沟通交流的形式教育子女在家庭中共同学习成长。树立集体理念还要坚持家庭之间的交流与合作。比如，可以充分利用社会教育资源和网络平台，办好家长委员会，强化家庭间的集体合作，支持学校教育。

（二）树立相互平等的理念

每一个家庭，"都是由享有平等权利的社会成员构成的集体"[①]。家长和孩子之间不是一种人身依附关系，也不是上下级间的领导与服从关系，而是人格平等基础上的理解和交流关系，相互间应该保持平等和尊重。然而，仍有很多家长打着爱的旗号，逼迫孩子作出他们认为合适的选择和行为，具有浓厚的家长权威的色彩。真正的家庭教育，应当是家长指导下孩子自主选择和建构自我的过程。以平等为思想基础，更有助于强化家庭间的情感沟通。

[①]［苏］A.C. 马卡连柯：《家庭和儿童教育》，丽娃译，上海人民出版社2011年版，第11页。

家庭成员间的人格是平等的。既不能以家长为"领导者",片面强调家长的权威地位,也不能以孩子为"小皇帝",由溺爱演变为放纵自由,最终培养一批利己主义者。家长要尊重孩子的自尊心,培养孩子的自信心。比如,在亲朋好友面前不揭短,鼓励孩子参与集体活动,在集体中表现自己,发展特长和兴趣。家庭成员间的地位也是平等的。家长不能仰仗自身的年龄和阅历优势,忽视孩子的想法和观点。要尊重孩子选择,给孩子犯错和成长的空间,丰富孩子的人生经历和情绪体验。

(三)树立素质教育的理念

"家庭教育涉及很多方面,但最重要的是品德教育,是如何做人的教育。"[1] 知识教育固然重要,但家庭教育中更应着重强调道德和心理健康教育,重视综合素质的培养,帮助孩子成长为多维立体发展的综合型人才。在道德教育层面,多数家长主要教育孩子对父母要孝亲敬长,文明有礼,为人处世"不占便宜"也"不吃亏"[2],在社会责任感、集体归属感等方面的教育却略显不足。在心理健康层面,受应试教育制度的影响,许多家长以考试成绩为目标,忽视了孩子的兴趣爱好和学习过程中的心理压力,这种急功近利的教育理念导致学生抑郁、自杀等事件频发。因此,家长要将道德培养同心理健康相结合,强化素质教育的理念。

一是要关注孩子的道德提升。学校教育由于应试考试的要求难以避免以教授书本知识为主的教育方式,家庭教育中为避免强化学校教育以课本学习为主的狭隘观念,就要在家中多开展一些孩子感兴趣的家庭活动,多让孩子阅读一些他们真心喜欢的课外读物,弥补学校学习的不足,提升孩子的综合素质。[3] 二是要关注孩子的心理健康。必须重视孩

---

[1] 《习近平谈治国理政》第2卷,外文出版社2017年版,第355页。
[2] 游永恒:《论现代家庭中的素质教育》,《四川师范大学学报》(社会科学版)2004年第2期。
[3] 游永恒:《论现代家庭中的素质教育》,《四川师范大学学报》(社会科学版)2004年第2期。

子健康人格的养成,鼓励孩子多与他人沟通、交流,多在集体中发挥自身价值,在奉献中感受家庭和集体的温暖,培养坦然面对挫折、善于调控情绪变化的能力。

二 用优良的家风引领集体主义情感

家风是一个家族世代发展过程中沉淀的相对稳定的价值准则,它侧面反映出一个家庭的教育理念。"古时,那些子孙多贤达、功业多卓著的名门,无不与其良好家风的传承息息相关。"① 作为中华优秀传统文化和美德的重要构成部分之一,良好的家风具有价值观塑造功能,能够提升个人的思想高度和宏大格局,是集体主义价值观培育的重要载体。习近平总书记强调"家风是社会风气的重要组成部分。"号召:"广大家庭都要弘扬优良家风,以千千万万家庭的好家风支撑起全社会的好风气。"② 优良的家风也能引领社会风尚。家庭培养的人才最终要到社会中施展才干,对社会环境施加影响,而个人在社会中的表现很大程度上反映了其原生家庭的风气。因此,通过家风建设引领集体主义情感,不仅有利于个人集体主义价值观的养成,也有助于社会整体的集体主义价值观培育。

《关于进一步加强家庭家教家风建设的实施意见》中明确指出,"推动形成爱国爱家、相亲相爱、向上向善、共建共享的社会主义家庭文明新风尚"是新时代家风建设的总体目标之一。③ 因此,强化大学生集体主义情感的培育,可以从升华爱国爱家的家国情怀、形成相亲相爱的家庭关系、弘扬向上向善的家庭美德和建立共建共享的家庭追求等方

---

① 中共中央党史和文献研究院:《习近平关于注重家庭家教家风建设论述摘编》,中央文献出版社 2021 年版,第 11 页。
② 《习近平谈治国理政》第 2 卷,外文出版社 2017 年版,第 355—356 页。
③ 中共中央党史和文献研究院:《习近平关于注重家庭家教家风建设论述摘编》,中央文献出版社 2021 年版,第 61 页。

面努力，丰富家风建设的时代内涵。

（一）升华爱国爱家的家国情怀

爱家更爱国，有国才有家，家风影响国风。家国情怀是一个人对国家、民族和人民深沉的爱，是中华民族历史长河中始终激扬的主旋律，早已融入中国人的血脉之中。家国情怀的本质是个人融入国家、奉献集体，这与集体主义价值观的本质相一致，是家风涵养的最高价值引领。个人能够在同国家、民族的命运与共中成就大我，不断升华集体主义情感。

一方面，要从中华优秀传统文化中汲取智慧和力量。"不忘历史才能开辟未来，善于继承才能善于创新。"[①] 中华优秀传统文化中蕴藏着诸多治国安邦的道理和爱国主义精神。对于其中的道德规范和伦理取向，我们要结合新时代的新要求进行创造性转化和创新性发展，使之成为优良家风建设的活水源头。例如，电视媒体、网络官方账号可以制作家风建设专题栏目，共读中华经典文献，形成全民阅读氛围，并对其中内蕴的问题加以揭示和解读，提高社会大众的理解力。也可以动员社会公益组织、志愿者们面向文明家庭进行家国情怀的宣传教育，让家庭的精神境界迈上新台阶。

另一方面，要以集体主义价值观为引领。在家庭教育中，家长要有意识地让孩子认识到个人、家庭和国家是有机统一的，个人的思想态度和行为举止构成并反映了一个家庭的家风家教。国家和社会是千千万万个家庭构成的，家庭的家风家教决定着一个社会、一个国家的整体面貌。要把抽象的集体主义价值观内容具体生动地融入家训制定、日常教育中，让孩子意识到自己是集体中的一分子，是国家的公民，继而将集体主义价值观根植于心、落实于行。

---

① 《习近平谈治国理政》第2卷，外文出版社2017年版，第313页。

(二) 形成相亲相爱的家庭关系

家长是孩子道德成长的引路人，家庭成员间的人际关系直接决定了家庭内部道德教育的开展情况。家庭关系是社会关系的基础和前提，间接决定了学生在社会交往中的表现。和谐相亲的亲子关系、夫妻关系、邻里关系能够强化学生对家庭的认同，并进一步升华为个人建立同他人信任关系的情感基础，成为学生发挥奉献集体和社会主动性的前提。

首先，要形成良好的亲子关系。优良的家风不仅体现为"自下而上"的尊敬、孝敬，同时也体现为"自上而下"的关心和疼爱。[①] 孩子的价值观不是先天形成的，家中长辈首先要强化自身的道德修养，再通过循循善诱的道德话语和坚持不懈的道德行为引导和教育孩子。就此而言，广大领导干部要成为良好亲子关系的典范，构建相互尊重、彼此平等、宽容开明的家风，将集体主义价值观代代传承下去。

其次，要形成良好的夫妻关系。父母相爱是对孩子最好的爱的教育。和谐的夫妻关系是良好家庭关系的起点。婚姻本身就是伦理价值的体现。正如黑格尔所说的："婚姻是一种伦理精神，男女双方都能够意识到自己处于这个统一体中，从而也就能相互恩爱、相互信任。"[②] 家庭中父母双方要建立同一目标，并向着这一目标共同努力。例如，父母一起做家务、一起阅读，经常表达爱，使爱劳动、爱学习、爱家庭的观念在孩子心中默默生根、发芽。

最后，要形成良好的邻里关系。亲子关系、夫妻关系是家庭内部成员间关系的基本形式。要使孩子形成完整的家庭关系理念，还要关注家庭内部成员同其他家庭成员的相互关系。教育孩子在对外交往中养成诚信、善良、助人为乐的准则，学会与他人交往。

---

① 杜都：《优良家风涵养家庭美德的伦理探析》，《道德与文明》2022年第3期。
② ［德］黑格尔：《法哲学原理》，杨东柱、尹建军、王哲译，北京出版社2007年版，第83页。

（三）弘扬向上向善的家庭美德

"家庭教育涉及很多方面，但最重要的是品德教育，是如何做人的教育。"① 道德是家风家教之根本，是孩子奉献社会和国家的前提。家庭美德是家庭内部成员在处理相互间关系时应当遵循的道德要求和价值规范，具体包括亲子关系上的尊老爱幼、夫妻关系上的相爱和睦、邻里关系上的互助友爱等。作为一个开放的环境，每一个家庭都离不开外在环境的影响。学校教育通常向学生传输的是正向积极的道德品质和思想观念，要实现学校教育效能的最大化，家庭中就应以家庭美德来呼应学校教育，从而实现集体主义价值观培育的整体最优效果。

从微观上看，单个家庭要把立德树人放在第一位。家长要注意言传身教，注重细节。家长传的是普遍存在的"常情"，讲的是立身处世的"常理"，却能在日常生活中不知不觉地给孩子的认知态度和言行举止带来影响。有了家庭内部这种饱含人情味、靠近生活实际的微观载体，大学生集体主义价值观培育才能变得更加接地气、灵活生动、充满热情。②

从宏观上看，家庭美德的建设不能囿于某一个家庭，需要所有家庭的共同努力。社区、妇联、家委会可以开展常态化家庭建设机制，通过"模范家庭"评选、家风美德竞赛等活动，将物质奖励同精神激励相结合，在全社会范围内营造良好的家庭美德建设环境。

（四）建立共建共享的家庭追求

当个人将家风内化为自己的人生准则和道德信念的时候，一个家庭的家风家教还会成为家庭成员共同价值追求的指引。在家风建设中摒弃功利主义、个人主义，注重个人对他人、对社会的责任感，能够创造服务集体、奉献社会的家庭环境，正确处理个人与集体和国家间的关系，

---

① 《习近平谈治国理政》第2卷，外文出版社2017年版，第354页。
② 康来云、谭婳：《实现家风家教与社会主义核心价值观的无缝对接》，《学习论坛》2017年第8期。

从而树立集体主义价值追求。

共建共享家庭追求的实现，可以通过合理设置家庭内部共同的目标追求来逐步实现，如制定家庭的财务目标、健康目标、阅读目标等，既能够推动家庭在物质方面持久进步，也能够成为凝聚家庭精神力量的有效方式。

三　用积极的家庭互动深化集体主义情感

在家庭内部成员间的互动与家庭的对外交往中，家庭环境不断发挥作用并趋向完善。习近平总书记指出："广大家庭都要重言传、重身教，教知识、育品德，身体力行、耳濡目染，帮助孩子扣好人生的第一粒扣子，迈好人生的第一个台阶。"[①] 因此，打造内外一体的家庭环境，既需要利用家庭内部的科学教育理念、文明风气引导孩子，也要通过家庭内外互动中所呈现的正确的行为方式成风化人。

以积极的家庭互动深化集体主义情感，首先需要明确影响家庭互动的主要因素。从客观因素来看，社会环境在无声中塑造着家庭环境，各个家庭在经济状况与社会地位上的不同，往往造成了其所处的社会环境的不同，继而影响着具体的家庭环境。从主观因素来看，家长的道德价值观念和处世行为态度在耳濡目染中熏陶着孩子，甚至产生终身影响。客观的因素是由主观努力所决定的，因而要着力破解主观要素，在对内和对外的具体行为中，实现对孩子集体主义情感的深化。

（一）开展协调家庭的集体活动

家庭教育的本质是生活教育。家长要在日常生活中加大同孩子的互动频率，引导孩子加入家庭这个小集体。家庭内部的交往协作和人际互动影响着社会责任感的形成，是社会交往的前提。孩子越是能够协调好家庭成员关系，妥善处理家庭各项事务，体悟自身在家庭中的奉献力量

[①]《习近平谈治国理政》第2卷，外文出版社2017年版，第355页。

与责任担当,越能够形成良好的社会人际网络,妥善完成社会工作,在集体中强化自身的社会责任感和集体意识。

家庭内部开展集体活动,其本质要求都是要让孩子进行实际锻炼。一方面,要进行合作能力的锻炼。比如,可以通过启发孩子与家长共同参与家庭收支计划、制定家庭外出攻略、主持家庭劳务事项等活动,养成同家长合作交流的习惯,形成对家庭的归属感和责任感。另一方面,也要进行独立能力的锻炼。每个孩子在家庭中都是不依赖他人意志而存在的独立个体,要充分尊重孩子的自由、权利、尊严和个性,而不是把孩子作为家长的"附属品"。作为大学生的家长,应当让孩子养成独立自主生活的意识和能力,让他们在平衡好自身学习和日常生活之余,主动帮父母承担家务劳动、家庭责任。

(二)开展融入社会的集体活动

党和国家积极倡导和谐社会的建设,而和谐社会建设的背后离不开家庭和学校的共同努力。"三教合一"指的就是家庭教育、学校教育和社会教育的互动与融合,它们共同作用于个体的成长并发挥重要作用,构成了一个完整的终身教育体系。[①] 然而,受到复杂社会环境的影响,一些家长在家庭教育中也出现了一些责任心缺失、自私自利的现象,给孩子造成了潜在的负面影响,导致了学校教育、社会教育与家庭教育的割裂,背离了集体主义价值观的实质。因此,家庭教育要落实好学生教育首个场所的关键作用,引导孩子参与集体劳动和志愿服务,从而正确融入社会这个大集体。

一是要强化劳动教育。劳动是人生存的前提。家长要从自身职业的社会价值的角度向孩子分享其劳动成果为国家和社会带来的贡献,在身体力行中帮助孩子在就业劳动中树立正确的职业观、择业观,养成热爱

---

① 黄欣、吴遵民、黄家乐:《家庭教育:认识困境、使命担当与变革策略》,《现代远距离教育》2020年第2期。

劳动的习惯，形成服务社会的大局意识。二是要强化志愿服务。社区、学校所提倡并开展的一些志愿服务活动是大学生认识社会、融入社会的重要平台，家长应当积极配合，和孩子一同参与其中，帮助其明确自身在社会中的角色定位和责任义务。

第三节　营造多维一体的社会环境

　　社会群体中的每一个成员都与这个群体保持着联系并协调一致。[①]新时代是信息化时代，集体主义价值观培育工作并不是孤立地存在于学校之中，而是受到学生生活范围内各种社会因素的影响。以集体主义价值观培育的总体环境为参照物，社会环境作为其中的一个子系统，与家庭环境、校园环境相互影响。而社会环境又是由经济、政治、文化和舆论等不同维度构成的整体。作为价值观培育的大课堂，社会为个人价值的实现提供了现实条件，影响着个人的情感体验。随着全球化、网络化进程的加速推进和大学生社会参与主体意识的增强，社会的经济、政治、文化和舆论环境不仅作用于社会的改革与发展，也渗透到高校价值观建设领域内部，影响并改变着大学生的价值观。因此，要强化大学生集体主义价值观的情感体验，就必须融多个维度的社会环境于一体，发挥基础、引领、强化和推动作用。

一　以经济环境夯实学生情感基础

　　社会经济环境是人们的经济活动、经济关系以及相应制度等经济因素的总和。[②]"人们自觉地或不自觉地、归根到底总是从他们阶级地位所依据的实际关系中——从他们进行生产和交换的实际关系中，获得自

　　[①]　［法］布尔迪厄：《国家精英——名牌大学与群体精神》，杨亚平译，商务印书馆2018年版，第317页。
　　[②]　常青伟：《思想政治教育环境渗透研究》，苏州大学出版社2015年版，第155页。

己的伦理观念"①。由此可知，投射出一个社会经济基础的经济环境，构成了个人思想品德情感导向的外部要素。而集体主义价值观培育作为一种思想道德教育工作，是推动经济建设发展的强大精神力量，与社会主义市场经济建设的实质相一致。大学生是经济建设的后备力量，集体主义价值观培育工作做得好，社会主义市场经济才能得到持续健康发展。因此，既要使大学生的集体主义价值观培育适应社会主义市场经济的发展，也要强化社会主义市场经济建设的集体主义价值观导向。

（一）集体主义价值观培育要适应社会主义市场经济发展

社会主义市场经济是我们党所领导的一项重大改革。在新时代，高等学校的主要任务是要以经济建设为中心，培养出适应社会主义市场经济发展的可靠的优秀人才和后备力量。而完成这一任务的重要方式之一，就是加强和改进大学生的集体主义价值观培育工作。经济基础决定上层建筑，优化大学生集体主义价值观培育工作，就要坚持同社会主义市场经济体制相适应，通过改革高校投资体制、内部管理体制、招生就业体制、教学培养体制等方式培养能够适应社会主义市场经济并在其中脱颖而出的佼佼者。

第一，要改革高校的投资办学理念。社会主义市场经济以公有制为主体，多种分配方式并存，公有制和非公有制都是社会主义市场经济的重要组成部分。在这样的经济条件下，高校应当转变过去那种仅仅依赖国家财政拨款的方式筹集办学经费的观念，发挥多种渠道筹集资金的灵活方式，拓宽筹集教育经费的途径。比如，可以利用学校特色专业，建立大学的附属医院、养殖场、动物医院、产业园等，将部分创收用来反哺高校建设发展，增强自我激励、自我发展的能力。

第二，要改革高校的内部管理体制。社会主义市场经济强调竞争性，这种优胜劣汰的竞争机制要求高校全体教学和管理人员调动自身的

---

① 《马克思恩格斯文集》第9卷，人民出版社2009年版，第99页。

积极性、主动性和创造性，追求自身的能力发展和教学管理创新思维的转变。比如，通过修改完善教师竞争考核办法，建立奖优汰劣的教师管理办法，设立教学科研奖励制度等办法激发全体教学和管理人员的积极性。

第三，要改革高校的招生就业体制。随着社会主义市场经济的发展，高校办学也有了更多的自主权。在招生和就业方面，不能封闭自我，而是要采取开放的态度，吸纳多元化的人才，培养适合市场经济发展的各种人才。在招生方面，可以在高考统招的基础上，落实强基计划、国家专项计划、地方专项计划、高校专项计划，多元录取、适当调整。在就业方面，则要鼓励学生面向市场，多渠道就业，向服务社会方向发展，树立正确的职业观、择业观，鼓励毕业生分渠流入市场。

第四，要改革教学培养体制。社会主义市场经济在客观上要求每一个人的个性得到全面而自由的发展，充分发挥个人的主观能动性。这本无可非议，但部分大学生却误将个性的自由发展等同于放纵自我，以至于不顾社会和他人公共利益，导致一部分大学生出现集体主义观念淡薄、个人纪律性较差、社会公德感欠缺。[①] 对此，大学生集体主义价值观培育要以人为本，既尊重学生个性差异和个性发展，体现人文关怀，也关注大学生人际交往能力的训练，引导其正确看待个人同集体的利益关系，坚定对集体主义价值观的自信。

（二）强化社会主义市场经济建设的集体主义价值观导向

按照马克思主义的观点，任何社会的道德都是与当时的社会经济关系相适应的。市场经济作为一种经济关系，也必然要求有一个与之相适应的道德规范。[②] 社会主义市场经济以公有制为主体、以按劳分配为主要原则决定了经济的发展不单是个人努力的结果，而是集体共同创造的

[①] 李俊彪：《社会经济环境变化与创新大学生的思想政治教育》，《黑龙江高教研究》2007年第4期。

[②] 赵石宝：《市场经济的环境建设》，《中国社会科学》1993年第5期。

劳动成就。个人在感知经济实力发展壮大的同时也应强化自身对社会的使命感和责任感。因此，社会主义市场经济作为社会主义条件下的市场经济，更应该讲求以集体主义价值观为导向的伦理道德。

一方面，要加强对经济的宏观指导，着眼于经济关系的调整，为促进现代化经济社会发展服务。社会主义市场经济是一种开放型的经济体制，同时也具有逐利性，要促使其有秩序地平稳发展，离不开政府的宏观规划和指导。坚持中国共产党的领导，宣传调动全体人民把精力集中在社会主义市场经济体制建设中来，对一些急功近利的短视的经济行为，要做好及时纠错和引导，消解市场经济对价值观的消极影响。比如，利用官方账号及时对不当行为进行揭露和批评，强化法治教育。

另一方面，要鼓励多种所有制经济释放活力。社会主义市场经济中除了公有制经济之外，还应包括个体经济、私营经济、外资经济等其他形式，是经济建设中的有机构成。要深化社会主义市场经济体制和分配制度的改革，就要以集体主义价值观为导向，使之不断趋于科学化和规范化，发扬顾全大局、团结互助的精神品质，朝着缩小贫富差距、提高人民总体生活水平的共同富裕方向发展。

二 以政治环境引领学生情感导向

"讲政治，是我们党补钙壮骨、强身健体的根本保证，是我们党培养自我革命勇气、增强自我净化能力、提高排毒杀菌政治免疫力的根本途径。"[1] 政治环境与经济环境密切相关，稳定的国内外政治环境能够为经济发展赋能，是一切社会经济持续健康发展的重要前提。同时，政治环境中的政治制度、政治活动等本身也是一种潜在的教育力量，引导着大学生价值观的选择和追求。立足时代语境的变迁，通过坚守马克思

---

[1] 中共中央党史和文献研究院、中央学习贯彻习近平新时代中国特色社会主义思想主题教育领导小组办公室编：《习近平新时代中国特色社会主义思想专题摘编》，中央文献出版社、党建读物出版社 2023 年版，第 33 页。

主义思想阵地、加强党的执政能力建设、严抓党的作风建设、开阔国际政治视野等方式提升思想引领力、政治领导力、群众组织力和青年号召力，是优化集体主义价值观培育的政治环境，发挥政治环境的情感化育实效的应然之举。

（一）坚守马克思主义思想阵地，提升思想引领力

思想因时代而兴，理论为国家而强。一个国家的繁荣昌盛离不开精神力量的支撑，一个政党的成长壮大需要正确思想的引领。① 马克思主义是共产主义理想信念的土壤，只有坚持马克思主义不动摇，才能确保正确的社会主义前进航向。进入新时代，社会主要矛盾的变化、国内外政治环境的变化使得大学生的思想观念日趋多元化、个性化和功利化。马克思主义不稳稳地占据高校的思想政治阵地，就会使一些背离集体主义价值观的理念、思想侵入部分学生的头脑，使他们的理想信念发生动摇。因此，坚守马克思主义思想阵地，提升其在思想上的引领力，是发挥政治环境育人功能的根本要求。

坚持和强化理论武装是坚守马克思主义思想阵地的重要抓手。在中国共产党指导中国革命、建设、改革的实践中，强化和改进理论武装一直是一项优良传统。习近平新时代中国特色社会主义思想是党的最新理论成果，其中蕴含着丰富的集体主义价值观要素。"要组织广大青年认真学习马克思主义基本原理，学习新时代中国特色社会主义思想，在学懂、弄通、做实上下功夫，增强对党的基本理论、基本路线、基本方略的政治认同、思想认同、情感认同。"② 在理论上认同马克思主义，才能在情感上认同共产主义的价值导向。

---

① 双传学：《提升党的思想引领力的内在逻辑与时代回应》，《中国特色社会主义研究》2019 年第 2 期。

② 中共中央党史和文献研究院、中央学习贯彻习近平新时代中国特色社会主义思想主题教育领导小组办公室编：《习近平新时代中国特色社会主义思想专题摘编》，中央文献出版社、党建读物出版社 2023 年版，第 33 页。

开发和利用网络新技术是坚守马克思主义思想阵地的新形式。随着网络平台成为人民群众议政的主要方式，网站网页也成为思想宣传的新阵地。在新时代，网络新技术的发展速度直接影响着思想宣传的效度。要深化有利于集体主义的政治环境，就要拓宽网络平台、建设相关网页、丰富信息内容、优化使用流程，让人民群众在潜移默化中接受政治环境的熏陶。需要注意的是，还要做好网络平台的管理工作，防止不利于社会主义集体主义发展的言论渗透进来。

（二）加强党的执政能力建设，提升政治领导力

政治环境建设的主体在党、关键在党的领导。解决人民群众切身利益相关的现实问题、满足人民群众的美好生活需要，是展现党的执政能力，使学生发自内心认同和信赖中国共产党的前提条件。大学生对党的认同和信赖，则是坚持党的领导，感悟社会主义集体主义正确价值的重要基础。因此，加强党的执政能力建设，提升其在政治上的领导力，是发挥政治环境育人功能的关键举措。习近平总书记指出："只有以提高党的执政能力为重点，尽快把我们各级干部、各方面管理者的政治素质、科学文化素质、工作本领都提高起来……国家治理体系才能更加有效运转。"[①] 加强党的执政能力建设，就要从学习思维和工作能力等方面努力。

时代快速发展，实践没有尽头，学习永无止境。党的学习能力决定着政党的生命长度，是加强党的执政能力建设的首要因素。要建设马克思主义学习型政党，就要立足时代前沿、聚焦发展中所涌现出的一系列新情况、新问题，不断提升自身的政治素质、科学文化素质、思想道德素质。广大党员干部要带头学，利用网页、软件、纸质书籍等，厚才增学、创新致远。

党的执政能力建设关键在人，既要为了人、依靠人，也要用好人、

---

① 《习近平谈治国理政》第 1 卷，外文出版社 2014 年版，第 105 页。

管好人。党的工作能力水平决定着党的生命宽度,是加强党的执政能力建设的关键。人民立场是党的根本立场,党的建设发展中要以实现广大人民的根本利益为标尺,获得人民群众的拥护和支持。在深入群众中传播集体主义价值理念,让群众在党的思想教育中获得对集体主义的情感认同。中国共产党内部的全体党员同志也要有针对性地开展能力培训,切实提高整体素质,团结一致推动中国共产党的良性发展。

(三) 严抓党的作风建设,提升群众组织力

党的作风是一个政党内部组织管理情况、成员理想信念和品行的集中表现,是一个政党的事业能否蓬勃发展的决定因素。党的作风关系社风、民风,是政党建设的永恒主题。习近平总书记指出:"党的作风就是党的形象,关系人心向背,关系党的生死存亡。执政党如果不注重作风建设,听任不正之风侵蚀党的肌体,就有失去民心、丧失政权的危险。我们党作为一个在中国长期执政的马克思主义政党,对作风问题任何时候都不能掉以轻心。"[1] 新时代,党的作风建设面临新形势、新任务。要创建风清气正的政治环境,抓好反腐倡廉工作,就要提升党员道德修养、抓好党风廉政建设、培育落实群众观,让道德、清廉、崇民成为新时代党的政治名片。

第一,要发挥中华优秀传统文化对党员的道德滋养。中华优秀传统文化中"鞠躬尽瘁,死而后已"的诸葛亮,"精忠报国"的岳飞,"忧国忧民"的范仲淹等人物所传达出的高度重视国家民族利益的观念,对于引导党员正确处理国家、集体和自身利益关系,培育个人利益服从集体利益、服从国家利益的观念,具有重要的引导作用。从这些献身集体的思想中汲取营养,有利于改进党的工作作风。[2] 第二,要开展党风廉政建设,提升党员对自身廉洁自律性的认识。既要在思想上继承和发

---

[1] 《习近平关于党风廉政建设和反腐败斗争论述摘编》,中央文献出版社、中国方正出版社2015年版,第8页。

[2] 苏彬:《以优秀传统文化夯实党的作风建设》,《人民论坛》2018年第24期。

扬中华民族"重义轻利"的思想观念，也要在行动中践行廉政的准则。正确处理好实现自身利益同奉献社会之间的追求，引导党员树立正确的价值观。第三，要坚持为人民谋福利，尊重人民群众的历史地位。严格权力运行、制约和监督机制，一切以人民为价值归属，才能取信于民，调动人民投身祖国建设各项事业。因此，严抓党的作风建设，提升其在群众中的组织力，是发挥政治环境育人功能的有力保障。

（四）开阔国际政治视野，提升青年号召力

新时代，我国逐步迈向国际舞台的中央，意识形态领域的形势也更为复杂。集体主义情感的培育也被置于世界百年未有之大变局中进行。大学生是集体主义价值观的坚定信仰者、积极传播者和模范践行者，承担着历史重任，是政治环境建设的后备军和中坚力量。作为和平与发展潮流下的"世界公民"，大学生在全球化过程中更应放眼国际，更好地担当起世界责任。[①] 因此，由小及大、由内及外培育青年的责任观，开阔国际政治视野，是提升广大青年的时代号召力，发挥政治环境育人的主体视角。

首先，修身是前提。青年大学生要面向世界，形成世界视野，首先应当对自己负责，端正自身的价值取向。在日常的学习、工作和生活中端正态度、树立终身学习的理念。其次，树立家国情怀是修身基础上的发展性要求。要将个人最重要的人生志向同祖国和人民联系在一起。提高青年大学生的责任能力，凸显集体主义的价值本质。最后，面向世界，彰显人类命运共同体的责任担当是提升青年大学生时代号召力的终极价值导向。青年大学生要借助访学、旅行、参加学术论坛等机会促进学术与文化的交流、传递国家间的友谊，树立起全世界人民风雨同舟的人类命运共同体意识，将世界视为一个集体，彰显国际责任担当。

[①] 郑士鹏：《新时代中国青年社会责任感培养研究》，中央编译出版社2021版，第193页。

三 以文化环境激发学生情感共鸣

文化环境是影响人的思想政治道德素质的要素的总和，这一总和是由人类社会中存在着的由生产方式决定的观念形态所构成的。具体包括世俗形态、理论形态、凝结文化观念的物质产品等。[①] 一方面，优良的社会文化环境能够推动集体主义价值观的建设发展，团结、互助的中国精神，公平、正义的法治文化等能够使大学生建立起集体主义价值观念，形成良好的道德品质和崇高的理想信念，推动学生的集体主义价值观水平迈上新台阶。另一方面，社会文化环境中还存在一些消极因素，导致腐朽没落的文化方式在高校蔓延，部分大学生的政治意识淡薄，个人主义思想甚嚣尘上。因此，要改善新时代社会文化环境，挖掘积极因素，克服消极影响，将本土文化和外来文化相结合，推动大学生集体主义价值观的良性发展。

（一）积极发挥本土文化的辐射功能

以文化环境激发学生的集体主义情感共鸣，要坚决抵制历史虚无主义思想，积极发挥传统文化的辐射功能。一些大学生在接受思想宣传和教育的过程中，只看到传统文化中存在的一些落后的因素，却选择性地忽视社会对中华优秀传统文化的宣传，致使历史责任感淡漠，文化自信不足。因此，要发挥文化环境的激励作用，就要将传统文化中高尚的理想信念与具有时代特色的精神品质相结合，让经久不衰的思想洞见穿越历史的长河，在新时代奔腾出汹涌的浪花。

既要在思想层面将文化环境创新摆在重要位置，也要在实践中进行具体化和深化。例如，建设社区文化长廊、布置地铁和公交站台的公益广告牌时，可以宣传和弘扬中华优秀传统文化中的家国情怀、忧

[①] 戴钢书、易立新：《环境对学生的思想道德素质的影响》，《当代青年研究》2003年第1期。

国忧民等思想和充满鲜明时代特色的抗疫精神、女排精神等，激发大学生对祖国的热爱和自豪感，强化对自身社会责任和历史使命的认知。在脱口秀、剧本杀、文化节、艺术展等广受青年大学生欢迎的文化形式中贯穿集体主义文化元素。在开发文化产品的过程中要注意挖掘爱国主义、集体主义的题材和资料，以本土文化中的典型和实例教育广大人民群众。

（二）辩证看待外来文化的精神价值

以文化环境激发学生的集体主义情感共鸣，要增强自主辨别意识，辩证对待外来文化。思想领域的开放是时代发展的必然趋势，外来文化中所裹挟着的思想观念和生活方式对大学生产生日益重要的影响。这些影响中，既有先进的因素，也有落后的成分。因此，辩证接受外来文化，是避免国家封闭落后的必由之路。面对西方思想文化的大量涌入，要坚持以马克思主义为指导，以社会主义核心价值观为引领，汲取外来文化的思想精华，服务于本土文化的创新。

一是要在建设中发展外来文化中的正面能量。例如，学习西方国家在制作广播电视、打造国潮品牌、发展文化旅游等方面的经验做法，积极创新文化产品的内容和形式，努力培育民族品牌，以可持续发展的文化产业带动学生情感的深入。也可以学习西方思想观念、社会科学、自然科学中的合理成分，为大学生集体主义价值观培育提供有益借鉴、注入创新活力。二是要通过严格执法和监督消解外来文化中的负面能量。例如，通过常规的严格的市场监察、舆论监督等方式审核外来影片、品牌等在国内传播和销售中是否存在错误的意识形态导向。

四 以舆论环境推动学生情感传递

舆论是公众对一定社会现象或社会问题所表达出来的信念、态度、意见和情绪等的总和，总体上看具有相对一致性，是一种精神形态和强有力的思想武器。① 作为各种舆论观点所构成的社会氛围，社会舆论环境是影响价值观发展的"风向标"，通过各种舆论工具、机构和平台影响大学生的价值观选择。良好的舆论环境可以使事情朝着有益的方向发展，有利于大学生在情感氛围的熏陶中树立社会责任观念。而舆论环境中的消极因素则会使事情朝着错误的方向发展，打破社会内部的一致性和合作性。因而建设积极的舆论环境对大学生的集体主义情感认同和相互间的情感传递十分重要。建设良好的社会舆论环境，应当坚守"一"个原则，探索"两"个维度，遵循"三"个步骤。

（一）坚持一个原则

加强舆论环境建设要坚持党性原则。随着互联网的快速发展，网络舆论成为社会舆论最广泛、最普遍的形式。网络社会舆论内容纷繁复杂，为防止大学生被错误舆论误导，就必须要坚持党对舆论工作的领导，强化马克思主义在意识形态领域的指导地位，以确保舆论环境风清气正。正如习近平总书记所指出的："要加强党中央对网信工作的集中统一领导，确保网信事业始终沿着正确方向前进。"② 在从舆论产生、传播到监管的全过程中，始终坚持党性原则。

（二）探索两个维度

加强舆论环境建设要探索线上、线下两个维度。一方面，要发挥主流媒体的线上传播力。新时代，网络作为思想文化的宣传阵地和公共言论的聚集平台，已然成为教育的重要载体和环境。高校网络舆情就像"黏合剂"，能够凝聚同质群体的共同心理，发挥情感力量。要在把握互联网传播的科学规律的基础上，探索集体主义价值观的传播路径和宣传方式，在秉持客观、真实原则的基础上，将艰深晦涩的理论转变为具象生动的网络语言，提升价值观传递的亲

---

① 杜成斌、张骥：《当前中国积极舆论环境建设面临的挑战与策略》，《河北大学学报》（哲学社会科学版）2020年第1期。
② 《习近平谈治国理政》第3卷，外文出版社2020年版，第308页。

和力。① 比如，可以通过互联网、电子书刊、数字出版物等对体现集体主义价值观的时代典型人物或故事等进行正面宣传。也可以借助网络发布正面信息、宣传主旋律、遏制负面思想。使大学生在面对自身利益相关问题与社会问题时，产生一股具有强烈社会责任感的道德情感力量。②

另一方面，要发挥传统活动的线下推动力。线上的宣传形式以视觉冲击为主，线下的活动则以情感体验为核心。面对舆情波动，部分学生有时会产生一些心理问题。面对这些情况，既可以指定学生干部为思想动态信息员了解学生的心理状况，也可以通过普及相关知识、开设心理健康课程和开展相关活动的方式纾解矛盾。

（三）利用三个步骤

这里主要是指加强网络舆论环境建设的三个步骤，以发挥好网络舆论的情感教化功能。一是要打造一支网络舆论环境建设队伍，网络舆论环境建设人才队伍是实现网络舆论环境发展的核心力量。既要有舆论的意见领袖，也要有处理舆论的技术专员，还有要负责监管舆论的专职人员。二是要通过技术软件屏蔽负面信息。可以设置一些屏蔽词，将不符合集体主义价值导向或马克思主义意识形态理论和社会健康发展的言论隐匿。对于已经发布的一些误导大众、以偏概全的新闻报道，则要进行及时纠正和清理。三是要通过网络文明教育、网络信息管理、网络执法监督等规范网络行为。网络舆论环境不是法外之地，网络舆论监督是网络舆论建设形成闭环的关键。要将法律法规的建设管理贯穿网络舆论环境建设全过程，祛恶扬善，构建团结和谐的网络舆论环境。

---

① 孙正平：《意识形态安全视域下舆论环境治理探析》，《中国广播电视学刊》2021年第10期。

② 尹文芬：《高校网络舆情的教育引导方式研究》，九州出版社2021年版，第39页。

第六章

建立完善育人机制，锤炼集体主义意志品质

学生成长的阶段性决定了集体主义价值观培育是一项长期的、渐进的思想政治教育工作。集体主义价值观作为一种道德取向，在本质上是自律的，但也是他律的。因此，集体主义价值观培育除加强理论教学、创设培育环境外，还要加强刚性约束。完善的育人机制为高校持续开展思想政治教育提供了重要制度保障，能够有效解决大学生在价值观培育能力层面的问题。大学生的集体主义意志表现在价值判断和选择的自觉性、果断性、自制性和持续性上，是高校集体主义价值观培育的重要方面，关乎价值观培育的客观实效。高校通过建立相应的育人机制，能够从自律和他律层面使学生强化遵守，在一次次反复中形成意志自觉。新时代，应建立和完善以教学机制为关键、以激励机制为动力、以监督机制为保障、以评价机制为辅助，相互作用、协调一致的科学育人机制，从而强化学生的意志品质。

第一节 创建新时代网络互动教学机制

新时代，网络成为承载和传播信息的重要中介，对大学生的思维方式和生活方式产生了重要影响，而伴随网络社会化程度的加深，其

作为一个虚拟共同体本身也存在着个人与集体利益的分化。网络互动教学就是教育者和受教育者以互联网为依托，相互交流、相互作用，实现信息传递的一种教学与传播模式。虚拟的网络环境消解了教育者在传统课堂教学中的权威地位，也弱化了教育活动双方的角色边界，使得教育内容的传递更加快捷和便利。广泛覆盖的万维网则打破了教学的时空界限，提供了具有弹性的共享教学平台，让互动教学渗透在每一个角落和瞬间。网络互动教学的开放性在无形中对大学生学习的自主约束力提出了更高要求，只有稳定的意志才能创造持续的行为。将网络互动教学机制作为高校育人机制的关键，准确把握教学原则、教学安排和教学形式，有助于鼓励大学生自觉强化自控能力和道德自律。

一 坚守互动教学的基本原则

借助网络在贮存和传播信息方面的优势，发挥互动教学的方式在师生交流方面的积极作用，网络互动教学为个体主动地开展个别化学习提供了重要渠道。网络互动教学跨越了时空限制，为大学生自觉形成集体主义的坚定意志提供了强有力的支持。坚持网络互动教学的基本原则，是为了更好地发展网络互动教学，提高教学质量，发挥这一教学机制的深刻影响力，让集体主义价值观培育借助网络互动教学的新形式焕发出强大的生命活力。

（一）坚持民主平等的原则

坚持民主和平等的理念是网络互动教学的首要原则。网络教学空间是学校教育实践场所的重要延伸。网络教学共建平台的重要内容及要求就是要民主平等地对待每一位受教育者。就现实来看，这虽是教育的理想，但也是教育正义的目标追求。[1] 在网络互动教学的过程中，

---

[1] 辛继湘、田春：《网络教学空间正义：内涵、旨趣及实现路径》，《教育科学研究》2022年第9期。

参与互动的双方是平等的主体，教学不是教育者对受教育者进行的简单灌输或片面宣传活动，而是平等主体间的民主交流与沟通。教育者不再作为知识的权威者进行"自上而下"的纵向灌输，而是作为知识的传播者之一"由此及彼"，将学习信息横向沟通。学生只有建立在情感认同的基础上才能形成更广泛的集体主义自觉，民主平等的态度有助于确保教育双方互动的真诚性。

坚持民主平等的原则，就要处理好教育者与受教育者之间的关系，弱化两者之间的距离感，调动受教育者的主体地位，使之呈现出生动灵活的形态。让大学生在参与网络学习的过程中充分感受到尊重和个人的价值，树立起自主学习的信心和内生动力。

(二) 坚持针对性原则

坚持针对性原则是网络互动教学的重要原则。网络大数据的发展为了解和预测学生的道德状况和行为指向提供了可能，也为每一位学生激发自我潜能，提升综合能力，实现集体协同发展提供了可能。在教学中可以利用好网络的这一特性，有针对性地安排好教学的互动。

一方面，就网络互动教学中的教育者而言，要依据学生在实际认知水平、学习能力、心理需求等方面的差异设置针对性教学任务。高校网络监管部门可与教师相互配合，以大数据绘制学生兴趣偏好，实现学生整体水平的可视化，提升教育的准确性和科学性。比如，给不同层次的学生设计和布置不同难度的课程教学任务，让学生依据自身的实际情况选择所要完成的任务。选择同一任务的学生自觉组成小组，共同商量和探讨解决方式，在解决问题的同时让学生自觉融入集体，形成集体主义的意志自觉。另一方面，就网络互动教学中的受教者而言，则要发挥个人的独特性和创造力。创造性思维的主要障碍在于对权威的服从。网络互动教学中可以有效摆脱这种限制。学生可以根据课程信息库中所列课程，选择自己感兴趣的课程。通过创建笔记本、信息资源库、网上练习库等方式，形成完全个性化的自主学习情境。①

（三）坚持开放性原则

坚持开放性原则是网络互动教学的本质特征。课程内容和理论知识是无限的、发展着的、关联着的，具有开放性。网络作为信息动态发展和流动的重要渠道，面向每一位公民，自由开放的原则是充分发挥网络教学优势的内在要求。网络互动教学是跨时空开展的，是以知识为内容、以网络为载体、以互动为形式的教学体系，不同背景的学习者可以随时随地参与学习、上传作业，不同类型的教育者也可以随时随地上传教学资源、发布教学任务，其开放性不言而喻。

网络互动教学的内容、课程体系、教学过程是开放的。学生可以及时学习和吸收任一学科的最新成果，可以开展针对同一问题在不同课程体系中的思考，也可以随时加入网络课堂，进行学习和交流。因此，要关注多样化社会中学生的多种需求，为学生提供充分的、多元化的知识体系。也要强化网络技术的更新换代，不断设计开发出更有利于学生自主学习、探究学习、合作学习的网络教学平台。

（四）坚持虚拟和现实相结合的原则

坚持虚拟与现实相结合的原则是网络互动教学的内在要求。现实世界与虚拟世界相互渗透。② 网络作为虚拟世界具有虚拟性的特征，网络互动教学的载体有着图片、音像、动画等多种表现形式，可以突破二维层面，利用虚拟现实技术实现多维的仿真，从而促进教学信息的传递。但就网络互动教学的教育双方和内容来看，始终都是现实的，而不是虚假的。因此，网络互动教学需把握好虚拟与现实间的平衡，寻找二者的结合点，从而推动集体主义意识的形成。

要进一步创新与网络互动教学相匹配的相关设备。比如，通过情境

---

① 单美贤、李艺：《网络课程与课程体系的构建原则》，《中国电化教育》2001年第7期。

② 王婧：《大数据时代大学生道德教育研究》，现代教育出版社2016年版，第93页。

感知的移动设备,自由主动地获取学习对象的详细信息,在尊重、发现和解析学生的想法的基础上,发射传输其所需求的知识和信息,利用头盔式显示器、穿戴式电脑或其他人工智能装备,提供一个全新的、虚拟与现实交织的网络互动学习空间,从而轻松地感知并获取知识。[①]

二 做好互动教学的统筹安排

网络互动教学要强化学生自身的约束力,就意味着教学不是不讲规划的自由发挥,而是有规划有秩序地教学行为。网络互动教学的信息量大、内容复杂、形式多样,为使系统化的知识教学成为课程,思政课教师和其他各门专业课教师就要主动适应新变化、新形式,以集体主义价值观为导向,提高学生的知识储备和品行修养,打造具有特色的新时代网络互动教学形式。具体来说,可以通过树立网络互动教学的目标、完善网络互动教学的工作队伍和规整网络互动教学资源,统筹安排和系统调配好网络互动教学工作。

(一) 树立教学目标

为了提高学生的学习效率和坚定集体主义价值导向,网络互动教学必须首先树立科学的教学目标。确立这一目标,使互动教学课程的设置更加规范化、系统化,从而为个性化教学打下坚实的基础。而这样的网络互动课程教学体系则既能为大学生的集体主义价值观培育工作提供方向和理论支持,也可以为完善网络互动教学工作队伍、整合网络互动教学资源提供理论指导。

第一,网络互动教学要以集体主义价值观为导向。以网络为载体开展的互动性教学,需要依靠大学生的自觉意识和开放思维。网络为培育工作提供了可靠平台,但学生具体的选择、学习和交流则依赖自

---

① 余胜泉:《从知识传递到认知建构、再到情境认知——三代移动学习的发展与展望》,《中国电化教育》2007年第6期。

身的辨别和驾驭能力。因此，做好互动教学首先要确立这一目标，寓价值观培育于网络教学活动中，为培养学生的自主学习能力和道德自律服务。

第二，网络互动教学要以学生的知识素养提升为导向。网络互动教学的本质是课堂教学的有益补充，为学生的课外学习提供机会和可能。因此，网络互动教学的总目标是要在符合大学生集体主义价值观培育和课堂教学总方向的前提下，尽量避免同课堂教学内容的重复，同时针对错误的内容展开辨析，并对正确的内容进行扩充和梳理。

（二）完善教学队伍

教学队伍是强化网络互动教学的决定力量。网络发展日新月异，要紧跟网络时代的步伐，实现集体主义价值观培育的良好渗透效果，亟须培养一批专职的网络教育工作者。既掌握教育教学的基本条件性知识，也具有综合学科的发展性素养，在熟练运用网络技术手段的同时传递知识和价值观。

一方面，网络互动教师队伍要提升自身的信息素质。既包括培养信息道德、遵守网络行为准则和集体主义价值规范，增强信息意识、加强对信息的注意力和敏感度，丰富信息知识、关心信息科学技术的发展动态，也包括提升信息化教学能力，熟练掌握计算机和网络设备的操作和信息处理办法，进行信息化教学设计，提升教学技能。[①] 可以通过组织专门的电教培训的方式，强化网络教学工作队伍的专业化水平。

另一方面，网络互动教师队伍还要有深厚的理论素养。不仅要有扎实的马克思主义理论知识和专业技术能力，而且要能够正确地阐释集体主义价值观，自觉地维护集体主义价值观。针对网络传播过程中的各种问题，能够以强大的吸引力和感染力，把问题的脉络和背后的

[①] 郑洁、梁虹：《高校思想政治理论课网络教学的现状、原因及对策》，《学校党建与思想教育》2017年第1期。

价值导向讲明白、讲深刻，提高互动教学的亲和力、吸引力和针对性、实效性。

（三）规整教学资源

网络互动教学需要一定的软硬件支撑。[①] 门类齐全的互动教学设备、便捷畅通的校园网、形式多样的教学环境是网络互动教学的硬件，有助于提高集体主义价值观培育的运行效率。而丰富多样的网络教学资源则是满足网络互动教学的柔性条件。然而，当前网络教学资源盲目堆积、信息量大、结构各异、内容复杂，导致学生查找资源困难、教师管理资源也困难。只有整合好相应的教学资源，才能避免资源的浪费，真正打通网络互动教学同线下课堂教学的壁垒，充分发挥时空优势，为多样化的网络互动教学形式提供依据。

要挖掘有效的网络互动教学资源。网络信息资源浩如烟海，要精准培育大学生的集体主义价值观，需先挖掘具有较高可信度、关联度且具有较大吸引力和感染力的有用信息，为教学目标服务。例如，红色文化就是培育大学生集体主义价值观的优质资源。红色文化有着深厚的革命历史积淀，是物质和精神文化的有机统一体。在有效的挖掘和使用中，红色文化的丰富性、思想性能够与网络的便捷性、交互性相得益彰，达到相辅相成的培育效果。

要建立网络互动教学的资源模块。如，把网络资源中的各种素材按照知识培育功能、德育功能、能力素质培育功能分别整合为知识资源模块、德育资源模块和能力素质资源模块，建设一批内容丰富、质量上佳的精品课程及教学资源，加速网络互动教学平台的运用。将搜集资源同平台建设联系起来，相辅相成，这样既有助于学生选择自己的学习内容，也有助于平台教学资源的整合。

[①] 吴满意、龙小平：《高校马克思主义大众化——网络宣传平台建设研究》，电子科技大学出版社2015年版，第179页。

三 把握互动教学的两种形式

网络教学在互联网快速发展、建设学习型社会的背景下应运而生，能够锻炼学生自主学习和独立解决问题的能力，是辅助线下教学的必要途径。利用网络媒介传递教学内容，成为强化学生集体主义意志品质的新思路，使集体主义价值观培育和社会主义道德环境建设焕发出巨大的生机与活力。在"键对键"交流的新时代，探索网络互动教学的具体形式应当被充分肯定和高度重视。基于远程教学的图景，按照教学双方是否在同一时间内进行互动，网络互动教学主要表现为网络同步互动教学和网络异步互动教学两种形式。

（一）网络同步互动教学

网络同步互动教学是教育者借助互联网平台，通过共享屏幕、分享学习资源、单边或双边人物出镜的方式，将教学内容同时传播给所有在线学生并针对问题进行实时讨论的教学新形式。网络同步互动教学操作简便，是线上远程教学的最普遍形式，能够在借助网络将教学内容大范围同步传播给不同空间的学生之余，保持同线下教学中课堂教学结构的一致，学生能够实时与教师或其他学生展开沟通，因此具有反馈的及时性和师生间的互动性。[1] 但是，由于受到网络质量和安全性等因素的影响，同步互动教学时有卡顿、个人信息泄露等问题存在。强化网络同步互动教学在大学生集体主义意识培养中的作用，还要从提高问题质量、完善使用效果、注重教学语言等方面努力。

首先，要提高问题的质量，多提优质的问题。当下比较常用的网络同步互动教学方式包括各大平台的直播课、线上会议室教学等。教育者要安排有吸引力的教学任务，设计有一定难度并且能有效激发学生参与

---

[1] 高巍、杨根博、蔡博文：《高等学校四种线上教学模式效果比较研究》，《黑龙江高教研究》2022年第2期。

感的课堂问题，激励学生参与到教学活动中来。例如，可以借助网络的匿名性呼吁学生积极发表自身观点，引导同学之间的合作探究，帮助学生形成自主自觉的集体主义观念和行为。

其次，要完善使用效果，发挥线上平台的创新魅力。高校不能把网络同步互动教学当作线下课堂教学的复制品或替代品，而是应当利用新媒体技术，将各种便于线上同步教学的小组件、小程序有效利用起来，比如通过举手环节、游戏比拼、发送实时弹幕等方式，活跃教学的气氛，激发学生参与学习的积极性。

最后，要注重教学语言，提升语言的亲和力和丰富度。线上同步教学中要避免照本宣科和念课件。在无法一目了然掌握整体课堂状况的情况下，教师要以生动、富于画面感的语言描绘教学内容，将重点集中在教师的语言描绘中，而不是教学课件的文字展示上。

（二）网络异步互动教学

网络异步活动教学则是教育者借助互联网平台，通过上传授课视频、发布教学语音、键入教学内容等方式将学习内容传递给不同时空的学生的教学新形式。较网络同步互动教学来说，网络异步互动教学建立在教师反复琢磨与策划教学内容的基础上，具有更为系统和完整的特点。网络异步互动教学的信息量大、可重复观看。对于以知识需求为导向的大学生来说，能够从中获得所需要的知识和信息，更好地满足个性化学习需求。

慕课平台是当下较为完备的互动教学平台，涵盖教学视频、问题讨论、课堂练习、知识测试等模块。学生既能在评论区进行互动，也能在随堂检测和话题研讨中展开交流。各高校可以利用大数据了解学校和学生的实际情况，针对性选取符合时代特色和学习者需求的客观准确的集体主义价值观教育内容。可以多校联动聚焦优秀师资力量，共同开发制作声情并茂、图文兼备的立体化课程视频，建设线上专题学习网站，使学生在拓宽知识面的同时形成网上网下相一致的集体主义意志自觉。也可以基于网络空间设计更多非正式的学习环境，如"虚拟博物馆""线上自习室"等，通过网络信息技术创设更为生动的虚拟教学环境，让学生有机会自我发起并自主调控合作学习、探究学习。①

值得注意的是，尽管新时代网络互动教学的地位越来越重要，但它目前仍旧只是辅助实体课堂教学的手段之一，还存在诸多局限性。比如，网络互动教学虽然很大程度推动了学生主体作用的发挥，但对学生的真实情感和实际状况了解仍旧有限。

第二节 构建规范化榜样示范激励机制

时代新人的培养离不开榜样的引领。习近平总书记指出："心中有榜样，就是要学习英雄人物、先进人物、美好事物，在学习中养成好的思想品德追求。"② 榜样一旦树立，便对现实的人有着长期稳定的示范作用。榜样以其形象性、生活化的独特表现引发学生效仿，是学生追求上进、矫正行为的动力来源。榜样作为具体时代背景下主流价值观的侧面反映，代表着时代对个体的期待。而作为新时代思想品德教育的一部分，榜样在大学生集体主义价值观培育中有着至关重要的地位和不可替代的作用。高校发挥榜样示范激励机制的独特作用，构建从选树、表彰到宣传的规范化程序，以榜样人物的优秀品质和感人事迹引导学生，有助于提升大学生作出集体主义价值判断的果断性，从而在利他行为中获取自我效能感。新时代的榜样示范激励机制就是要通过选树一批先进个人或集体典型，利用表彰、奖励、宣传等激励手段，引导个体内化榜样的精神品质，加强做出社会责任行为的自觉努力。

---

① 王海燕、曹梅、厉浩：《超越直播教学：不同在线教学方式下的初中生学习表现研究》，《上海教育科研》2022年第11期。

② 《习近平谈治国理政》，外文出版社2014年版，第182页。

一 组织榜样的选树工作

选取和树立典型是构建榜样示范激励机制的首要步骤。高校选树集体主义价值观教育的榜样，在坚持系统性建构的总体基础上还需符合时代性和代表性的原则。所谓时代性，是因为榜样人物是社会主流价值观的反映，不同时代有着不同的特色。因此要突破身份限制，改变标准化、单一化的榜样人物，突出个性化和多元化。所谓代表性，一方面是指要挖掘榜样人物的立体形象，突出每个榜样丰满的特质和人格，另一方面则是指要针对大学阶段学生具体的道德发展状况，聚焦具象化的教育对象，面向大学生集体主义价值观培育的具体工作任务。

（一）选树具有普遍示范作用的英雄人物

高校要以榜样示范强化集体主义价值意志，所选取的榜样类型除在整体上符合集体主义价值导向外，还需结合中国共产党一百多年的历史，挖掘多个层次、多种形象的榜样人物。依托百年党史，不仅可以帮助学生拓展思维的广度和认知的深度，建立对百年大党的历史自信和文化自信，也能强化榜样示范，将人物的精神内涵与集体主义价值观串联，有效帮助学生果断地确定集体主义价值选择。

一方面，利用英雄人物发挥榜样示范作用，要注重发掘英雄人物具体行为背后的精神实质。榜样人物可以是可敬的红色英雄人物，如抗日战争中所涌现出的杨靖宇、赵一曼等。他们在家国大义面前不惜牺牲个人生命，生动地诠释了大公无私的集体主义精神。他们的故事有血有肉，容易触发学生最真实的心理感受，一旦被学生所接受和敬仰，便具有相对稳定性，能够转化为团结奋斗的集体主义意志。另一方面，利用英雄人物发挥榜样示范作用，还应充分认识到在错综复杂的伦理情境中个体的行为选择与道德规则之间的张力。[1] 既要介绍英雄人物的先进事

---

[1] 李国祥：《道德榜样教育：德性伦理学的视角》，《当代教育科学》2020年第10期。

迹，鼓励学生坚持集体主义价值观这一核心价值导向，也要让学生认识到时代背景、道德使命的差异性，不可脱离实际情况夸大自身行为力量，盲目刻板地模仿道德榜样。

（二）选树具有鲜明烙印的时代形象

榜样人物是社会主导价值导向的反映，因而在不同时代有着不同的榜样人物。时代变化要求始终坚持集体主义价值观念与要求，且随着全球化、网络化的迅速发展，榜样人物跨越身份、年龄、性别，呈现多元化和阶段性特征。如"把功勋写在大地上"，为人类粮食供应作出巨大贡献的袁隆平院士；心系家乡扶贫事业，把青春定格在扶贫路上的黄文秀书记；无视自己身体状况，专注实现乡村女孩教育梦想的张桂梅校长等。他们是时代的楷模，也是各自专业领域内的典型，他们执着坚毅的奋斗姿态、舍我其谁的责任担当和勤恳踏实的奉献精神是学生学习的道德模范。

选树具有鲜明烙印的时代形象，要把握好点与面的关系。既要坚持选树一些总体上符合集体主义价值导向的各类人物，也要关注大学生自身的专业领域，注重挖掘符合专业发展的突出重要事件、重要时刻和重要人物。此外，也要启发学生的探究兴趣。对于学生不感兴趣或较为遥远的时代形象，高校教育者要注重重构和引导，激发学生的兴趣和参与度。

（三）选树可亲可敬可学的身边人物

选树榜样的根本目的是服务大学生的行为实践，因此对榜样人物的模仿和学习要具有可行性。"星星之火，可以燎原。"可亲可学的隐匿于学生身边的"小人物"能够适应时代发展要求，启迪学生向榜样学习的内生动力。"小人物"也能散发巨大的正向能量，教师、家长、校友、保安叔叔和食堂阿姨等都是学生易辨识、可触及的学习榜样，同辈群体中也存在着可效仿的先锋人物。以这些普通但不平庸的人为榜样，可以有效缓解学生因与伟大英雄人物之间的现实距离而造成的挫败感，从而使学生立志塑造好集体主义价值观。

身边的榜样应贴近学生的现实生活。学生可以通过查阅相关资料，浏览校园网站、人物事迹座谈会等方式切实了解榜样人物，进行深入的沟通和交流。也可以通过努力在日常生活落实集体主义行为，成为别人价值追求的榜样，实现身份的转变。身边的榜样既可以是个别人也可以是一群人。"这种好的品格不是由于单纯的个人告诫、榜样或说服所形成的，而是出于某种形式组织的或社会的生活施加于个人的影响"[①]。他们隶属于学生具体的生活情境，是引导学生行为的稳定示范群体。这种群体所营造的集体道德氛围有着强大的内聚力。

二 完善榜样的激励方式

对榜样进行有效的肯定和表扬是榜样示范激励机制长久、持续地存在和发展的前提，也是构建榜样示范激励机制势在必行的关键步骤。从心理学的角度出发，榜样激励制度是通过物质、精神或其他形式刺激榜样人物，激发更多人尊重榜样、成为榜样的热情和主动性的制度。在集体主义价值观的培育中，对大学生的榜样人物采用激励的方法可以激发榜样人物的自豪感和荣誉感，进而巩固和强化其利他行为，发挥其影响力和感召力，防止削弱集体主义价值观的规范力量，引导更多人主动、自觉地投入到集体主义行动中来，营造良好的集体氛围。就高校内部而言，对于有着突出集体主义表现的教师和学生个人、集体，可以结合物质激励、精神激励和监督激励，推动榜样人物更好发挥示范作用。

（一）以实施物质激励为基础

物质需求是人类的第一需要，是人们从事一切社会活动的基本动因。[②] 物质奖励是以满足人的物质需求为主的一种外在激励方式，是高

---

① 赵祥麟、王承绪编译：《杜威教育名篇》，教育科学出版社2014年版，第9页。
② 李晓明、戴晔、鲁武霞：《完善高校教师激励机制的路径思考》，《学校党建与思想教育》2010年第11期。

校榜样激励机制的重要组成部分和最为普遍的激励模式，主要包括发放纪念章、荣誉奖章、奖杯、纪念品、奖金或福利待遇等方式。物质激励可以满足榜样的物质需求，从而进一步激发榜样的道德自尊和道德行为。

正确的物质激励以切实满足榜样人物的实际需要为前提。成功的物质激励内容应当具有针对性，符合榜样人物的需求。虽然榜样人物的行为并不以获取物质利益为目的，但是不具备吸引力和特色的物质奖励无法达到激发榜样行为原动力的目的，是无效的。比如，纪念章等实体物质的奖励要有明确的说明以凸显特殊性，而对于身边的榜样人物特别是对于生活困难的榜样人物，还应给予资金慰问和对口帮扶。正确的物质奖励还可以探索多样化的物质奖励形式。针对大学生或教师榜样人物，可以通过社会募资的方式增加学校奖学金、奖教金金额，开设专门的奖学金、奖教金项目，加大激励的力度。如，针对有着大公无私等集体主义表现的学生或教师，开设美德奖学金、奖教金。

（二）以加大精神激励为关键

精神奖励是一种以满足人的正当精神需求为主的内在激励方式，具有潜在性和持续性。金钱、物品等物质激励作用短暂而有限，随着人们对物质需求的满足和对未来美好生活的向往，榜样人物对物质奖励的需求及其效用递减，而对认可、尊重、赞美、自我实现、荣誉等的精神需要则越来越多，精神境界也越来越高。因此，必须将物质激励与精神激励有机结合，充分发挥精神激励的关键作用以调动人们自觉果断作出集体主义行为。[①] 就马斯洛需要层次理论来看，精神激励属于尊重需要和自我实现需要，是更高境界的追求。给予榜样人物精神激励，如通过授予荣誉称号、颁发荣誉证书、举办颁奖仪式、给予升学就业推荐等方

[①] 郝海洪：《课程思政协同育人长效机制构建的三个维度》，《中学政治教学参考》2022年第4期。

式，能够强化仪式感、使命感、荣誉感和获得感，从而进一步激发榜样人物服务集体的积极性、主动性。

作为一种更高级的激励方式，精神激励要加大对榜样人物的人文关怀。对于校园内部的榜样人物，高校可以授予荣誉称号举行表彰仪式，利用微信或微博推送等网络媒体渠道，宣传优秀榜样人物的故事，在学校内部营造良好的集体主义环境氛围，鼓励学生主动自觉向榜样靠齐。同时，也可以将荣誉称号等精神激励与学生攻读学位、教师培训进修等相结合，激发学院内部学好向好的创新动力。

（三）以强化评价激励为保障

仅仅有物质激励和精神激励尚且不够，还要通过建立完善的评价激励机制，保障激励机制的顺利运行。完善的评价激励机制能够及时有效地反馈激励的效果，以保证激励机制的良性发展。作为一种被动的、强制性的激励方式，强化评价激励能够在新时代大学生集体主义价值观培育中发挥兜底、拔高的作用。

强化评价激励就是要将荣誉表彰纳入各类考核体系中来，建立明确的考核标准。例如，将"文明宿舍""先进班集体"作为学生参评奖学金的一项加分项，将学生德育综合考评情况作为党员发展的基本前提，将"最美教师""最美教研室"纳入教师年终考核和职称评定之中，形成固定的制度形式和"品牌"活动，帮助校内成员进一步坚定意志，成长为践行集体主义价值观的模范。

三 创新榜样的宣传渠道

榜样的宣传是构建榜样示范激励机制的重要步骤。不同于针对榜样自身而言的激励机制，宣传则通常是针对受教育者开展的，以榜样人物的事迹及其所反映的精神品质为内容，以服务集体主义价值观培育为目的。习近平总书记强调，要"多宣传报道人民群众的伟大奋斗和火热生活，多宣传报道人民群众中涌现出来的先进典型和感人事迹，丰富人民精神世界，增强人民精神力量，满足人民精神需求"①。高校通过创新榜样宣传工作，能够丰富和满足大学生的道德需求，强化榜样的事迹和精神在大学生心中的重要性，激励学生效仿榜样行为，继而将情感认同升华为意志自觉。做好新时代语境下高校的榜样宣传工作，必须改变过去陈旧单一的宣传方式，充分挖掘多种渠道和各类资源，创新榜样宣传的手段，形成更为持久和深刻的影响力。

（一）创新高校内部宣传渠道

毛泽东指出："需要加强思想政治工作……各个部门都要负责任，共产党应该管。"② 榜样示范激励机制要发挥好培育大学生集体主义价值观的效果，就要做好学校自身榜样宣传教育工作，通过拓宽校内榜样宣传渠道，组织学生与榜样进行面对面的互动交流等方式，激发学生对榜样的热情，引起对深层价值理念的思考和共鸣。

人物故事内蕴着丰富的道理和智慧，将抽象的价值观念和深刻的思想理论具象化，是传递榜样精神的载体。讲好榜样故事，是宣传榜样事迹，增加榜样吸引力、感染力的重要方式。在高校内部以榜样故事传播集体主义价值观，要选取恰当的方式。可以通过线上或线下的座谈会、分享会、道德讲堂等活动邀请榜样分享自身成长故事。如邀请当地在抗击疫情中有着突出表现的医护人员、警察、志愿者，抑或是往返疫区运送物资的司机等分享其心路历程。这些"最美逆行者"，用行动诠释了集体主义精神，能够使学生在互动交流中受到感召，唤起行动的内驱力。此外，也可以围绕榜样人物事迹排演相关情景剧、话剧。通过举办主题情景剧展演，使学生在参演和观看的过程中用心、用情体验榜样的经历，感知其意志努力。

（二）拓宽社会网络宣传渠道

新媒体时代，互联网依靠信息储量大、宣传范围广的特点，不仅

---

① 习近平：《论党的宣传思想工作》，中央文献出版社2020年版，第16页。
② 《毛泽东文集》第7卷，人民出版社1999年版，第226页。

成为发掘榜样人物及其背后故事的重要平台，而且成为传播榜样事迹的重要渠道。社会网络宣传渠道的优势就在于可以利用多种形式彰显榜样魅力，利用多元渠道强化与榜样的沟通和互动，不仅让榜样人物形象更加生动鲜活，而且拉近了榜样与学生的距离，更容易使学生在榜样人物故事中获得激励和感染。因此，要适应新媒体时代的宣传特点，探索网络宣传渠道以拓宽宣传空间，实现现实与虚拟宣传优势互补的动态宣传方式。①

在大学生集体主义价值观培育中，榜样的选定固然重要，但良好的榜样示范效果也需要依靠恰当有效的方式方法。有效的网络宣传形式是强化榜样形象特色和吸引力，加深学生对榜样直观印象的关键。可以在学校官网、校报、公众号、微博等平台以图文形式、漫画形象宣传榜样，也可以制作关于特定榜样的音频、纪录片或短视频，在抖音、B 站等平台同步更新，以更加接地气和为学生喜闻乐见的方式宣传榜样事迹，帮助学生形成集体主义价值观的自觉意志。同时，也可以利用大数据、云计算在信息传播、搜集、筛选等方面的优势，向学生精准推送榜样信息，进一步扩大榜样的宣传效果。

需要注意的是，选树、激励和宣传榜样固然重要，但集体主义价值观培育始终离不开教师的引导。因而榜样示范激励机制应特别注意教师榜样形象的塑造，提升教师的思想境界。

第三节　建立全方位协作监督约束机制

集体主义价值观培育要达到预期的教育效果，还必须加强对大学生价值表现的过程性监督，将正面引导与纪律约束相结合。教育约束

---

① 赵波、武瑾雯：《榜样教育在培育社会主义核心价值观中的作用》，《学校党建与思想教育》2020 年第 1 期。

监督机制指的是从不同角度对从事培育的教学人员、管理工作者和受教育者等遵守政策、规章制度的情况进行的监察与督促。榜样示范激励机制是一种正向强化。多维约束监督机制则是纠正错误的思想和行为倾向并施以相应惩罚，强化个体对不良行为的排斥力，是一种负强化。作为辅助教学与激励机制的一种方式，约束监督机制能够发挥预防、弥补和调节的特殊功能，推动大学生的价值自律，形成坚定的集体主义意志。按照监督主体和覆盖面的不同，形成个人、学校、家庭、网络等多方面合力，彼此间相互衔接、互为补充、共同监督，能够显著增强大学生摒弃错误观念影响的自制力。

一　立足个人主体约束，提升监督的自觉性

个人自我约束是个体自觉、主动地管理和调控自身思想和行为的方式。在信息大爆炸的时代背景下，个人受到各种思潮的影响，其中不乏一些不道德的因素。在有关舆论传播的法律和规范尚不健全的情况下，个人主体的自我约束和监督就显得尤为重要，是新时代高校机制建设进程中的关键环节，也是改革高等教育管理体制的核心目标。对集体主义价值观念和行为的塑造，不仅需要大学生自身的内在约束，也有赖于育人者对教育行为的反思。因此，新时代大学生集体主义意志的培养，需要将教育者的道德自律和大学生的自我约束相结合，确保培育工作不脱轨、不变道。

（一）强化大学生的自我约束

大学生的自我约束机制具体表现为大学生能够自觉遵循社会所期待的主流价值标准，坚持集体利益优先，科学合理地追求个人的正当利益，及时地进行自我调节。大学生自我约束力的提高，能够保证高校坚持集体主义价值引领，进一步规范办学方向和办学行为。大学生自我约束机制的形成，有着不同的境界层次，需要强烈的责任担当精神。

自觉遵循学校的各项政策与法规，这是大学生自我约束的基础或底线要求。其意义在于从根本上保证大学的所有发展追求都有政策依据，所有重要的办学行为都有法规基础。而大学生自我约束的更高境界就是能够自觉遵循社会的伦理与道德要求。[①] 在大学生集体主义价值观培育工作中，也就是要使大学生自觉坚持集体主义的价值导向，让自觉遵守内心的道德戒律成为一种常态。

对于处在新时代的大学生来说，既需要不断强化自身的学习能力，也需要明确自身所肩负的责任。在广泛的阅读中与知识对话，明确自身的价值理想，树立包括长期目标和阶段目标在内的层次化目标体系，在反复磨炼中形成稳定的价值取向。要让大学生自觉建立起对家庭、对学校、对社会的责任，并将这种责任感成为驱动其发展前进的内部动力和意志自觉。

（二）强化教育者的道德自律

"执纪者必先守纪，律人者必先律己。"对教育者来说，也需要在落实教学工作的基础上进一步反思道德行为。做好日常教学、观摩学习、学术交流的总结和思考，在一次次调整中强化道德自觉，力求达到"慎独"的道德境界。"慎独"是最高层次的道德自律。凭借对自然规律、社会规律和现实生活条件的认识，道德主体主动自愿地认同并践行社会道德规范并结合个人的真实情况进行有效调整，从而把外在被动的服从变为内在主动的律己，把社会的道德要求变为自己身心内部的自主行动，这就是道德自律。教师道德自律主要是将教师职业道德这一他律行为内化为自身的行为，能够在教学行为中给学生树立良好的风范与教育影响，从而培养学生的道德自律。[②] 提高岗位责任心、强化自我监控能力，是教育者进行自我约束的主要途径，也是对

---

① 李文长：《大学自我约束机制的范畴与建构》，《高等教育研究》2008年第9期。
② 刘东菊：《教师道德自律与教学创新》，《教学与管理》2008年第30期。

大学生进行集体主义价值观培育的前提。

教育者的根本任务是立德树人。教师要把自己的学识和知识传递给学生，也要融价值观于知识教育之中。即意味着，不仅要教好书，更要做好价值观的引领。而这一切都有赖于对教师职业的责任感。教育者要把教育作为一项终身成长的事业，把爱岗敬业作为提高业务水平的基础。此外，教育者还需要加强自我监控，调配自身教育教学资源与社会资源，建立起良好的人际关系。在一次次交往和活动中约束和提升自我，形成自觉的价值行为习惯。

二 力求学校主导监督，提高监督的有效性

个人内在的自我约束是最本质、最关键的部分，是主体自觉性的发挥。但不论是对教育者还是受教育者来说，个人的自我约束都有赖于自身强大的自律能力和良好的道德基础。在大部分个体尚未达到高层次道德发展水平的前提下，在学校内部采取一定的外在措施约束大学生的行为，引导其形成集体主义价值观也是非常必要的。总体而言，就是要通过健全校内规章制度、做好口头教育引导、组建校内监督队伍等途径，建设"刚柔"并济、环环相扣的系统化校内监督机制。

（一）健全校内规章制度，形成刚性约束

校内规章制度是校园制度文化的重要组成部分，也是校园主导监督机制的核心内容。就其发展的历史过程而言，具有长期性和相对稳定性。就其具体内容的核心要求而言，则具有时代性和相对独立性。新时代背景下，校园规章制度在体现民主性、参与性、权威性，强化大学生外在行为约束的同时，还要坚持集体主义价值观这一社会主导价值观的指引，实现学校的规章制度对集体主义价值意志的强化。在此过程中，要将惩罚性规定和奖励性规定相结合，鼓励先进、鞭策后进、奖罚并进。

对于严重违反集体学习、工作和生活的行为，要明确禁止，制定科学适度的惩罚和批评措施。将共性的价值认知上升到制度规范层面，从而使全体学生明确大公无私的集体主义要求，捍卫集体主义价值观的主导地位。例如，可以在学生守则中强调集体活动的签到制度，对多次缺勤的人员进行批评教育并将之排除在各类评优工作之外。也可以实施思想品德打分制度，成立评价小组，设置优秀、良好、合格、不合格等层次，并将评价结果作为参与学业综合考核的前置性条件。同时，也要在规章制度中体现出对集体主义思想和行为的表扬和鼓励。如设置专项奖学金、荣誉称号等，激发学生追求上进、成为榜样的进取心。

（二）做好口头教育引导，强化柔性约束

校园规章制度的制定和健全是落实依法治校、依规治校的硬性要求和刚性约束，发挥着"兜底线"的作用。然而，这种约束往往是一种事后调节，具有滞后性。规章制度的履行需要人为管理，日常的行为也需要及时做好教育引导。因此，强化教育者的口头引导、学生间的相互开导，是落实校园规章制度，将集体主义价值观培育贯穿校园学习生活全过程的重要环节。

校内监督要在落实校园规章制度合法性、权威性的前提下，强化人文关怀。学生的价值观就表现在日常的沟通中。学生与学生之间相互督促和鼓励，教师与学生之间保持定期的正面交流，这些既能拉近彼此的情感距离，也能互相了解思想动态，做好及时的反馈和引导。

（三）组建校内监督队伍，打造监督系统

组建校内监督队伍是开展监督工作的主体前提，决定着监督的质量成效。一个学校监督机制的健全和完善，离不开监督队伍的落实、调节、控制和修正。结合各部门的具体职责，形成涵盖育人各环节的校内监督队伍，团结协作、务实进取，充分发挥高校教育者的整体功能，是集体主义价值观的具体落实，有助于为学生树立集体主义意志引领方向。

要建设上下一致、环环相扣的校园监督队伍。由学校的党政领导负责监督各部门、各学院集体主义价值观培育的具体情况，由学工部门负责监督辅导员、班主任等协同培育工作的开展情况，辅导员、教师则要密切关注和监督学生集体主义价值观的具体表现。需要注意的是，监督不是单纯地上对下，而应该是双向的，上级队伍也要接受下一层级的监督。各部门都要坚决落实自身主体责任，构建一体化工作格局。

三 提倡家长配合监督，确保监督的一致性

家庭环境是学生健康成长发展的特殊环境，父母家长在孩子成长过程中的作用不可替代。家庭环境中家长的思想观念、价值理念和家庭生活行为等于大学生而言不仅是一种引导，也是一种督促，影响着大学生的成长发展趋势，也关乎大学生的品性发展。家长的监督是有效约束学生价值观表现的一种外部方式。家长"要注意观察孩子的思想动态和行为变化，随时做好教育引导工作"[1]。在集体主义价值观培育方面，虽然家庭中家长的教育方式、教育内容、教育环境、教育水平等与学校教育有很大差异，但其根本目标是一致的，都是为了使大学生树立集体主义价值理念，成长为合格的社会主义建设者和接班人。因此，父母家庭配合学校做好监督工作，确保教育内容的一致性，其重要性不可替代。

（一）拓宽家校联络途径

在营建全方位协作监督约束机制方面，家庭监督与学校监督发挥协同作用的前提是要明确二者各自的特点和功能，正确区分二者的差异。

---

[1] 中共中央党史和文献研究院：《习近平关于注重家庭家教家风建设论述摘编》，中央文献出版社 2021 年版，第 17—18 页。

学校和家庭有各自独特的教化功能，二者之间绝对不能相互替代。拓宽家校联络的途径以强化家庭的监督作用，其本质就是在明确家庭监督与学校监督差异性的基础上谋求合作性。① 严格区分好家庭监督的任务与职责，精准实施有效的监督，才能真正实现家校合作共育。

就家校联络提升家长监督参与性的具体途径来看，可以通过组织一些亲子主题教育活动邀请家长走进校园了解学校中的孩子，也可以利用寒暑期社会实践的机会，让孩子走进家长的工作环境了解工作中的父母。例如，在学期初或学期末，邀请家长进入大学校园，同孩子一同参与开学典礼、毕业典礼、家庭主题团日活动、亲子运动会、公益活动等，让家长在贴近孩子的真实校园生活之余，更加全面客观地评价学生，找准问题，明确家庭监督的努力方向。在寒暑假期间，让孩子主动走进家长的工作环境，了解不同方面的家长，从而自觉接受家长的教育监督，增进家长与孩子之间的理解和沟通。

需要注意的是，家长配合学校监督还要做好信息的互通有无，要利用家庭教育研讨活动、家庭教育实践观摩活动等搭建家校互助合作平台、完善家校合作监督机制。

（二）加强家庭情感约束

家庭是一种以情感为逻辑和纽带的聚合，家庭成员以情感为纽带自相联结，通过情感交流获得支持，从而引发情感自觉。② 在大学阶段，家长与孩子的接触或许不是最多的，但是家长却往往是最了解学生个性习惯和情感状况的。家长在明确学生情感诉求的基础上配合好学校集体主义价值观培育工作，参与监督学生在家庭生活中的表现，可以促使学生积极进取、不断强化意志品质。因而利用家庭情感联系约束学生价值

---

① 高杰、王霞：《试论家校共建在促进家庭教育水平提升中的作用》，《吉林广播电视大学学报》2021 年第 6 期。

② 邹少芳、贾昊宇：《情感共同体：中国家庭题材电影的当代伦理叙事》，《当代电影》2022 年第 7 期。

行为，也是改变家庭监督情感缺失的一条重要思路，具有不可替代的作用。

在具体的措施方面，家庭既要有明确的规章制度，也要有相应的情感吸引。可以制定能体现集体主义价值观主导的家训、家规、家诫等。既教会孩子向善，也竭力帮助孩子避恶，形成良好的崇尚集体的价值教养。同时，家长的监督还需建立在牢固的情感关系上，否则其监督行为便不具有内驱力和可行性，对孩子的约束效果也会受限。拥有良好道德品质的学生背后必然有一个思想健康的原生家庭，以优良情感育人的前提是家长自身便具备这种道德品质。要在家庭日常生活中监督孩子在爱国、孝亲、兄友弟恭等方面的表现，对不协调合作的行为要及时进行引导或批评，对于积极协作的行为也要进行鼓励与强化。

四　强化网络协同监督，扩大监督的覆盖面

网络是社会舆论的发散地和学生思想言论的汇集地，也是教学互动的重要依托。在虚拟的网络环境中，各种信息良莠不齐，借助网络发展的高速度扩散开来。而网络环境匿名性、自由性强的特点也使网络中活跃的主体——大学生摆脱了外界所赋予他们的种种约束，比较容易自然地流露出其真实的思想观点，接受外部信息的影响。大学生集体主义价值观培育中的社会网络监督指的是监督主体通过网络的渠道了解大学生的价值观念、思想动态和言论表达等现实情况，并对其进行引导的一种外部监督的重要形式，也是新时代信息传播的必然要求。通过完善网络管理法律法规、配备网络教育监管工作队伍、发挥网络意见领袖约束力等网络监督的方式，可以在更大范围内掌握学生的思想动态，强化学生的道德自制能力。

（一）完善网络管理法律法规

社会网络监督作为舆论监督和社会监督的方式，不得不涉及对个人信息和言论的监管，因而必须规范化，确保意识形态安全。不能越过法律和规则的界限造成对个人隐私权的侵犯,也不能超越自由的边界无底线地表达个人观点。完善普遍适用的新时代网络监督法律法规,就应恰当处理好自由与约束之间的关系,对破坏社会主义核心价值观的行为零容忍。

网络监管法律法规要公开透明、条款清晰、执法严明。首先,关于公民参与社会网络交往的相关法律法规应当及时公开,并能够为公民的疑问提供解答的渠道。如在社交软件的注册登录页面里明确软件使用的法律须知条款,在使用界面里显示浮窗以宣传集体主义价值理念,在个人主页界面设置答疑通道,提高网络信息沟通交流的效率。其次,网络监管法律法规应当做到条款清晰,确立立法的原则和重点。遵循确保意识形态安全、坚持集体主义价值观导向、保障公民合法权益和维护社会稳定这四条原则,① 将集体主义价值准则落实到法律法规中去。最后,要加大法律的监管执行力度。运用实名制、全天候监测、敏感词限制等,从源头断绝将破坏社会网络环境、蓄意报复他人和社会、影响集体和谐的言论和行为,筑牢网络监督的最后一道"防线"。

(二) 配备网络教育监管专职队伍

新时代,网络信息呈现井喷式增长,做好校内网络监督工作,还需要学校建立独立规范的网络监管部门,配备一支掌握学生心理特点的政治素质够高、道德品质够好、专业能力够强的网络教育工作队伍,加强对校内网络信息的监管。网络是思想舆论散播的发源地,对于不正当言论的发布者和煽动者,需要监管人员利用技术手段及时锁定,阻断不良信息的散播。因此,必须加强网络教育监管专职队伍的网络技术水平、网络监管能力等专业水平和业务能力。

增强网络教育监管专职队伍的整体素质,可以通过定期培训、技术交流、邀请专业人士讲座等方式提高监管人员的网络信息筛查能力、信

---

① 薛瑞汉:《网络监督面临的新问题及路径选择》,《新视野》2010 年第 1 期。

息编辑处理能力、舆论引导能力。也可以协同辅导员、心理专员,通过线上线下联动的方式及时关注和追踪个人主义表现突出、意识形态观念扭曲的大学生,并注意疏通和引导,帮助学生树立集体主义意志自觉。

(三)发挥网络意见领袖隐性约束力

网络意见领袖是网络场域中以"优势意见"对广大网民施加巨大思想影响的"活跃分子"。热门博客、微博大V、头部微信公众号等都属于网络意见领袖的范畴,[①] 都能实现网络舆论对学生的隐性约束。在社会舆论浪潮的冲击下,大学生作出的各种价值评判都可能伴随着价值观念的输入。教育者可以利用网络和自身的影响力,成为学生心中的"意见领袖",在网络上积极发表正向言论,[②] 推动学生形成清醒的集体主义价值认知,强化自制意志。

发挥教师网络意见领袖的隐性约束,要提高话语的亲和力。网络语言不同于教学语言或谈话语言,更为轻松愉快。借助自由的网络氛围,以大学生喜闻乐见的话语形式,在故事和段子中运用意象化、接地气的表达隐喻集体主义价值导向,为大学生的情境联想和价值思考提供可能。此外,教育者网络意见领袖队伍也应当具备一定的层次性。如各学科领域的专家学者可以开设认证账户,采用权威性语言引导主流价值导向。各级各类高校党政部门领导和工作人员可以利用校园官方账号,围绕党的理论和方针政策作好概念解释、政策解读和价值引领。而一线专业课教师、思政课教师、辅导员等则可以针对校园内部教学常规、育人常规等做好集体主义价值疏通和引导,让学生在理性思考的基础上消解负面意识形态的影响。

需要注意的是,多维约束监督机制是大学生集体主义价值观培育的

[①] 杨慧民、陈锦萍:《网络意见领袖建构网络意识形态的逻辑理路及其应用》,《理论导刊》2022年第4期。

[②] 孙瑞婷:《新时代大学生理想信念教育研究》,中国社会科学出版社2020年版,第176页。

"底线",虽然具有一定的预防功能,但更多体现的是一种事后调节。因此,不能一味强调负强化,以免导致学生出现逆反情绪。

第四节 搭建系统性教育反馈评价机制

所谓教育反馈评价机制,指的是通过对师生在培育过程中具体表现的评价,明确社会主导价值观,反馈出培育的积极成效和现实困境。培育工作与评价工作本就是不可分割的有机统一体,培育为评价提供了内容,评价则是培育优化的导向。根据评价的结果,能够反馈学生思想状况中存在的问题和教育管理环节中的不足。因此,以评价内容、评价标准和评价方法为着眼点,搭建系统的具有新时代特色的教育反馈评价机制,重点考查学生是否养成自觉性、果断性、自制性、持续性等意志品质,有助于为大学生的集体主义价值观培育作好整体调配,构成积极的良性循环。

一 明确评价内容

明确评价内容是开展评价工作的前提。在中国特色社会主义新时代,要提高人才培养质量,提升教师队伍水平,推动集体主义价值观的建设和培养,评价内容应当聚焦坚持党的全面领导、服务国家区域战略需求和经济发展。从学生的学习情况、教育者的培育情况等不同主体构成出发,从课堂表现和学校表现情况等不同范围出发,观察和评价高校大学生价值观的养成。

从主体构成来看,评价内容既应包括学生的学习情况,也应涉及教育者的培育情况。大学生集体主义价值观培育的成效直接反映在学生具体学习情况的表现上,包括理论知识的内化和行为表现的外化两个方面。同时,集体主义价值观培育的成效还反映在教育者的培育情况上,即反映在其培育的态度、方法、氛围和学生学习效果等方面。从范围来看，评价内容从课堂辐射到整个学校内部，是一个发散的内容体系。确立集体主义价值观培育评价内容体系，就要形成教育者与受教育者、培育过程与培育结果、点与面相结合的系统。

二　细化评价标准

评价标准是作用于评价内容的价值尺度，也是评价工作的核心组成。它是人们所倡导的价值认知的反映，是使评价走向专业化、科学化的必经之路。科学的评价标准是确保评价客观性和真实性的前提，也有助于激发学生战胜困难的坚强意志和坚毅品格。新时代要建立大学生集体主义价值观培育的评价机制，首先需要探索集体主义价值观评价的标准，在高校教育教学中切实推进大学生的全面健康发展。对新时代大学生集体主义价值观培育的评价，很难得出一个可量化的唯一标准。在具体评价标准的规范中，应立足学生的多元化发展，确保科学性、实效性，加强针对性并力求可视化。

一是要立足社会的总体发展，保障集体利益。在对学生的评价方面，不能仅仅将重点放在其个人学习成绩上，还要落实到对集体、社会的贡献上。在对培育者的评价方面，则不应局限于某一培育环节的完成，还应关注同事间相互协助的情况、对学生兴趣和需要的满足程度及其实际践行的情况。

二是要确保评价指标科学规范，去除模糊和形式化的要素。评价标准要突出系统和科学的原则，既不能片面关注某一方面造成整体评价重心的偏移，也不能过分强调最低或最高的价值要求导致评价现实感的缺失。评价标准要以社会主义初级阶段高校大学生的价值观现状和培育的基本情况为基础，提出适当的更高要求。

三是要针对不同的评价对象，设计具体的、可视化的评价标准。培育主体涉及多个部门，大学生的价值观水平也存在层次差别，应在设置普遍评价指标的同时配备更为详细的评价办法。也要注重建立可视化的评价标准。要将抽象的理论准则转化为具体可量化的指标体系，将隐性的指标转化为显性的、可视的和可测的项目进行评价测量，① 提高评价的客观性、准确性。

三 创新评价方法

中共中央、国务院印发的《深化新时代教育评价改革总体方案》中明确指出："全面贯彻党的教育方针，坚持社会主义办学方向，落实立德树人根本任务，遵循教育规律，系统推进教育评价改革，发展素质教育，引导全党全社会树立科学的教育发展观、人才成长观、选人用人观，推动构建服务全民终身学习的教育体系，努力培养担当民族复兴大任的时代新人，培养德智体美劳全面发展的社会主义建设者和接班人。"② 创新是改革的动力，系统推进教育评价改革、强化集体主义价值观的教育反馈就要将量化评价与质性评价、过程性评价与形成性评价、自我评价与互动评价相结合，推动评价方法的创新发展。

（一）量化评价与质性评价相结合

量化评价反馈多使用量化分值，质性评价反馈则更多采用描述性语言。③ 集体主义价值观作为一种思想价值观念，难以通过精确的标准实现量化，需要针对学生的日常表现、学习态度、行为处事等提出描述性建议。因此，要将量化评价与质性评价相结合。其中，量化评价以直观的数据呈现评价结果，科学精准但比较机械化。质性评价灵活性强且更为全面，但实施起来也更为复杂。只有将二者结合起来，才能够取长补短，

---

① 孙冰红、杨宁宁：《新时代高校思想政治工作服务育人机制研究》，《中国高等教育》2020 年第 7 期。

② 《中共中央国务院印发〈深化新时代教育评价改革总体方案〉》，中华人民共和国教育部网，http://www.moe.gov.cn/jgb_xxgk/moe_1777/moe_1778/202010/t20201013_494381.html?eqid=c14fb6220005e127000000066434b53f，2020 年 10 月 13 日。

③ 刘亚敏：《教学评价中双向多维反馈模式的构建研究》，《当代教育科学》2013 年第 7 期。

达到评价效果的最优化。

在对大学生集体主义价值观的评价方面，可以将传统的开卷或闭卷考试中的打分制与问卷、访谈和观察等方式相结合，用量化打分结合描述性评语的方式对大学生作出细致、深入的客观评价。

（二）过程性评价与形成性评价相结合

从实施集体主义价值观培育的工作来看，评价方法应同时关注效果和过程。形成性评价面向静态的培育结果，是一种效果评价。主要依据的是学生的综合素质水平。过程性评价则关注动态的变化历程，是一种发展性评价，不仅要关注学生的言论、行为等日常表现，而且包括教育行政管理者、教学工作者和监督执行者等培育主体在教育工作中的能动表现。集体主义价值观不是一朝一夕就能形成的，而是在动态发展中逐步建立起来的。因此，要建构高校大学生集体主义教育评价体系，就要坚持系统思维、全局谋划，将过程性评价与形成性评价相结合。

就大学生集体主义价值观的现实表现而言，可以设立有梯度的成长性评价体系。如利用学生纸质或电子版的成长档案，结合教师的教学反思记录本等记录学生个人的思想成长和培育工作的发展进程。在一些关键时间节点，如期初、期中、期末等，嵌入不同重点、目的和方法的跟踪评价，作为重要的过程性参考，最后结合过程性评价的结果和量化评价的依据，作出针对大学生个人价值观表现的客观、公正、可靠的结论。

（三）自我评价与互动评价相结合

作为高等学校教育教学的核心理念，坚持以学生为中心包括以学生发展为中心、以学生学习为中心和以学生学习效果为中心。即高校的一切教育教学活动要以促进学生发展为目的，把学习作为教育的目的，把学生的学习效果作为判断教学和学校工作成效的重要依据。[①] 评价环节是发现问题、持续改进问题的过程，需要学生主体性的参与。然而由于大

---

① 周光礼：《建构中国特色高等教育评价体系》，《教育研究》2023 年第 8 期。

学生的自我认知并不清晰，需要依靠外部的力量进行检测和诊断，将主体内部的自我认知同他人的评价相融合。因此，要把自我评价与互动评价结合起来。

为接收到更多更为全面的反馈信息，评价环节除了学生和教师的参与外，还可以借助社交媒体的强大沟通功能将家长、校院领导、管理和监督人员、毕业生用人单位等吸纳进对大学生集体主义价值观和学校培育工作的评价中来，提升评价效果的全面性、系统性。

需要注意的是，评价结果的产生并不意味着评价工作的结束。评价是为进一步指导集体主义行为而服务的，只有配备全面、准确、及时的反馈工作，才能使学生明确自身所需要作出的意志努力，为进一步的统筹安排服务。

第七章

探索推进实践活动，提升集体主义行动能力

优化大学生的集体主义价值观是一个理论问题，也是一项实践课题。习近平总书记强调："一种价值观要真正发挥作用，必须融入社会生活，让人们在实践中感知它、领悟它。要注意把我们所提倡的与人们日常生活紧密联系起来，在落细、落小、落实上下功夫。"[①] 归根结底，集体主义价值观是对个人言行的内在规范，要优化其现实价值，就必须完成从"知"到"行"的转化，而实践是实现这一转化的重要途径。通过具体的实践活动，大学生可以在螺旋上升中感知集体主义价值观的层次变化不断提升集体主义的行动能力。这些实践活动包括教导实践活动、校园主题活动、社会实践、志愿服务和公益劳动等。

第一节 设计教学实践活动

教学实践是主体围绕教学内容、教学目标开展的相应实践活动。作为教学的组成部分，教学实践是对课堂理论知识的补充和巩固。以团队为基本单位开展教学实践，有利于学生充分领悟理论知识的内在精神实质，提高探究能力、形成合作意识，从而真正落实集体主义价值观。以

[①]《习近平谈治国理政》第 1 卷，外文出版社 2018 年版，第 165 页。

专题、课程、专业等为切入点，探索由小到大、广泛覆盖、定期开展的专题教学实践活动、课程教学实践活动、专业教学实践活动等不同层次的教学实践活动形式，是目前强化集体主义行为的普遍形式。

一　以专题教学实践活动为主要形式

专题式教学是指教师依据教学大纲，结合社会现实、学生实际和教材内容，遴选几个主要问题，并围绕这些问题，分教师、按问题进行专题讲授的教学方法。① 专题式教学形式有计划、分步骤地把教学内容分割成一个个专题，契合了高校落实教材体系向教学体系转化的教学理念，是教学改革的大势所趋，有便于集体主义价值观长期行为的养成。这一教学形式最显著的特征和优势在于"打破了常规教学中教师按章节顺序讲授教材的传统，更加突出精讲和深讲，注重某种理论或问题的系统讲述"②。以专题为切入点开展教学实践，就是以某一专题内容为基础、以实践活动为主要形式的教学方式。这种教学实践活动，突出了教学内容的重点并强调学生主体之间的合作，既有利于教学内容的精细化，也有利于学生集体意识和行为的养成。但是，专题教学内容选择不当、过程安排不当等也会造成知识缺乏连贯性，教学组织活动混乱，最终不利于集体主义价值观培育的教学效果。因此，在开展专题教学实践活动前要做好充分的教学准备，在开展教学实践活动过程中，也要做好精心的教学组织。

（一）做好充分的教学准备

教师充分的教学准备是做好专题教学实践的前提。在课程教学前，应充分发挥教研室和课题组的集体力量，发挥每个人不同的专业优势，

---

① 戴月波：《高校思想政治理论课专题教学存在的问题与对策》，《黑龙江高教研究》2013年第5期。

② 张雷声主编：《新时期思想政治理论课教学方法探讨》，高等教育出版社2006年版，第67页。

做好教学规划和谋篇布局，明确每一专题具体的教学重点和难点，选取其中适宜融入实践且富有时代特色的部分进行精心准备。

　　一方面，教学专题的确定和完善，是集体讨论基础上发挥个人专业优势的结果。每一个专题由一位教师主要负责，但具体的教师设计和思路，则应该是整个备课组集体共同讨论、修改、完善的智慧结晶。在此基础上，教师结合自身的专业理论背景、研究方向和个人兴趣进行具体的调整，使专题教学实践既能发挥教师的专业特长，也能引发学生研究性学习的兴趣，做好行为的引领。

　　另一方面，专题教学实践的开展需要选取具有相对独立性、现实性、科学性和思想性的教学内容。专题教学实践依托于教材但又有别于教材，因此要选取能够体现新意的专题教学内容，将教材内容的选择牢固建立在大学生的实际生活和社会现实的基础上，否则就会有脱离实际成为空中楼阁的风险。同时，专题教学实践还要遵循科学的教育教学规律，将科学的理论知识同集体主义价值观的传递相结合，选择能够体现科学性和思想性的教学案例，让学生在学习中思考、领悟，并应用于实际行动。

　　（二）做好精心的教学组织

　　专题教学实践的组织开展情况，是能否顺利实现教学目标的关键。组织专题教学，需要保持知识之间的连贯性，确保学生参与的积极性。因此，要将原本零散、单一的理论知识转变为整体和系统的教学单元，提高学生的主观认识能力，就需要教师的精心组织，发挥宏观的组织调控功能。

　　从组织形式上看，应普遍采用合作的方式。如在正式教学之前，设计与专题教学有关的适合大学生思想水平和价值观发展的有价值的、有意义的问题，推荐相应的参考资料和书目让学生先行自学和思考。在课堂教学中，以学生的讨论为主，针对其自学过程中存在的问题，鼓励集体合作共同解决。同时，辅之以教师的主持和价值观引导。为确保实践的效果，可以按照"同组异质、异组同质"①的原则将学生编排成各具特色且实力相当的小组。从具体的方法上看，要引导学生实现阅读资料、发现问题、合作讨论、解决问题的良性循环，还应增强互动性和现场感。如在小组合作环节，将演讲、辩论、实验、视频录制、模拟法庭等多种实践形式相结合，丰富学生信息接收渠道，激发学生的参与热情，在提升大学生团队合作能力的同时强化其集体主义行为。

总之，专题教学实践将课堂交由学生主导，却仍旧离不开教师的指引和把控。在活动结束后，教师也应进行必要的总结反馈，在合作实践中强化学生的集体主义价值认同。

二 以课程实践教学活动为基本方式

课程实践教学是指大学生在特定课程的课堂范围内外，根据理论教学的具体内容，在任课教师的组织下参与实践锻炼，完成指定任务的教学实践活动。与专题教学实践相比，课程实践教学所针对的教学内容更为广泛，学生的覆盖范围也更大，可以包括不同专业的学生。作为课程理论教学的拓展和延续，课程实践教学将理论与实际相结合，有助于学生在实践中提升纪律意识和集体观念，增强自身综合能力，是高校课程教学模式创新的必然选择。从总体上看，各门课程的任课教师可以在课时允许的情况下，根据专业特色、课程定位和教学实际开展相对稳定的课程实践教学活动。与此同时，还应有意识地探索活动中的集体主义价值观要素，实现教学效果的最优化。

（一）开展校园内部课程实践教学活动

校园内部教学实践活动是以学校为范围展开的课程实践教学。按照具体范围的大小，可以分为课内实践教学和校园实践教学。其中，课内实践教学要突出学生主体性，强化学生的参与感和体验感，根据理论教

---

① 谢文东、王林发：《实践教学的途径与应用》，福建教育出版社2017年版，第86页。

学内容设计实践主题引导学生，让学生在活动中接受内容、涵养价值观。例如，在《思想道德与法治》的绪论课程教学中，教师在强调心理健康教育重要性的基础上，针对心理适应性等教学内容设计实践主题，在开设心理沙龙、情景演绎、小组合作、角色扮演等活动强化学生心理卫生意识的同时，帮助学生提升处理人际交往的心理能力，强化正确处理个人与集体的关系。[①]

校园内部开展的课程实践教学活动是理论教学的基本形式，各课程各专业要针对课程内容的差异和重难点有针对性地开展各具特色的实践教学活动。例如，在各门思政课的实践教学中，《思想道德与法治》课程可以开展"户外经典诵读""校园热点微评"等活动；《马克思主义基本原理》课程可以开展"经典读书报告会""读书沙龙"等活动；《毛泽东思想和中国特色社会主义理论体系概论》课程可以开展"走近马克思""社会调查研究""为发展献计"等活动，[②] 推动相关课程教学有重点、有特色，实现集体主义价值观培育"接地气""冒热气"。

(二) 开展校园外部课程实践教学活动

开展课程实践教学活动还应当探索广大的社会课堂领域。在具体活动形式方面，可以走进社区、企业、农村等进行专题调查研究，也可以走进革命烈士陵园、博物馆、人民法院、消防大队等进行参观学习访问。需要注意的是，校外课程教学实践可以与学生的社会实践联合开展，但并不等同于课外实践活动和志愿服务活动，其开展的根本目的和要求有着本质区别。学校应做好针对专业教学的统筹规划，积极给予经费支持，提供安全保障并做好跟踪评价和总结。

---

① 周丹：《高校"思想道德修养与法律基础"课程实践教学现状及对策》，《教育与职业》2015 年第 23 期。

② 李明建：《思想政治理论课"五位一体"实践教学模式的构建》，《学校党建与思想教育》2017 年第 22 期。

做好课程校外实践教学活动的总结和考核，要善于总结实践教学的经验和教训。既要加强对学生的考核，也要注意对教师、学校领导和职能部门的考核。高校可以制定相关的实践教学手册，在记录收获、反思成长中回顾活动历程，形成书面的总结材料并计入课程成绩。同时，还可以将学生的优秀作品、优秀事迹编订成作品集予以表彰和鼓励，调动学生参与实践活动的积极性，从而更好地回馈课堂理论教学。

三　以专业教学实践活动为重要支撑

不同于课程教学实践，专业教学实践活动面向的是同一专业内部的学生。它建立在专业理论内容学习的基础上，创造性地将专业理论同社会实践相结合。学生在专业实践活动中达到理论知识与实际问题的交互，不仅可以获取操作性的职业技能，而且能在专业实践中感知所学专业的社会价值，有效提升专业的信念感和获得感，为学生的职业发展服务。

（一）实践活动目标注重实用性

专业教学实践要将深化理论认知与解决社会实际问题相结合，即专业实践教学要以社会和市场需求为导向。要及时把握行业发展的信息，根据社会和就业市场对人才的需求安排相应的专业教学实践内容，更新和调整教学方法，并以此来填补学校理论教学同岗位实际需求之间的断层，推动专业实践教学体系的完善。同时，要借助专业教学实践优化大学生集体主义价值观的行为表现，还要兼顾思想性。不能把实践等同于专业技能的提升，还要在行动中强化社会责任感、家国情怀、大局意识和合作意识，把实用性和思想性结合起来。

在实习活动中，要协同校内指导教师和校外指导教师的合力作用，做好技能训练和价值观引导。在技能训练层面，要启发学生运用理论知识应对专业学习面临的实际困难，明确专业实际问题中的理论根基、强化理论问题的实际应对。在价值观引导层面，则要使学生在具体的实践行为中感知自身专业行为的外在力量，强化对专业的认同感，增强为他人、为社会的服务意识。

（二）实践活动方式突出层次性

实践教学是有着不同梯度的。因此，专业教学实践活动除坚持以专业学习为本分之外，还应当兼顾层次性。按照具体实践内容从低级到高级的不同层次，结合大学生从一年级到四年级的不同教学重点和安排，对专业教学实践活动进行系统设计和整体规划，是高校完善专业教学实践的重要内容。

完善高校专业教学实践，应当立足不同年级学生的现实状况，从当前新时代的背景出发，开发包括基础性实践、综合性实践和专业实习实践三个层次构成的专业教学实践活动。使学生对专业的认同由浅入深、由简单到复杂、层层递进、相互衔接，继而避免不同年级的大学生在同一水平层次进行重复训练。大一、大二年级主要开展基础性实践活动，以再现理论知识、强化知识点为目的。这一层次可以通过参观企业、课程实验等实践活动方式检验学生专业知识的掌握情况，强化学生的合作探究行为和能力。大三年级主要开展综合性实践活动，以对专业知识的综合运用为目的。这一层次可以通过课程设计、综合实践、实习实验等实践活动方式提高学生的综合实践能力、分析和解决实际问题的能力，注重发挥集体的力量。[①] 大四年级则主要开展专业实习实践活动，以培养学生的创新意识和岗位适应能力为目的。因此，这一层次要联合实习基地，为学生打造专业知识实践的真实场景，不仅仅是参观、模拟，而且应是深入专业实践的一线，在行

---

① 徐丽华、李兵、张勇等：《高校农林专业多层次实践教学体系构建探索》，《西南师范大学学报》（自然科学版）2015年第3期。

动中真切地感知所学专业的社会价值和魅力。

（三）实践活动环境凸显专业性

实践环境是实践教学的场所，也是专业教学实践活动的保障。在专业实践中培养集体主义价值观还要整合实践资源，以强化专业性、营造专业实践活动的环境为基础。就校内实践环境而言，要注重实验室、实训室、试验田、养殖场等的硬件资源配置，为不同专业的学生开展专业实践锻炼提供便利条件。就校外实践环境而言，则要通过与企业、社区、设计院、中小学、农场、事业单位等不同单位签订合作条约，建立与校外实践基地的长期合作，从而逐步打造专业化的实践环境。在学生的实践环境的布置方面，要凸显所学专业的价值信仰，不以个人的自私自利为目的，着力培养学生的集体主义行为。

值得注意的是，无论哪种教学实践活动，其首要目的都是配合特定理论内容的教学。在此基础上，积极帮助大学生锻炼集体主义行为。教师既要避免生搬硬套，也要强化学生主体责任感，防止部分学生出现"搭便车"的现象。同时，也要特别关注在集体活动中缺乏参与感的学生，对于此类学生应当适时耐心地给予沟通与引导。

第二节 开展校园主题活动

校园主题活动形式多样，在大学生集体主义价值观培育中有着更高的灵活性。作为集体共同努力下开展的实践活动，其本身就蕴藏着集体的目标取向。同时，这些活动的过程也需要大学生集体力量的凝聚。利用朋辈互助学习活动、仪式教育活动、团体竞赛活动等常态化校园主题活动方式，能够有效增强大学生在校园生活中的集体主义行为体验，实现知、情、意、行的内在统一。

一 开展内容丰富的朋辈互助教育活动

同伴是大学生获取经验和信息的重要来源，也是大学生面对困难和疑惑时的首要求助对象。因此，在大学阶段，同伴在大学生价值观念和行为举止上的影响不亚于教师和家长。朋辈互助教育一般是指有目的、有组织地把年龄相仿、背景相同、经历相似的同伴聚集起来，相互之间分享信息、观念或行为的一种自我教育方式。正是由于同伴间的相似性，使得互助教育成为可能。随着高校扩招而来的是教学规模的扩大，日益"膨胀"的大班授课模式已经无法满足学生学习的多样化需求。同时，大学阶段中家长、教师与学生关系的变化，也使得学生从同伴群体中获得理解与支持十分必要。朋辈互助教育实践活动关注学生个体的思维差异，将助人与自助相结合，成为释放教育资源和师资压力的重要途径。借助朋辈互助教育活动，大学生能够增进情感交流、缓解思想压力、强化行为示范，有助于以点带面，让优秀朋辈成为思想的引领者、学习的促进者、价值观的指引者，继而发挥同辈文化价值规范和道德利益取向的从众效应、示范效应和规模效应。[1]

（一）以榜样引领为重要前提

校内朋辈互助教育活动形式多样，分别围绕学习、人际交往、兴趣需要和心理辅导等不同内容展开。学校应当有计划地选树朋辈群体中的优秀榜样，建立起互助学习的网格，鼓励学生在朋辈教育中长才干，自发形成比学赶超的集体氛围，增强相互学习的主动和自信、提高集体学习的效果并强化团队合作。

一方面，要积极发挥优秀学生干部的榜样引领作用。利用理论考试、面试考核等环节选拔学生干部，对入选的学生干部要加强学习培训，提高学生干部的综合素养与工作能力。在此过程中，特别要注意学

---

[1] 张佳亮编著：《大学生价值观教育》，辽宁大学出版社2010年版，第43页。

生干部思想觉悟的提升，把明确政治方向，巩固社会主义、爱国主义和集体主义的信念和行为放在首位。让学生干部树立自身威信，彰显在朋辈互助教育活动中的示范和引领作用。

另一方面，要积极发挥优秀朋辈校友的榜样作用。优秀校友的榜样作用，能够鞭策学生提高自身的职业能力与素养。可以通过组织"校友讲坛""学长讲堂""学姐有话说"等常态化朋辈互助教育活动，将优秀同辈榜样的范围延伸和拓展开来。① 通过邀请刚毕业的优秀毕业生们分享自身的学习历程与工作经历，可以让学生们在倾听中走近榜样，体悟学长学姐们的成功秘诀，形成专业认同和社会责任感。

（二）以社团文化活动为主要载体

社团是学生发展兴趣爱好、结交志同道合朋友们的重要平台，是开展校园文化活动、促进学生全面发展的重要载体。高校内部众多的社团组织与文化活动为大学生在朋辈互助中强化集体主义行为提供了支持。通过社团文化活动，可以让学生明确自由与规则、权利与责任的辩证关系，在活动中长才干、落实集体主义行为表现。

社团文化活动的主题多样，是在交往中深化学生集体奉献意识和行为的重要途径。例如，可以通过开展阅读交流会、科研经验分享会、团体心理辅导等将社团活动与朋辈互助相结合，引导大学生在人际交往中注意理解、包容和帮助同伴。也可以结合专业特色和人才培养要求，设置与专业实践相关的社团组织，借此平台发挥朋辈互助教育的重要作用，推动集体主义价值行为的纵深发展。

（三）以心灵关怀为内在要义

朋辈互助教育离不开人际关系的支持，因而也是同龄人之间开展的一种心理互助。处于社会转型背景下的大学生，生理和心理方面还不够

---

① 熊秀兰：《基于"朋辈教育"的高职院校育人体系构建与实践》，《中国职业技术教育》2016年第13期。

成熟，情绪波动也比较大。朋辈心理互助活动能够发挥友情效应，唤醒和激活积极的情绪。因此，对及时排解大学生心理压力、化解心理问题大有裨益。

高校应当在配备心理辅导专员的基础上，选拔对学生进行心理辅导的学生干部，建立起学生心理辅导工作室，并对其进行心理辅导技术教育，让朋辈互助心理辅导机制常态化。心理辅导专员可以通过办讲座、析案例、重模拟等方式，先对相关学生干部进行技能培训，明确其职责。在朋辈心理互助中，再由学生心理委员以贴近心灵的沟通了解同学们的心理状态，给予相应的人文关怀，继而促使大学生形成良好个性和心理品质。同时，高校应当注重朋辈间心理知识的宣传教育。教师通过讲座或课堂教学的灌输等方式来宣传心理健康知识，学生往往较难把握，无法把知识转化为技能，也无法实现价值引领。通过学习让学生心理委员先明确心理健康的内涵和要义，获取觉察和认知情绪、管理情绪的方式方法，再传输给其他学生，有助于挖掘学生的心理潜能，培养自我调节和控制能力。

高校还要精心设计以心灵关怀为宗旨的朋辈心理互助实践活动。例如开展心灵约谈、心灵成长知识竞赛、校园心理剧、心灵成长观影活动等主题教育形式，以学生喜闻乐见的方式帮助学生扫除不良情绪障碍。在接受同伴爱与肯定的同时，明确自身对他人的重要性，强化为他人、为社会提供心理关怀的意识和行为。

需要注意的是，朋辈互助教育要实现助人与自助的良性循环，在行动中强化集体主义价值观，除发挥学生个人或集体主动性外还需加强组织管理，以免出现灌输负面价值的朋辈群体。

二　开展主题鲜明的仪式教育活动

"礼仪礼节是道德素养的体现，也是道德实践的载体。"[①] 我国素以

---

① 《新时代公民道德建设实施纲要》，人民出版社2019年版，第18页。

礼仪之邦闻名于世，十分注重礼节与仪式。作为一种集体活动形式，仪式教育活动是校园主题活动的重要形式。新时代学校仪式教育活动是在学校这一特定场域，由学校指导并针对学生群体设计与开展的具有教育意蕴的一系列规范化仪式活动。它是办学理念与学校文化的有形载体，是对学生进行情感、态度与价值观教育的一种有效方式。[①] 它以价值目标为指引，注重学生集体的参与和体验，具有鲜明的意识形态性。学生在参与仪式教育的过程中能够以集体发展为标准审视并强化个人行为，建立起高度的集体归属感、认同感。根据马斯洛需求层次理论，新时代随着大学生对缺失需求的满足，他们越来越强调成长需求等更高一级的需求，而仪式教育为满足大学生的这些精神需求创造了条件。

（一）价值动力：利用重大节日契机

仪式本身蕴含着丰富的文化内涵，承载着社会的道德价值，具有思想性、表演性和象征性。节日是唤醒情绪、强化历史记忆的途径，具有内在规范性和价值引导性。高校可以利用重要的国家节日、民族传统节日或校庆日等重大纪念日的契机，开展主题鲜明的仪式教育活动，鼓励学生积极参与，有助于激发学生的爱国热情和责任意识，使之认识到自己是集体中的个人，强化对集体的责任感、归属感和使命感，把情感渲染与价值观教育引导相结合。

不同节日的仪式教育活动要体现不同特色。如在国庆节组织学生参加升国旗、观看阅兵仪式；在中秋节组织学生编排精彩表演再现传统故事、传播民族精神；在建党节、建军节、抗日战争纪念日等特殊日子组织大学生集体观看主题影片，带领学生前往革命先烈纪念馆悼念，等等。这些活动潜在渗透着集体主义价值观要素，能够有效激发学生对祖国的荣誉感、归属感，从而进一步深化自身责任行为。

[①] 张家军、陈玲:《学校仪式教育的价值迷失与回归》,《中国教育学刊》2016年第2期。

针对节日的仪式教育活动还要关注学校的精神风貌建设。仪式教育活动是校园文化的重要构成，是学校文化的关键标识。因此，高校在组织仪式教育活动时，要注意发挥校园精神文化环境的情境教育价值，渲染活动中的思想观念和价值意蕴。例如，在学校的校史馆开展校庆纪念日的相关活动，在图书馆、校园文化广场等地开展读书日的活动，等等，将仪式教育延伸到校园文化环境中，以仪式活动增添校园精神风貌，以校园文化环境强化仪式教育的氛围感，将校园精神中的集体主义价值观实质落实到学生参与仪式活动的一言一行、一举一动中。

（二）成长动因：抓住学生成长重要节点

高校开展的仪式教育活动是一种群体性活动，学校要充分利用仪式教育活动帮助大学生感知集体、融入集体、热爱集体，给学生提供转换角色、扮演角色的良好契机。而要使仪式教育活动成为学生印象深刻的社会性集体记忆，促进学生的集体主义情感体验和行为表现，增强学生的"在场感"和"主人翁"地位非常重要。[①] 因此，高校要尊重学生的身心发展水平、兴趣与需求，以学生成长的重要节点为契机开展仪式教育，突出仪式教育的全程性。让学生发展的每一个阶段都有仪式活动，让每一次仪式活动都能成为激发学生身心成长的平台。

就仪式教育活动的主体而言，要强调育人性，实现内外兼修。大学生不仅是仪式教育活动的参与者，还应当是建构者、策划者、组织者。仪式教育可以延伸到大学日常生活的各个方面。比如让学生自己参与组织迎新活动或者毕业典礼。以一名大学生的身份去思考大学新生的真正需求和毕业生的情怀所在，避免将仪式活动"形象化""功利化""表面化"。在组织活动的过程中，让大学生切实感受身份的变化，同时加强与其他学弟学妹、学长学姐的沟通交流，强化我为人人、人人为我的

[①] 张家军、陈玲：《学校仪式教育的价值迷失与回归》，《中国教育学刊》2016年第2期。

服务意识。

就具体的仪式教育活动形式而言,可以在学生入学、入团、入党、成人、毕业等重要时刻,举行必要而庄重的入学仪式、入团仪式、入党仪式、成人仪式、毕业仪式等,能够以隐喻的方式强化学生的情感体验。要将集体主义价值观育人的思想贯穿仪式活动的全过程。在相关仪式活动前后,要着力培养学生的道德品格和责任意识,让学生在活动中思考、感悟、收获,让集体主义价值观落地生根。

需要注意的是,还应明确在新时代大学生集体主义价值观培育工作中,仪式教育活动的首要目的是为了服务集体主义价值观的培育,而不是为了热闹和形象,不能舍本逐末、最终流于形式。

三 开展形式多样的团体竞赛活动

团体竞赛以团队为基本单位展开,是校园中较为普遍的一种第二课堂活动形式。团队是集体的一种存在方式,活动是价值观形成的具体途径,竞赛是学生主动反思和寻求突破的方式。在形式多样的团队竞赛活动中加强学生与学生之间、教师与学生之间的合作和交往,使大学生产生集体主义价值观的行为体验和道德教育,有助于凝聚学生集体的力量,催生关心集体的意识和行为,从而升华学生的思想情感、充实学生的精神生活、升华学生的道德境界。高校的团体竞赛活动内容丰富、形式新颖,主要包括以新时代中国社会主义特色和网络媒体发展为背景的创新竞赛方式,以发展学生各方面兴趣爱好为主要表现的文娱体育竞赛方式和以获取知识和科研创新成长为主要表现的知识类竞赛方式。

(一)围绕时代背景开展竞赛

团体竞赛活动将理论知识以独具趣味性和创新性的方式得以呈现,有利于学生在配合团队完成比赛任务的同时加深对理论知识的理解。要打造独具特色的校园主题文化活动氛围,就要坚持"传统内容和时代特点"相结合,以系统观念和创新意识为指引,把时代特色融入团队竞赛活动中来，根据具体时代背景开展不同主题的团队知识竞赛活动，切实加强大学生的集体主义价值行为，提升大学生的综合素养。

一方面，开展团体类竞赛活动要有效发挥新媒体网络平台的关键作用。随着科技和信息技术的快速发展，网络学习教育的活动方式经常为大学生所喜闻乐见。开发和利用网络进行线上线下相结合的竞赛活动，鼓励不同学校、不同专业的学生组队参与，能够有效扩大活动的覆盖面和影响力，帮助学生在参与竞赛活动中强化同他人的沟通交流，建立良好的人际关系。

另一方面，开展团体竞赛活动要把握时代发展的最新要求和历史背景。不同的时代有着不同的热点话题，应当结合当前时事热点开展相应主题的竞赛活动。比如，在建党百年开展党史知识竞赛，在党的二十大召开背景下开展与此相关的竞赛活动，在亚运会、奥运会等运动赛事开展期间进行体育知识竞赛等。既能拓宽学生自身的知识面，也能加强集体合作。

（二）围绕兴趣爱好开展竞赛

兴趣是学生参与团体竞赛活动的内在动力。以学生的兴趣爱好为基础开展竞赛活动能有效提升集体主义价值观培育的趣味性，使竞赛活动更好地吸引学生、感化学生、教育学生，成为课堂教学外对大学生进行集体主义价值观培育的有益补充。围绕学生兴趣爱好，组织不同院系、不同班级的学生通过组队的方式参与竞赛，有助于大学生发挥团队特色，实现自我教育、自我管理，增强大学生集体主义价值观培育的实效。

新时代，体育不仅是学生强身健体，维持身体健康的重要渠道，也承载着健全人格、锤炼意志和行为养成的关键作用。通过完善训练体系、设置竞赛模式等组织团队参与篮球赛、足球赛、拔河比赛、羽毛球比赛等体育活动，让学生在活动情境中获得尊重和认可，有助于帮助大学生建立友谊、发挥自身在集体中的重要作用。同时，微电影制作大赛、摄影大赛、诗歌散文比赛、十佳歌手大赛、漫画比赛等文艺类竞赛活动，也能够发挥学生各方面的兴趣特长，以文艺感增强集体主义价值观宣传教育的实效。

（三）围绕学业成长开展竞赛

学生的主要任务是学习和研究，高校开展团体竞赛类活动还要为学生的学业成长提供智力支持。以学科专业知识和科研能力培养为主要目的，鼓励学生从知识类竞赛中寻求自己所感兴趣的学习内容，同时激发相互探讨、互相学习的方式，能够使学生在合作学习中强化集体主义行为的动力。

例如，在高校中开展以"互联网＋"大学生创新创业大赛、"创青春"全国大学生创业大赛、全国大学生数学建模竞赛、"挑战杯"大学生课外学术科技作品竞赛等为代表的科研创新创业类团体活动，最大限度地发挥团体的合作力量，有利于学生充分发挥团队成员知识和能力优势，强化其创新能力和集体合作交流能力，促进大学生的全面发展和综合素质提升。

第三节 拓展社会实践活动

现实的培育工作应当与社会生活接轨，实现学校与社区资源共享共用，互为补充。社会实践活动将实践环节从校内延伸到校外，打开了学生观察和体验社会的窗口，有利于学生在更广阔的天地中锻炼自身实践能力。实践是一种直接经验，是一切思想观念的根本来源，了解和验证思想观念本身也是一种实践。大学生通过深入社会感知和考察国情、社情，可以深切领悟和认同集体主义价值观，并自觉成为宣传和践行集体主义价值观的"排头兵"。利用多方力量、采用多种方法、运用多元平台拓展社会实践活动，是推进实践常态化的重要方式。

一　利用多方力量支持社会实践

在新时代，社会实践已然改变过去相对封闭的状态，覆盖面广且涉及诸多主体。高校开展的有关大学生集体主义价值观培育的社会实践活动不能混同于一般意义上的社会实践，只有得到多方力量的配合和参与，社会实践活动形式才能有效凝聚集体的价值力量，获得预期的效果。现实中存在着的实践教学经费短缺、实践教学考评体系尚不健全、社会实践教学基地相对缺乏、师资力量不足等问题不仅要求高校发挥好主体责任，而且需要国家、实践单位、家庭、教师等明确自身的责任和义务，共同关心和支持以培养大学生集体主义价值行为为目的的社会实践活动。

（一）国家、社会的经费支持

高校开展大学生集体主义价值观培育的社会实践首先需要国家、社会给予经费方面的支持。学生参与社会实践活动，在交通、餐饮、门票、住宿等方面都需要一定的经费，而高校自身在经费储备上则比较有限，许多高校无法真正满足社会实践活动的经费开支。因此，在组织、宣传、激励等各项活动中，要动员企业和社会参与物质支持，这是社会实践顺利开展的重要前提。

一方面，对于需要争取的经费，高校要制定社会实践活动经费预算。根据社会实践活动的开展和需求状况，公开社会实践的资金发展计划。由相关部门根据法定程序对学校的经费需求申请进行审核和检查，再对社会、国家进行公开集资。另一方面，对于已经争取到的社会实践活动经费，应当设立规范化、严格的专项经费专款专用项目。联合学校财务部门制定社会实践活动经费的使用计划和使用办法，保证经费的使用透明化、合理化、系统化。

（二）学校的制度支持

高校开展大学生集体主义价值观培育的社会实践还需要学校提供制

度支持。将社会实践纳入学科建设体系中来并明确规定相应的课时量、形成规范的评价体系，重视实践的过程性和过程中学生认识水平和能力的评价，从而提升实践的系统性和科学性。着力加强社会实践活动与理论性学科和应用性学科的关联，结合统筹规划、监督考核、反馈评估等方式，是确保实践规范且有效的重要手段，既能推动社会实践进展也能优化学科建设。

要在对大学生社会实践活动进行统筹规划的基础上，建立相应的考核评价指标体系。鼓励专业教师参与指导大学生的集体主义价值观实践育人活动，同时，在评价环节，既要把教师参与指导的情况纳入对其工作考评的指标体系中，也要把大学生参与社会实践活动所形成的设计方案、总结报告、科技论文、调查报告等情况纳入学生实践的评价环节中。① 重点突出创新性和思想性，发掘社会实践活动中学生在激发创新潜力和价值观表现方面的情况。

（三）家庭、单位的过程支持

高校开展大学生集体主义价值观培育的社会实践也需要家庭、实践单位等提供支持。实践范围的广阔性决定了实践过程监管和服务的重要性。为防止大学生的社会实践活动浮于表面、流于形式，家庭和实践单位在实践过程中的指导也不可或缺。然而各高校在实际开展社会实践活动的过程中却遇到了不同程度的困难。如有的单位不愿意接纳师生来参与社会实践活动，有的则是对所提供的社会实践教学场所收取高额的费用，有的家长对大学生社会实践的参与度不高或不愿意指导，种种原因导致大学生集体主义价值观培育的实践教学基地、教学计划很难顺利地建立起来。②

各高校应当主动建立起与社区、村镇、爱国主义教育实践基地、企

---

① 胡舒敏：《论大学生的社会实践活动》，《求实》2006 年第 S2 期。
② 于超：《高校思想政治理论课实践教学探究》，《中国成人教育》2013 年第 19 期。

事业单位、社会公益组织机构、家庭之间的联系，以培育大学生的集体主义价值观为共同目标和原则，通过签约合作项目书、挂牌高校社会实践基地、建设家长委员会等方式争取一批稳定的大学生集体主义价值观培育基地和社会活动基地，实现监管和服务制度化、常态化，为学生参加社会实践提供全员、全过程、全方位的支持和帮助。

（四）教师的价值指引

高校开展大学生集体主义价值观培育的社会实践还需要教师提供价值方向的指导。教师是指导集体主义实践的核心队伍，不仅要有扎实的理论功底、广阔的知识面，而且应当具有比较宽泛的社会知识、高度的社会责任感和集体主义精神，从而在校内外各类社会实践活动中加强自身对学生实践的方向指引，为学生解疑释惑。新时代部分教师注重自身教科研成长，但在组织学生参与社会实践方面的经历则相对缺乏，继而影响了集体主义价值观社会实践教学的实效性。

社会实践活动中强大的师资力量是建立社会实践活动长效机制的重要保证。新时代，激活教师对社会实践的价值影响因素，就应当在总结教育教学规律和大学生思想成长和道德教育新发展的基础上不断开拓教师的思想领域，总结教师的实践经验。利用定期培训、学术交流、研修活动等提高师资队伍的专业素养和实践指导能力。

二 采用多种形式拓展社会实践

经济社会的发展带来了生活方式和内容的多样化，社会实践活动是有目的、有计划、有组织地带领学生深入社会生活实际的一种教学模式。为解决课堂理论教学形式受限的问题，避免趋同化和无序化，就必须采取实际行动改进社会实践活动方式，"在党和人民的伟大实践中关注时代、关注社会、汲取养分、丰富思想"[1]。当前，部分高校在组织

---

[1]《习近平谈治国理政》第3卷，外文出版社2020年版，第330页。

社会实践活动的过程中并没有进行系统化的设计与规划,导致实践形式较为单一、缺乏创新性。因此,在统筹大学生社会实践共性特征的同时需要挖掘具有时代特征、地域特点和学校特色的大学生集体主义价值观培育的社会实践活动方式,将社会实践与价值观培育相结合,实现学生思想素质和行为能力的提升。按照社会实践活动的具体内容来看,社会实践活动可以分为专业成长类、情景体验类、社会调查类和科研创新类。

首先,可以利用社会实践活动的方式深化学生的理论认知,促进专业成长。课堂上理论知识的学习难以满足学生个性化的求知欲,也无法实现与实际生活的贯通联系。根据大学生的主体需求采取体验性较强的文化体验活动、主题讲座活动、经典著作阅读分享会等活动验证抽象的理论和价值观,有助于大学生打破认知壁垒,满足对知识的需求。与此同时,还可以利用业余的勤工助学、顶岗实习等活动深化学生的专业认同。大学生在实践中增进对不同职业的了解,有利于其提前做好职业规划,将个人职业前途与贡献社会相结合,也有助于大学生感受集体主义价值观在生活中的实际表现,在行动中强化认知自觉。

其次,可以利用真实或虚拟的情景体验活动,将教材和书本上冰冷的文字转化为鲜活的行为。就课内情景体验而言,可以采取创设虚拟情境的方式。例如在思政课教学中,开展情景演绎、模拟人大代表选举、模拟政协、模拟人大、思政情景剧比赛等形式,在实践中激发学生的兴趣和热情。① 就学生生活的真实情境而言,则可以引导学生真正走进人大、社区、爱国主义教育基地和法院等,在真实的情境中体验集体主义价值观,在日常的行为中落实集体主义价值观。

再次,可以利用寒暑期社会实践活动中的社会调查环节强化学生的行为实践能力。例如,学生可以在学校、家长或社区居委会的指导下,

---

① 骆柏林、马燕:《思想政治课实践教学探析》,《思想政治课教学》2020年第10期。

根据自己的兴趣爱好，有条不紊地加入到不同的社会调查实践中来，将调查内容、数据结果和心得体会以书面的形式留存下来，还要组织相关人员进行评价引导。不断强化大学生奉献社会的意识，巩固集体主义行为表现。

最后，发展科研创新类社会实践活动是时代发展、社会发展的大势所趋。在了解大学生兴趣和方向的基础上，结合创新创业类竞赛开展创意设计类、科研实践类等相关的创新实践活动，既能发明新技术、新应用、新模型，给学生留下实物反馈，也有助于大学生在实践中培养动手能力，发挥创新意识和精神。

三　运用多元平台支撑社会实践

新时代，大学生对社会实践的期望值较高。但受到实践平台、实践场所、实践经费等的限制，大学生的社会实践参与度并不高。为确保实践活动的效果，打通学校与社会间的实践渠道，就需要搭建多样化的实践平台。持续发挥资源管理、价值传递、文化传承等作用，使大学生不局限于个人利益的片面满足，实现价值观的重构。

（一）发挥红色教育基地的支撑作用

习近平总书记指出："革命博物馆、纪念馆、党史馆、烈士陵园等是党和国家红色基因库。要讲好党的故事、革命的故事、根据地的故事、英雄和烈士的故事，加强革命传统教育、爱国主义教育、青少年思想道德教育，把红色基因传承好，确保红色江山永不变色。"[1] 这些红色教育基地都是红色精神的物质载体，而红色精神中蕴含着极为丰厚的集体主义精神财富。高校以培育集体主义价值行为为目的开展社会实践活动，就要发挥好博物馆、纪念馆等红色景点的支撑作用，组织学生开展红色研学。在红色精神的熏陶下，引导大学生自觉审视自我，继而认

---

[1] 习近平：《论中国共产党历史》，中央文献出版社2021年版，第111页。

同并践行集体主义价值观。

在红色教育基地的场景建设方面，要尽最大可能满足大学生对红色研学的期待。实地"打卡"的方式能够使学生自觉将课堂上的理论内容与实际生活相结合，产生情感上的共鸣感和行动上的认同感。结合大学生集体主义价值观培育的总体目标和要求，挖掘具有思想内涵的红色文创产品、采用现代科技手段进行数字化布展，能够强化红色教育基地的时代感，有助于传播红色故事、传承红色精神，让红色革命历史与现实交相辉映。同时，红色教育基地的建设也可以积极借鉴国内外其他公益性或爱国主义教育场所在环境布置、价值宣传层面的有益经验，深化红色教育实践基地的吸引力，扩大红色教育实践和红色研学的影响力。

在红色教育基地的制度建设层面，要建立规范化的实践程序和专业化的引导团队。在社会实践活动前期的活动方案设计，实践过程中的流程、路线描绘，实践结束后的总结、评优等各个环节，都需要红色教育实践基地的参与。通过与高校的共同合作，红色教育基地要着力使整个红色研学程序更加专业化。而协同育人的本质就是合作精神的一种体现，有利于让学生在潜移默化中学会合作。各红色教育基地应当配备一些专业的讲解员，有效防止红色研学活动止步于体验当地的风土人情。由红色教育基地的领导、组织人员、志愿服务人员等构成引导团队，是有效提升红色教育基地实践成效的重要方式，有利于提升社会实践的专业化水平。

（二）拓展其他社会育人平台的重要作用

我们应当看到，红色教育实践基地在大学生集体主义价值观培育中的特殊性，也应该看到，广大的社会育人平台给学生提供的多样化实践的机会。新时代，线上线下相结合的多元化社会育人平台为解决社会实践形式单一、建设不到位等问题提供了有效的解决路径。

一方面，要发挥企事业单位、科研机构、社区、乡镇等实践育人平台的支撑作用。推进平台的制度化和规范化建设，不能以完成任务为目标，而应努力探索其中的内在价值指向，强化行为的持续性。例如，通过政府、企业、高校三方力量的结合，实现三方主体角色与功能的交融，形成多元主体"资源共享、平台共建、运行共管、人才共育、成果共享、责任共担"的治理模式，继而提高社会合作育人平台的建设水平、管理水平和运行效能。[①]

另一方面，受到时间、距离等的影响，线下的实践时常受到不可控因素的阻碍。以"云端"活动辅助线下实践，既能突破时空局限、实现信息技术与集体主义行为实践的深度融合，也有助于使有共同实践经历的学生相互沟通交流，加强团结合作意识。因此，新时代高校开展社会实践还需借助互联网技术着力开发"云端"实践信息平台，探索构建大学生集体主义行为实践的网络新模式。一是可以开发微信小程序或应用软件的社会实践活动在线预约功能，打造需求方、供给方、受众方等多方结合的社会实践网络。就高校内开展的大学生红色理论宣讲团而言，有需求的实践单位可以在线预约相关的宣讲服务，提交预约申请。大学生实践团队则可以通过微信小程序或应用软件在线"接单"，针对特定受众和相应任务"派单"，在订单完成后由受众和实践单位参与在线"评价"。通过评价反馈的信息，大学生实践团队也能在一次次实践活动中反思提升，实现"实践—反思—成长—再实践"这一螺旋式上升、波浪式前进的实践过程。二是可以开展网络调查。网络调查同线下的问卷调查、实地访谈相比，具有成本低、受众多、范围广、效率高、匿名化等优点，在网络问卷的设计、发放、数据处理等过程中鼓励学生分工合作，也能够有效提升大学生的信息交流和人际交往能力。

[①] 沈云慈：《基于政校企合作的地方高校创业教育实践平台构建研究》，《中国高教研究》2020 年第 9 期。

第四节 组织志愿服务和公益劳动

志愿服务是大学生以个人或集体的名义，自愿付出时间和精力为他人和社会无偿提供服务的一种实践形式，具有公益性、自愿性等特征。公益劳动则是不以获取报酬为目的的劳动实践，二者均是以奉献意识、劳动观念、为人民服务思想为核心的实践形式。志愿服务和公益劳动体现了集体主义价值观的实质，参与这些活动本就是一种践行、巩固集体主义价值观的行为。新时代以来，习近平总书记也在众多场合的讲话中反复要求广大青年要"积极参加志愿服务，主动承担社会责任"，"以实际行动促进社会进步"。[①] 通过参与志愿服务或公益劳动，大学生可以发挥自身对国家和社会的贡献作用，提升社会责任感和集体凝聚力，继而在服务和奉献社会中实现人生价值。

一　厘清志愿服务和公益劳动的价值导向

从志愿服务和公益劳动的精神实质来看，大学生的实践活动并不以物质利益为目的，而是在实践中互帮互助、共同合作，为他人、为社会贡献自身力量。因此，从伦理学的意义上出发，大学生的志愿服务和公益劳动就是要使大学生在实践中深刻认识和领悟志愿服务的精神价值，发挥无私奉献的精神品质，去主动发现、共同建构集体主义价值观。

（一）"必定有我"的出发点

"志愿"基于大学生对自身良知和内在价值理念的内在驱动。因此，从实践的出发点来看，大学生参与志愿服务和公益劳动要强调行

[①] 中共中央文献研究室编：《习近平关于青少年和共青团工作论述摘编》，中央文献出版社2017年版，第22页。

动的"必定有我"。集体是由个体组成的，没有个人力量的发挥就无法形成庞大的集体。大学生要发挥个人的主观能动性，从"要我参加"到"我要参加"志愿服务和公益劳动，主动投入帮助他人、关爱社会、建设祖国的服务和劳动中，在参与实践活动的过程中体验个体存在的价值。一般来说，一个人对志愿服务和公益劳动的伦理价值和意义的认识程度越高、领悟越深刻，其参与志愿服务的自觉自愿性程度就会越高，也就越能积极主动地参与到志愿服务活动中去。①

（二）"不必在我"的落脚点

"志愿"也是大学生对自身社会责任和使命担当的高度自觉，是一种自觉自愿的理性行为，以服务社会的利他行为为伦理价值指向。因此，从实践的最终目标来看，大学生的志愿服务和公益劳动更要强调成果的"不必在我"。志愿服务和公益劳动建立在对其所属社会的价值认同和责任意识之上，大学生个体也是社会集体中的个体，社会集体是大学生个体力量的源泉。无论是志愿服务还是公益劳动，都是自愿、奉献和无私的个人行为，大学生在其中能够发展自身的协作能力和大局意识，在服务和劳动中体会成就感，形成"无我"的宽广胸怀。正如有关学者在志愿服务内涵界定中所指出的，它"是指任何人自愿贡献个人时间和精力，在不为物质报酬的前提下，为推动人类发展、社会进步和社会福利事业而提供的服务"②。因此，在价值导向上更要强调无偿性和利他性，否则就谈不上公益性。

二　强化志愿服务和公益劳动的组织建设

志愿服务和公益劳动是以实现志愿者的个人和社会价值为目的开

---

① 潘昕、彭柏林：《志愿服务的伦理学界定》，《湘潭大学学报》（哲学社会科学版）2022年第3期。

② 丁元竹、江汛清：《志愿活动研究：类型、评价与管理》，天津人民出版社2001年版，第2页。

展的社会实践活动，已经逐步成为大学生集体主义价值观培育的"第二课堂"。要建立大学生参与志愿服务和公益劳动的长效机制，推进实践活动的常态化进展，就要通过规模形象建设、活动组织建设等方式，为大学生提供规范性、长期性、制度化的志愿服务和公益劳动岗位，为践行集体主义价值观提供广阔的社会实践舞台。

（一）规模形象建设

受到大学生自身以及社会大众心理因素的影响，大学生参与志愿服务和公益劳动首先要注重自身的形象建设。良好的精神面貌和形象管理能有效制造吸引力和影响力，让志愿精神和公益性质印刻在社会大众的集体记忆之中，从而把这种精神力量潜移默化地转变为形塑社会主义集体主义的行为动机。如此循环往复，便能有效影响大学生在日常生活中的行为举止，将集体主义作为自身的生活习惯。

推动志愿服务和公益劳动的常态化、规范化建设，可以从形象化和符号化建设入手，实现规模化和"品牌"效应。例如，可以通过配备统一的服装、设计个性鲜明的形象，思考彰显活动内容的口号等，帮助学生将活动中隐藏着的理性认同与感性认同相结合，加深对行为的共识共情。而这种共识共情正是增强学生间凝聚力的思想基础和推动实践活动进展的精神动力。[①] 也可以将海报、宣传单等传统手段和打造专题宣传片、新媒体工作账号等现代化手段相结合，鼓励更多学生参与到公益性活动中来，提升志愿服务和公益劳动吸引力。

（二）活动组织建设

新时代大学生集体主义价值观培育还应着眼于志愿服务和公益劳动的具体活动形式。以集体和团队为单位，有序组织开展形式各异、全员参与的实践活动，构建集理论宣讲团、扶贫扶智支教团、学科公

---

① 高小枚：《社会主义核心价值观教育的渗透性研究》，中国社会科学出版社2016年版，第177页。

益服务等于一体的立体化志愿公益服务体系。

一是组建理论宣讲团开展志愿服务活动。以大学生党员、团员为主，根据时代发展过程中所涌现出的不同主题，深入社区、企业、大中小学开展内容丰富、形式新颖的"花式"理论宣讲，通过讲解红色理论精神、演绎红色情景剧、录制红色革命故事等形式引导大学生在传播理论中强化集体凝聚意识，并积极与企业、相关中小学、社区共建互促，合力打造红色传播教育基地。

二是组建大学生扶贫扶智支教团。教育是国之大计，相对贫困地区的教育是教育全局中的"短板"，而教师是决定当地教育质量的关键因素。大学生深入当地开展贫困户帮扶和志愿支教活动，能够为当地的劳动和教育带来创新活力。与此同时，也能够在消费主义、享乐主义等消极价值观的冲击下，看到相对贫困地区朴实、真诚的精神面貌，从而激发起大学生的奉献精神和建设祖国教育事业的热情。

三是组建专业知识为导向的服务团队。例如，法学院和医学院的相关专业的学生可以走进基层，将专业学习中所获得的知识利用起来开展义务法律咨询服务、义诊活动等，向群众普及法律常识、为解决其看病难等问题提供自身力所能及的帮助。环境学院和农学院可以抓住有利契机开展环境主题公益劳动。如在世界环境日引导学生集体加入到校园环境保护中来，在国际盲人节开展清扫盲道等活动，让公德心、合作精神在学生心中生根，摒弃"躺平"、"摆烂"、不作为的思想观念。

"勿以善小而不为"，大学生参与志愿服务和公益劳动，应落实到每一个细微行动中，表现在日常生活的举手投足中。在服务中践行集体主义价值观，用奉献绘就青春色彩。

参考文献

一 经典著作或典籍

《马克思恩格斯全集》第45卷，人民出版社1956年版。
《马克思恩格斯全集》第2卷，人民出版社1957年版。
《马克思恩格斯全集》第3卷，人民出版社1960年版。
《马克思恩格斯全集》第46卷（上册），人民出版社1979年版。
《马克思恩格斯全集》第30卷，人民出版社1995年版。
《马克思恩格斯文集》第1卷，人民出版社2009年版。
《马克思恩格斯文集》第9卷，人民出版社2009年版。
《马克思恩格斯选集》第1—4卷，人民出版社2012年版。
恩格斯：《自然辩证法》，人民出版社1971年版。
《列宁全集》第4卷，人民出版社1984年版。
《列宁全集》第9卷，人民出版社1987年版。
《列宁选集》第2卷，人民出版社1995年版。
《列宁专题文集（论马克思主义）》，人民出版社2009年版。
《列宁专题文集——论无产阶级政党》，人民出版社2009年版。
《斯大林选集》（下卷），人民出版社1985年版。
《斯大林文集》（1934—1952），人民出版社1985年版。
《李大钊全集》第3卷，人民出版社2006年版。

《毛泽东著作选读（下册）》，人民出版社第 1986 年版。
《毛泽东选集》第 1—4 卷，人民出版社 1991 年版。
《毛泽东文集》第 3 卷，人民出版社 1996 年版。
《毛泽东文集》第 7 卷，人民出版社 1999 年版。
《邓小平文选》第 1—3 卷，人民出版社 1993 年版。
《江泽民文选》第 1—3 卷，人民出版社 2006 年版。
《胡锦涛文选》第 1—3 卷，人民出版社 2016 年版。
《习近平谈治国理政》第 1 卷，外文出版社 2018 年版。
《习近平谈治国理政》第 2 卷，外文出版社 2017 年版。
《习近平谈治国理政》第 3 卷，外文出版社 2020 年版。
《习近平谈治国理政》第 4 卷，外文出版社 2022 年版。
《习近平关于党风廉政建设和反腐败斗争论述摘编》，中央文献出版社、中国方正出版社 2015 年版。
习近平：《论党的宣传思想工作》，中央文献出版社 2020 年版。
习近平：《论中国共产党历史》，中央文献出版社 2021 年版。
《习近平关于注重家庭家教家风建设论述摘编》，中央文献出版社 2021 年版。
习近平：《在纪念中国人民抗日战争暨世界反法西斯战争胜利 70 周年系列活动上的讲话》，人民出版社 2015 年版。
习近平：《高举中国特色社会主义伟大旗帜 为全面建设社会主义现代化国家而团结奋斗——在中国共产党第二十次全国代表大会上的报告》，人民出版社 2022 年版。
《习近平关于青少年和共青团工作论述摘编》，人民出版社 2017 年版。
中共中央党史和文献研究院、中央学习贯彻习近平新时代中国特色社会主义思想主题教育领导小组办公室编：《习近平新时代中国特色社会主义思想专题摘编》，中央文献出版社、党建读物出版社 2023 年版。
中共中央文献研究室：《邓小平思想年谱》（1975—1997），中央文献出版社 1998 年版。

《新时代公民道德建设实施纲要》，人民出版社 2019 年版。

二 中文著作

蔡汀、王义高、祖晶：《苏霍姆林斯基选集》，教育科学出版社 2001 年版。

常青伟：《思想政治教育环境渗透研究》，苏州大学出版社 2015 年版。

陈华栋等编著：《课程思政：从理念到实践》，上海交通大学出版社 2020 年版。

陈云：《论集体主义的历史谱系：以儒家文化为中心的型构》，社会科学文献出版社 2018 年版。

陈章龙：《论主导价值观》，江苏人民出版社 2006 年版。

陈芝海：《大学生社会主义核心价值观教育研究》，光明日报出版社 2012 年版。

丁元竹、江沥清：《志愿活动研究：类型、评价与管理》，天津人民出版社 2001 年版。

杜坤林：《冲突与重建：当代大学生道德价值观研究》，上海交通大学出版社 2013 年版。

冯秀军：《社会变革时期中国大学生道德价值观调查》，教育科学出版社 2013 年版。

高小枚：《社会主义核心价值观教育的渗透性研究》，中国社会科学出版社 2016 年版。

耿步健：《集体主义的嬗变与重构》，南京大学出版社 2012 年版。

郭鹏：《思想政治教育网络传播研究》，武汉大学出版社 2022 年版。

何萌：《新时代大学生价值观培育研究》，吉林人民出版社 2017 年版。

雷开春：《青年网络集体行动的社会心理机制研究》，上海社会科学院出版社 2018 年版。

李春秋、胡春木：《弘扬爱国主义与集体主义》，职工教育出版社 1990 年版。

李辉：《现代思想政治教育环境研究》，广东人民出版社 2005 年版。

李庆平：《个人·集体·社会：弘扬集体主义》，海洋出版社 1991 年版。

李瑞兰、季乃礼：《修身齐家治国平天下新论——中国传统整体主义价值观的历史理性与现代价值》，天津社会科学院出版社 2001 年版。

李世黎：《社会主义核心价值观教育论：以高校思想政治理论课为视角》，人民出版社 2016 年版。

李婷：《民族高校大学生集体主义教育研究》，中南民族大学 2015 年版。

李兴成、张树伟、李鸿斌：《中国传统文化与当代大学生价值观导向》，河南人民出版社 1996 年版。

林尚立：《当代中国政治形态研究》，天津人民出版社 2000 年版。

林燕、陈玉民：《新时期高校集体主义教育研究》，南海出版公司 2008 年版。

刘德军、高敏敏、何殿安主编：《班集体管理与建设的创新》，吉林人民出版社 2019 年版。

刘金平、张恩涛：《社会变迁与大学生价值观的发展》，科学出版社 2018 年版。

刘小新等：《当代大学生主导价值观研究》，首都师范大学出版社 2005 年版。

刘延庆、叶柏森：《和谐与统一：大学生思想政治教育社会价值与个体价值同构》，社会科学文献出版社 2016 年版。

刘允正等：《裂变与整合：大学生价值观的多样化趋势与高校思想政治工作创新体系研究》，光明日报出版社 2009 年版。

罗国杰：《社会主义道德体系研究》，中国人民大学出版社 2018 年版。

罗国杰:《思想道德建设论稿》,中国人民大学出版社2018年版。

《罗国杰文集》(上、下),河北大学出版社2000年版。

《罗国杰自选集》,学习出版社2003年版。

梅荣政:《用马克思主义引领社会思潮》,武汉大学出版社2008年版。

钱宁:《社会正义、公民权利和集体主义》,云南大学出版社2011年版。

宋铁莉、陆雪莲主编:《教育心理学》,东北师范大学出版社2020年版。

孙瑞婷:《新时代大学生理想信念教育研究》,中国社会科学出版社2020年版。

孙伟平、陈慧平:《当代中国价值观调研报告》,中国社会科学出版社2013年版。

汪凤炎:《中国传统德育心理学思想及其现代意义》,上海教育出版社2007年版。

汪正章:《建筑美学》,人民出版社1991年版。

王婧:《大数据时代大学生道德教育研究》,现代教育出版社2016年版。

王瑞娜:《新时代思想政治教育个体价值及社会实践研究》,光明日报出版社2021年版。

王信泉主编:《大学生思想道德教育研究》,四川民族出版社2000年版。

王岩:《整合·超越:市场经济视域中的集体主义》,中国人民大学出版社2004年版。

韦冬主编,沈永福副主编:《比较与争锋:集体主义与个人主义的理论、问题与实践》,中国人民大学出版社2015年版。

魏茂峰、陈玙主编:《学生集体主义的教育》,安徽人民出版社2012年版。

吴满意、龙小平:《高校马克思主义大众化——网络宣传平台建设研究》,电子科技大学出版社2015年版。

吴宁：《当代大学生价值取向调查研究》，中国社会科学出版社 2022 年版。

吴向东：《重构现代性：当代社会主义价值观研究》，北京师范大学出版社 2009 年版。

夏伟东：《道德本质论》，中国人民大学出版社 1991 年版。

夏伟东、李颖、杨宗元：《论个人主义思潮》，高等教育出版社 2006 年版。

谢文东、王林发：《实践教学的途径与应用》，福建教育出版社 2017 年版。

许其端：《怎样培养集体主义精神》，辽宁人民出版社 1956 年版。

学生德育教育指导小组：《学生集体主义的教育》，辽海出版社 2011 年版。

杨海军：《思想政治教育情感载体研究》，人民出版社 2019 年版。

尹文芬：《高校网络舆情的教育引导方式研究》，九州出版社 2021 年版。

张迪：《新时代大学生德育工作创新实践研究》，汕头大学出版社 2021 年版。

张佳亮编著：《大学生价值观教育》，辽宁大学出版社 2010 年版。

张雷声主编：《新时期思想政治理论课教学方法探讨》，高等教育出版社 2006 年版。

张子睿、卢彤：《思想政治教育实践育人理论与对策研究》，经济日报出版社 2019 年版。

赵祥麟、王承绪编译：《杜威教育名篇》，教育科学出版社 2014 年版。

郑士鹏：《新时代中国青年社会责任感培养研究》，中央编译出版社 2021 年版。

钟志凌：《集体主义理论与实践研究》，学习出版社 2021 年版。

周远：《集体主义》，西安交通大学出版社 2020 年版。

三 中译著作

《拉法格文选》（上卷），中共中央马克思恩格斯列宁斯大林著作编译局国际共运史研究室编，人民出版社1985年版。

人民教育出版社编译：《为加强集体主义教育而斗争》，人民教育出版社1955年版。

［德］斐迪南·滕尼斯：《共同体与社会：纯粹社会学的基本概念》，林荣远译，商务印书馆1999年版。

［德］黑格尔：《法哲学原理》，范扬、张企泰译，商务印书馆1961年版。

［德］亚历山大·米切利希、玛格丽特·米切利希：《无力悲伤：集体行为的原理》，杨惠、韩魏译，世界图书出版有限公司2018年版。

［法］布尔迪厄：《国家精英——名牌大学与群体精神》，杨亚平译，商务印书馆2018年版。

［法］列维–布留尔：《原始思维》，丁由译，商务印书馆2004年版。

［法］皮埃尔·布迪厄、［美］华康德：《实践与反思——反思社会学导引》，李猛、李康译，中央编译出版社2004年版。

［加拿大］黛安娜·布赖登、威廉·科尔曼：《反思共同体：多学科视角与全球语境》，严海波等译，社会科学文献出版社2011年版。

［美］埃蒂纳·温格、理查德·麦克德马、威廉姆·M. 施奈德：《知识社群：将个体知识融汇成集体智慧》，边婧译，机械工业出版社2020年版。

［美］丹尼尔·贝尔：《社群主义及其批评者》，李琨译，生活·读书·新知三联书店2002年版。

［美］罗伯特·诺齐克：《无政府、国家与乌托邦》，何怀宏等译，中国社会科学出版社1990年版。

［美］曼瑟尔·奥尔森：《集体行动的逻辑》，陈郁等译，格致出版社

2019年版。

［美］内尔·诺丁斯：《批判性课程：学校应该教授哪些知识》，李树培译，教育科学出版社2015年版。

［苏］B. A. 苏霍姆林斯基：《公民的诞生》，黄之瑞等译，教育科学出版社2002年版。

［苏］B. A. 苏霍姆林斯基：《培养集体的方法》，安徽大学苏联问题研究所译，安徽教育出版社1983年版。

［苏］B. A. 苏霍姆林斯基：《怎样培养真正的人》，蔡汀译，教育科学出版社1992年版。

［苏］瓦·阿·苏霍姆林斯基：《学生集体主义情操的培养》，杨楠译，湖南教育出版社1984年版。

［苏］A. C. 马卡连柯：《家庭和儿童教育》，丽娃译，上海人民出版社2011年版。

［英］马尔科姆·卢瑟福：《经济学中的制度：老制度主义和新制度主义》，陈建波、郁仲莉译，中国社会科学出版社1999年版。

［英］保罗·霍普：《个人主义时代之共同体重建》，沈毅译，浙江大学出版社2010年版。

［英］齐格蒙特·鲍曼：《共同体》，欧阳景根译，江苏人民出版社2003年版。

［英］施什金：《伦理学原理》，蔡志平译，北京大学出版社1981年版。

［英］史蒂文·卢克斯：《个人主义》，阎克文译，江苏人民出版社2001年版。

四 期刊论文

白萍：《健全人格培养：高校集体主义教育的现实路径选择》，《现代大学教育》2009年第5期。

鲍幸、伍自强、刘慧、熊昌芹：《当代社会变迁视域下大学生价值观探析》,《吉首大学学报》(社会科学版)2019年第S1期。

蔡志强、袁美秀:《从马克思主义中国化"两个结合"的维度审视集体主义价值观》,《思想理论教育》2022年第7期。

仓明、徐盼盼、吴锋:《中国战"疫"视域下集体主义教育论析》,《中学政治教学参考》2022年第24期。

陈灿芬:《试论地方高校校风的科学构建》,《湖南社会科学》2010年第3期。

陈冬:《集体主义的中西方思想渊源》,《哲学论丛》2014年第5期。

陈剑:《从"垂直集体主义"到"水平集体主义":当代青年集体主义价值观的向度转型》,《理论导刊》2022年第8期。

陈士军、张伟:《从统一性到多样性:高校思政课实践教学创新机制》,《中学政治教学参考》2022年第12期。

陈书纪:《群众路线视阈下主体间性的集体主义教育模式之构建》,《广西社会科学》2014年第5期。

陈曙光:《人类命运共同体与"真正的共同体"关系再辨》,《马克思主义与现实》2022年第1期。

程立军、赵海燕:《创新高校校风建设路径探析》,《学校党建与思想教育》2013年第6期。

崔家新、池忠军:《新中国成立以来集体主义价值观的演进历史与新时代发展》,《思想理论教育》2019年第11期。

崔人元:《新媒体环境下高校思想政治教学创新路径》,《山西财经大学学报》2021年第S2期。

戴钢书、易立新:《环境对学生的思想道德素质的影响》,《当代青年研究》2003年第1期。

戴月波:《高校思想政治理论课专题教学存在的问题与对策》,《黑龙江高教研究》2013年第5期。

单美贤、李艺:《网络课程与课程体系的构建原则》,《中国电化教育》

2001年第7期。

丁绍宏、王平：《论大学生集体主义教育的目标创新》，《东北师大学报》（哲学社会科学版）2013年第4期。

董芝杰：《基于课程思政的大学生社会实践育人模式探究》，《江苏高教》2023年第8期。

杜爱森：《要重视大学生集体主义价值观教育》，《中国高教研究》1997年第2期。

杜成斌、张骥：《当前中国积极舆论环境建设面临的挑战与策略》，《河北大学学报》（哲学社会科学版）2020年第1期。

杜都：《优良家风涵养家庭美德的伦理探析》，《道德与文明》2022年第3期。

范双利：《浅议高校宿舍文化的育人功能》，《现代教育论丛》2003年第4期。

范迎波：《个体化变局下大学生集体主义价值观培育的困境与出路》，《云南行政学院学报》2018年第4期。

冯刚、徐先艳：《时代新人的生成逻辑、基本特征和培育路径》，《教学与研究》2022年第4期。

冯浩：《论"集体主义"概念在近代中国发展的历史脉络和内在逻辑》，《理论月刊》2012年第9期。

高聪、王明春：《新时代集体主义价值观的三个认识维度》，《四川民族学院学报》2022年第2期。

高汉运、裴国栋、段成英：《校园文化环境与学生心理健康》，《中国学校卫生》2002年第1期。

高杰、王霞：《试论家校共建在促进家庭教育水平提升中的作用》，《吉林广播电视大学学报》2021年第6期。

高巍、杨根博、蔡博文：《高等学校四种线上教学模式效果比较研究》，《黑龙江高教研究》2022年第2期。

葛缨、周宗智：《当代大学生集体主义价值观探究》，《教育探索》2011年第12期。

耿步建：《马克思主义经典作家的集体观》，《求索》2012年第4期。

郭怡菲：《个体化境遇下的大学生集体主义教育》，《中北大学学报》（社会科学版）2018年第6期。

韩玉胜、刘子平：《当代集体主义研究现状及多维反思》，《学习与实践》2014年第9期。

郝海洪：《课程思政协同育人长效机制构建的三个维度》，《中学政治教学参考》2022年第4期。

洪书源：《当代中国集体主义价值观的演绎理路》，《中共福建省委党校学报》2017年第11期。

胡凤霞：《高校课程思政研究的主题演进、实施困境及四维指向》，《高校辅导员学刊》2022年第3期。

胡舒敏：《论大学生的社会实践活动》，《求实》2006年第S2期。

华宪成：《谈谈搞好"思想道德修养"课中集体主义教学的一点体会》，《西南民族学院学报》（哲学社会科学版）2002年第S2期。

黄维广：《校园文化的作用与建设》，《辽宁教育研究》2004年第7期。

金德楠：《中国传统道德伦理体系的整体主义特质及其时代价值》，《理论探索》2021年第3期。

金可溪：《对列宁共产主义道德理论的再认识》，《真理的追求》1997年第8期。

金松、李正军、章绍麟：《大中小学思政课教师队伍一体化建设研究》，《学校党建与思想教育》2023年第12期。

靳诺、徐志宏、王占仁、孙熙国、石中英、万美容、张庆守：《习近平总书记关于教育的重要论述研究笔谈》，《思想理论教育导刊》2020年第9期。

康来云、谭嫣：《实现家风家教与社会主义核心价值观的无缝对接》，

《学习论坛》2017 年第 8 期。

李大健：《论高校隐性课程的建设》，《中国大学教学》2008 年第 11 期。

李国祥：《道德榜样教育：德性伦理学的视角》，《当代教育科学》2020 年第 10 期。

李红莲：《新时代集体教育在学生健康自我成长中的特殊意义》，《人民教育》2022 年第 Z3 期。

李俊彪：《社会经济环境变化与创新大学生的思想政治教育》，《黑龙江高教研究》2007 年第 4 期。

李明建：《思想政治理论课"五位一体"实践教学模式的构建》，《学校党建与思想教育》2017 年第 22 期。

李庆华、樊志鑫：《立德树人价值导向下高校思政课教学质量提升路径》，《黑龙江高教研究》2023 年第 6 期。

李文长：《大学自我约束机制的范畴与建构》，《高等教育研究》2008 年第 9 期。

李晓明、戴晔、鲁武霞：《完善高校教师激励机制的路径思考》，《学校党建与思想教育》2010 年第 11 期。

林伯海、彭晓伟：《高校思想政治理论课要坚持统一性和多样性相统一》，《思想教育研究》2019 年第 11 期。

林伯海、张善喜：《新时代高校管理育人知情意行协同探析》，《思想教育研究》2022 年第 10 期。

刘东菊：《教师道德自律与教学创新》，《教学与管理》2008 年第 30 期。

刘静、白路：《"个体与集体"价值观念的中西文化对话——从当代中国大学生的价值观谈起》，《教育理论与实践》2012 年第 27 期。

刘立国：《课堂教学面向全体学生的思考》，《中国教育学刊》2000 年第 5 期。

刘水静、魏薇：《中华优秀传统文化中的爱国主义精神：起源、内涵与特征》，《学校党建与思想教育》2020 年第 17 期。

刘伟、闫曼卿：《个体化变局下当代青年集体主义教育路径优化探析》，《中国青年社会科学》2023 年第 1 期。

刘晓川：《新时代高校课程思政建设进路探析》，《当代教育论坛》2023 年第 4 期。

刘晓亮：《当代大学生价值观的现状分析与培育对策》，《思想理论教育》2021 年第 12 期。

刘亚敏：《教学评价中双向多维反馈模式的构建研究》，《当代教育科学》2013 年第 17 期。

刘在花：《幸福家庭教育构建》，《中国特殊教育》2011 年第 9 期。

刘祚玉：《浅析当下高校学生思想教育对集体主义的新表达》，《求实》2012 年第 S2 期。

吕淮湘：《和谐校园视角下的大学生宿舍文化建设》，《思想教育研究》2009 年第 7 期。

罗道全：《高校集体主义教育的必要性、面临的挑战及对策》，《求实》2013 年第 S1 期。

罗红杰：《"看"的意识形态性：视觉文化意识形态的隐喻逻辑》，《内蒙古社会科学》2021 年第 5 期。

骆柏林、马燕：《思想政治课实践教学探析》，《思想政治课教学》2020 年第 10 期。

孟庆涛：《集体主义的时代内涵与特征》，《中国特殊教育》2021 年第 10 期。

孟庆涛：《新时代集体主义教育实践路径探析》，《中国特殊教育》2020 年第 12 期。

穆艳杰：《个人主义思潮的特征、表现与发展趋势》，《人民论坛》2021 年第 3 期。

潘昕、彭柏林：《志愿服务的伦理学界定》，《湘潭大学学报》（哲学社会科学版）2022 年第 3 期。

彭榕：《论高校爱国主义仪式教育》，《中学政治教学参考》2022 年第 20 期。

任艺：《中国集体主义价值观的嬗变》，《求实》2010 年第 S2 期。

邵士庆：《当代集体主义的三重视域》，《学术论坛》2005 年第 12 期。

邵忠银：《论大学生集体主义层次性教育》，《河南工程学院学报》（社会科学版）2018 年第 4 期。

申勤俭：《大学生德育要突出集体主义教育》，《南京政治学院学报》1995 年第 1 期。

沈云慈：《基于政校企合作的地方高校创业教育实践平台构建研究》，《中国高教研究》2020 年第 9 期。

师帅朋、陈建兵：《个人与集体价值关系的冲突与转圜》，《思想教育研究》2018 年第 4 期。

双传学：《提升党的思想引领力的内在逻辑与时代回应》，《中国特色社会主义研究》2019 年第 2 期。

苏彬：《以优秀传统文化夯实党的作风建设》，《人民论坛》2018 年第 24 期。

孙冰红、杨宁宁：《新时代高校思想政治工作服务育人机制研究》，《中国高等教育》2020 年第 7 期。

孙霄兵、徐玉玲：《论中国教育的个体化发展》，《中国教育学刊》2021 年第 3 期。

唐吉意：《论集体主义的内在规定性及其现实意义》，《社会科学动态》2020 年第 9 期。

万建军、刘贞：《课程思政教学体系构建路径》，《中学政治教学参考》2023 年第 14 期。

王传发：《高校思政课政治属性的价值内蕴与实现途径》，《西南林业大学学报》（社会科学）2022 年第 2 期。

王海燕、曹梅、厉浩：《超越直播教学：不同在线教学方式下的初中生学习表现研究》，《上海教育科研》2022 年第 11 期。

王丽娜：《班级制度文化建设"三要"》，《思想政治课教学》2014 年第 1 期。

王萍：《以优秀班集体滋养公共精神》，《思想理论教育》2012 年第 10 期。

王青耀：《关于校风建设的思考》，《中国教育学刊》2007 年第 8 期。

王天兵：《试析当代大学生集体主义观的缺失与建立》，《中国高等教育》2011 年第 9 期。

王蔚虹：《当代大学生社会责任感现状及差异性分析》，《教育评论》2015 年第 12 期。

王易、朱小娟：《罗国杰集体主义思想研究》，《思想理论教育导刊》2016 年第 12 期。

魏丽娜：《新时代集体意识教育内涵及路径》，《人民教育》2020 年第 18 期。

吴琼、林冬芳：《短视频时代思想政治教育话语面临的挑战与进路》，《思想理论教育》2021 年第 10 期。

吴育林：《唯物史观语境中的集体和集体主义》，《马克思主义研究》2006 年第 8 期。

武卫兵、胡慧远：《融媒体语境下高校思想政治教育自我重塑研究》，《学校党建与思想教育》2021 年第 20 期。

夏伟东：《集体主义：社会主义道德的基本原则》，《教学与研究》1994 年第 3 期。

萧成勇：《思想政治理论课要加强和改进集体主义思想教育》，《思想教育研究》2011 年第 3 期。

辛继湘、田春：《网络教学空间正义：内涵、旨趣及实现路径》，《教育科学研究》2022 年第 9 期。

辛雅静、纪德奎：《论高校深度实践教学及其实现》，《当代教育科学》2020 年第 8 期。

辛治洋：《回归道德教育的"集体主义"原则》，《西南大学学报》（社会科学版）2016 年第 3 期。

熊秀兰：《基于"朋辈教育"的高职院校育人体系构建与实践》，《中国职业技术教育》2016 年第 13 期。

徐丽华、李兵、张勇等：《高校农林专业多层次实践教学体系构建探索》，《西南师范大学学报》（自然科学版）2015 年第 3 期。

颜晓峰：《深刻认识中国特色社会主义新时代的历史新方位》，《思想理论教育导刊》2022 年第 10 期。

杨慧民、陈锦萍：《网络意见领袖建构网络意识形态的逻辑理路及其应用》，《理论导刊》2022 年第 4 期。

杨金玲：《思政课教学促进学生个性发展探析》，《中学政治教学参考》2023 年第 11 期。

杨麟慧：《集体主义价值观与社会主义核心价值观的逻辑关系》，《学校党建与思想教育》2016 年第 22 期。

杨向荣、沈文青：《对大学生要加强集体主义价值观教育》，《中国高教研究》1999 年第 1 期。

杨祖恩：《大学生集体主义思想教育方法浅探》，《西南民族学院学报》（哲学社会科学版）2002 年第 S2 期。

叶定剑、林立涛、田怡萌：《重大疫情背景下大学生思想行为特点及教育策略》，《学校党建与思想教育》2020 年第 7 期。

殷文，张杰：《水平集体主义与参与式文化——网络化时代青年个人价值观新变化》，《南京师大学报》（社会科学版）2019 年第 2 期。

游永恒：《论现代家庭中的素质教育》，《四川师范大学学报》（社会科学版）2004 年第 2 期。

于超:《高校思想政治理论课实践教学探究》,《中国成人教育》2013年第19期。

余丰玉:《思政课改革创新要坚持主导性和主体性相统一》,《中国高等教育》2019年第18期。

余胜泉:《从知识传递到认知建构、再到情境认知》,《中国电化教育》2007年第6期。

张波:《培养完整的人——课程思政导向的价值观育人》,《教育研究》2023年第5期。

张家军、陈玲:《学校仪式教育的价值迷失与回归》,《中国教育学刊》2016年第2期。

张敏珠:《大学精神的逻辑建构与培育方略：基于教育目标的价值追求》,《黑龙江高教研究》2017年第12期。

张阳:《思想政治理论课"灌输性与启发性相统一"的教育之路》,《思想理论教育导刊》2020年第2期。

赵波、武瑾雯:《榜样教育在培育社会主义核心价值观中的作用》,《学校党建与思想教育2020年第1期。

赵石宝:《市场经济的环境建设》,《中国社会科学》1993年第5期。

赵壮道:《中国共产党集体主义思想的理论渊源、发展历程与理论特点》,《中共天津市委党校学报》2014年第3期。

郑华萍、杨晓晨:《高校学生集体主义教育现状调查》,《教育与职业》2014年第10期。

郑洁、梁虹:《高校思想政治理论课网络教学的现状、原因及对策》,《学校党建与思想教育》2017年第1期。

郑淑萍:《加强高校学生集体主义教育的思考》,《山西财经学院学报》1995年第S1期。

中共天津师范大学委员会:《扎实有效地开展集体主义教育》,《中国高等教育》2000年第Z2期。

钟志凌：《社会利益格局变化背景下集体主义教育的定位思考》，《思想理论教育导刊》2014年第8期。

周丹：《高校"思想道德修养与法律基础"课程实践教学现状及对策》，《教育与职业》2015年第23期。

周光礼：《建构中国特色高等教育评价体系》，《教育研究》2023年第8期。

周光礼：《校园物质文化景观的教育学断想——兼谈隐性课程的实现》，《教育理论与实践》1999年第1期。

朱芳转：《论集体活动中大学生社会能力提升》，《中国成人教育》2017年第15期。

朱宏强、王楠：《新时代集体主义精神培育路径研究》，《思想教育研究》2021年第3期。

朱健：《以更强的责任感使命感推进立德树人》，《思想理论教育导刊》2017年第3期。

朱小娟：《从历史分析方法的角度把握集体主义》，《思想理论教育》2017年第7期。

朱小娟：《中国共产党建构集体主义价值观的历史进程和基本经验》，《思想理论教育》2022年第4期。

朱志勇：《论集体主义的历史嬗变》，《马克思主义研究》2006年第12期。

邹少芳、贾昊宇：《情感共同体：中国家庭题材电影的当代伦理叙事》，《当代电影》2022年第7期。

五　中文报纸

习近平：《在知识分子、劳动模范、青年代表座谈会上的讲话》，《人民日报》2016年4月30日。

习近平：《把思想政治工作贯穿教育教学全过程　开创我国高等教育事

业发展新局面》,《人民日报》2016年12月9日。

习近平:《在庆祝改革开放40周年大会上的讲话》,《人民日报》2018年12月19日。

习近平:《在全国脱贫攻坚总结表彰大会上的讲话》,《人民日报》2021年2月26日。

习近平:《在庆祝中国共产党成立100周年大会上的讲话》,《人民日报》2021年7月2日。

习近平:《坚定信心　勇毅前行　共创后疫情时代美好世界》,《人民日报》2022年1月18日。

习近平:《坚持党的领导传承红色基因扎根中国大地　走出一条建设中国特色世界一流大学新路》,《人民日报》2022年4月26日。

附录一

新时代大学生集体主义价值观培育现状的调查问卷

亲爱的同学：

您好！我是扬州大学的一名在校研究生。本次调查主要是为了解新时代大学生的集体主义价值观及其培育现状，为学术研究提供科学的数据支撑。作为青年大学生，您对调查所涉及的各项问题都有很大发言权。希望您能在百忙之中抽出3分钟左右的时间来填写问卷。本次调查为匿名，所有回答只用于统计分析。您只需根据自己的实际情况进行选择。衷心感谢您的支持和协助！

一 基本情况

A1 您的性别？
1. 男　2. 女

A2 您的年级？
1. 大一　2. 大二　3. 大三　4. 大四

A3 您的政治面貌？
1. 中共（预备）党员　2. 共青团员　3. 群众　4. 其他

A4 您的专业类别是？
1. 理工农医类　2. 文史类　3. 艺体类　4. 其他

A5 您是否为独生子女？

1. 是　2. 否

A6 在读期间，您是否担任过学生干部？

1. 是　2. 否

二　大学生集体主义价值观现状

B1 关于集体利益和个人利益的关系，您的理解更倾向于以下哪一种？

1. 集体利益至上，个人利益无条件服从集体利益

2. 个人利益与集体利益辩证统一，个人利益服从集体利益，同时集体利益保障个人利益，二者辩证统一

3. 个人利益先于集体利益，集体利益是为个人利益而服务的

4. 个人利益和集体利益互不影响，关系不大

5. 说不清楚

B2 对于集体主义价值观与中国梦、人类命运共同体、爱国主义的关系，您是如何理解的？

	关系十分密切	有一定关系	不太相关	完全不相关
1. 中国梦				
2. 人类命运共同体				
3. 爱国主义				

B3 如果让您参与到团队合作项目中去，您会选择怎么做？

1. 团队整体优先，不仅做好团队交代给自己的任务，还能主动协助团队完成其他任务

2. 做好团队分配给自己的那部分任务即可

3. 先完成与团队任务无关的个人任务，再考虑团队中的任务

4. 不会主动去做，能不做就不做

5. 不乐意参与团队合作类项目

B4 当您班级集体活动与您的个人计划相冲突时，您会怎么做？

1. 优先考虑班级集体活动，调整个人计划

2. 继续遵循个人计划，不参与集体活动

3. 尽量做到两者兼顾

B5 您是否做过青年志愿者？

1. 是（转B6）　　2. 否（转B7）

B6 您做青年志愿者的主要原因是什么？（限选三项）

1. 想为社会贡献自己的一份力量

2. 希望锻炼自身的某种能力

3. 可以拓宽自身的眼界

4. 是自己的一项爱好

5. 丰富自己的业余生活

6. 在评奖评优中获得加分

7. 完成学校或学院的硬性要求

8. 从众心理的影响，大家都参加了

9. 获得荣誉或赞赏

10. 其他____

B7 您没有做过志愿者主要原因是什么？

1. 没有机会参与　2. 没有时间参与

3. 没有太大兴趣　4. 感觉没什么用

5. 其他____

B8 如果让您放下自己的事情为集体做些事，您的选择更倾向于以下哪一种？

1. 乐意做

2. 对自己有利的话就会去做

3. 大家都做的话我就做

4. 安排我做我就做

5. 自己的事情做完有时间才做

6. 能不做就不做

7. 其他____

三　大学生集体主义价值观培育现状

C1 大学里开设的思想政治理论课（以下简称思政课），对您培养正确的集体主义行为是否有帮助？

1. 都很有帮助

2. 大多数课程都比较有帮助

3. 部分课程有帮助，部分课程没有

4. 几乎都没什么帮助

C2 您认为学校进行集体主义价值观培育的内容好理解吗？

1. 非常贴近生活实际，很好理解

2. 比较贴近生活实际，可以理解

3. 不太贴近实际，较难理解

4. 脱离实际，很难理解

C3 您认为学校进行大学生集体主义价值观培育的内容丰富吗？

1. 很丰富　2. 比较丰富　3. 不太丰富

4. 不丰富　5. 其他

C4 在课堂教学中，教师传输集体主义价值观比较常用的教学方法有哪些？（选2—5项）

1. 讲授法　2. 对话法　3. 案例分析法

4. 小组讨论法　5. 活动探究法

6. 辩论法　7. 读书指导法

8. 生活情境法（利用生活场景激发学生认识）

9. 其他

C5 您对学校在思政课中进行集体主义教育的整体印象更倾向于？

1. 理论与实际相结合，整体效果比较好

2. 理论性较强，实践性不足

3. 形式比较单一，难以激发兴趣

4. 缺少创新性，照本宣科较多

5. 大班教学，对个体差异的关照不足

6. 其他____

C6 您所上的思政课主要采取以下哪种考评方式？

1. 单纯依据考试成绩或作业成绩

2. 结合考试或作业成绩和平时出勤情况打分

3. 考试或作业成绩和课堂汇报相结合进行评价

4. 出勤、课堂汇报结合期末考试或作业综合评价

5. 采用学生互评和教师评价相结合的方式

6. 其他，请说明____

C7 您的思政课教师们在教学中使用多媒体等技术手段的总体情况怎样？

1. 都经常会使用

2. 有的课经常使用，有的课不经常使用

3. 都只会偶尔使用

4. 都从不使用

C8 相较于课堂第一阵地，您认为网络等新媒体平台的教育效果如何？

1. 起正面作用，有效提升了教育的趣味性

2. 不好不坏，效果不明显，往往流于形式

3. 起负面作用，影响了课堂学习效果

4. 无所谓

C9 您认为班级里是否有不良的"小团体"存在？

1. 有　2. 没有　3. 不清楚

C10 您认为当前社会整体的人际交往最倾向于哪一种？

1. 整体上团结友爱，互相帮助，和谐友好

2. 虽有自私自利的情况但大多数人比较真诚

3. 人际交往冷淡，互相之间不干涉

4. 总体比较虚伪和功利

5. 其他____

C11 当班级集体活动与您个人的学习相冲突时，您的父母更多采取哪种态度？

1. 学习第一，不能因为参加活动耽误学习

2. 鼓励优先参加班级活动，集体精神的培养是不可或缺的

3. 都重要，尽量合理安排，活动之余将学习任务补回

4. 无所谓，均不高

5. 其他____

C12 当有人做出有利于他人或者损害他人的行为时，学校会怎么做？

1. 对利他行为进行奖励，对损害他人的行为也有相应的处罚

2. 会对利他行为进行奖励，但并没有对损害他人的行为进行明确处罚

3. 不会对利他行为进行奖励，但会对损害他人的行为进行明确处罚

4. 既不会对利他行为进行奖励，也不会对损害他人的行为进行明确处罚

5. 说不清楚

C13 您都参与过学校组织的哪些集体活动？（多选）

1. 班团活动　　　2. 党日活动

3. 主题实践活动　4. 公益劳动

4. 社团活动　　　5. 校园主题文化活动

6. 社会实践和志愿服务活动

C14 对于提升新时代大学生集体主义价值观的培育实效,您有什么好的建议?

附录二

高校思政课教师访谈提纲

1. 您觉得新时代大学生集体主义价值观的总体认同如何？您在课堂教学中一般会采用哪些方式来进行集体主义价值观的教育？

2. 您觉得当前整个社会环境在集体主义价值观培育中的作用如何？"三全育人"建设情况和发挥效果如何？

3. 您认为在课堂教学中培养大学生集体主义价值观取得了哪些成绩？存在哪些不足？还存在什么困难和挑战？您是如何解决这些问题的？

4. 从您个人的角度看，影响当代大学生集体主义价值观形成的要素有哪些？您又是怎样看待实践活动在大学生集体主义价值观培育中的作用的？

5. 从思政课教学的角度看，可以挖掘哪些教育教学资源去培育大学生的集体主义价值观？

6. 作为一名思政课教师，您认为应如何去评价当代大学生的集体主义价值观？

附录三

高校教育行政管理部门人员访谈提纲

1. 您认为当前大学生的集体主义价值取向总体表现如何？您一般如何评价大学生的集体主义精神的表现？

2. 您认为当前大学生集体主义价值观培育总体情况如何，有哪些培育途径？您觉得从教育行政或管理的角度看，应如何确立和培育大学生的集体主义价值观？

3. 在推动大学生集体主义价值观形成方面，学校或学院的表彰激励机制或者监督约束机制建设得如何？您认为，目前的管理制度存在哪些优势？又有哪些缺陷？

4. 您所在学校在培育大学生集体主义价值观方面有哪些比较成功的经验做法，还存在什么困境和挑战？

5. 您认为作为一名高校教育行政或管理部门的工作人员，您在大学生集体主义价值观培育中承担着怎样的特殊职责？

6. 您认为，在大学生的集体主义价值观培育方面，课堂教学与学生管理应该如何处理好相互关系，做好协同育人？

后　　记

　　长期以来，集体主义一直是我国调节国家利益、整体利益和个人利益的基本原则，也是社会主义道德的首要原则。它既是我国在长期的革命建设改革过程中战胜困难、克敌制胜的法宝，也是坚持党中央集中统一领导和集中力量办大事的思想基础。事实上，在中国人的精神世界里，国家、社会和个人是密不可分的整体，集体主义已经成为一种精神性的观念体系，存在于我国社会经济、政治、文化等诸多领域。新时代大学生肩负着建设社会主义现代化强国和实现中华民族伟大复兴的重要使命，是国家和民族的希望。集体主义价值观能否在大学生精神世界中立足生根、能否成为大学生的自觉行为准则，不仅关系到大学生自身的思想道德成长，更关系到新时代中国特色社会主义伟大事业和中华民族的未来。

　　集体主义价值观的培育是一项系统工程。长期以来，我国高校一直非常重视集体主义价值观的教育，也采取了多种教育教学形式，并取得了积极的教育成效。但随着国内外形势的日益复杂化和大学生思想特点的新变化，集体主义价值观培育所面临的挑战也日益严峻。如何进一步优化新时代大学生集体主义价值观的培育，培养更多让党放心、爱国奉献、担当民族复兴重任的时代新人，不仅是国家对高校思想政治教育工作的殷切期待，也成为思想政治教育从业者自身的理论自觉和行动自觉。

基于此，近年来本人带领研究生围绕集体主义进行了多维度研究，本书便是成果之一。在研究的过程中，我们坚持历史与现实、理论与实践、定性与定量相结合的原则，在深入阐述集体主义价值观的历史发展、理论基础和主要内容的基础上，全面分析当前大学生集体主义价值观培育的现状，依据知、情、意、行的道德养成过程，提出通过创新理论教学、优化育人环境、完善育人机制、推进实践活动等方式，不断深化大学生的集体主义认知理解、增强情感体验、锤炼意志品质、夯实行动能力，从而真正实现大学生集体主义价值观培育的知、情、意、行合一。这些既是本书的研究重点，也是研究特色所在。

本书是集体劳动的成果。唐慧玲主要负责第一章的写作，王梦梦主要负责绪论、第三至七章的写作，汪佳玉主要负责第二章的写作，唐慧玲对全书进行了统稿、修改和完善。

本书能如期出版，感谢各位作者的积极参与，感谢中国社会科学出版社的大力支持和编辑老师的悉心指点。由于水平有限，我们对集体主义的研究也仍处于探索之中，书中难免存在疏漏和错误之处，敬请各位专家读者批评指正！

唐慧玲